中文社会科学引文索引（CSSCI）来源集刊（2017－2018）

Tribune of Economic Law

经济法论坛

（第21卷）

主　编／岳彩申　盛学军
副主编／江　帆　邓　纲

法律出版社
LAW PRESS·CHINA

出 版 说 明

中国经济法学作为一门新兴的、发展中的学科,迄今已走过30余年的风雨历程。经济法作为我国社会主义法律体系的组成部分,已得到了无可辩驳的承认。随着我国市场经济的进一步发展和依法治国战略的全面推进,经济法必将迎来更加美好的未来。

中国经济法的理论构建和制度建设已经取得了显著成就,为推动我国法治发展作出了重要贡献。但也必须清楚地认识到,经济法在它的发展进程中,仍然面临着新兴学科通常容易存在的一些问题,需要我们以锲而不舍的精神去探索。

西南政法大学经济法学科点是教育部确定的国家级高等学校重点学科点之一。近年来,一直紧紧跟踪经济法学的发展,并在经济法理论和实务研究方面作了不懈努力。经过全体成员的共同奋斗,学科点在学科建设和学术研究方面取得了一定成果。但我们深知,只有广大经济法理论工作者和实践工作者共同努力,才能形成研究合力,推动经济法学科的进一步发展。正是基于这种考虑,我们本着学术性、实践性和开放性的宗旨,继"经济法博士精品文库"之后,又创办了《经济法论坛》,一方面为广大经济法理论与实务工作者展示学术研究成果和进行学术交流提供更加广阔的平台,另一方面也为我校经济法学科建设开辟一个新的学术阵地。

既然是"论坛",在指导思想上我们力求把它办得活跃一些。在栏目的设置上,既有相对固定的栏目,如"基础理论""制度研究""国际视窗""学术争鸣""农村法治"等,又可以根据每卷的组稿情况,开辟新的栏目。《经济法论坛》将坚持"百花齐放,百家争鸣"的方针,以关注民生、跟踪理论前沿、服务法治实践作为基本追求。

我们热忱希望各界学者一如既往地关注经济法学科的发展,并欢迎惠赐佳作。我们期待着法学界同人以你们辛勤的汗水浇灌《经济法论坛》这株法学百花园的幼苗!

西南政法大学经济法学科点

《经济法论坛》编辑委员会

目　录

基础理论

制度研究

农村法治

CONTENTS

Fundamental Theories

Institutional Researches

Legal Systems in Rural Areas

基础理论

论经济法权利的公益性

范水兰*

目　次

利益法学派创始人赫克指出利益是法律产生的根源和制定法律规则的基本要素。[1] 德国法学家耶林认为权利的真正实质在于主体的利益。[2] 利益作为权利的实质因素,是新兴权利产生的重要基础;权利背后的利益属性在很大程度上决定了权利制度的设计。从利益角度研究经济法权利现象,揭示经济法权利背后的利益属性,研究社会变迁引发的利益动态发展,既是现代经济法权利理论研究的重要基础,也是现代经济法权利制度研究的前提。本文从经济法中权利规范的分析和权利运行的考察入手,分析了经济法权利公益性的基本内涵,并从权利发展与社会发展互动的角度深入探究了经济法权利公益性的社会机理。

一、经济法权利的利益属性分析

当前经济法上的权利类型主要有经营者权利、消费者权利、劳动者权利和投资者权利等。相应地,这些权利背后的利益,主要涉及经营者利益、消费者利益、劳动者利

* 西南政法大学人工智能法学院讲师,法学博士。

基金项目:西南政法大学科研项目“农村集体资产股份制改革法律问题研究”(2014XZQN-11)。

〔1〕 参见吕世伦主编:《现代西方法理学》,中国大百科全书出版社2000年版,第301~302页。

〔2〕 参见[法]莱翁·狄骥:《宪法论》(第1卷),钱克新译,商务印书馆1959年版,第204页。

益和投资者利益等。有些观点认为经济法上的权利主体是私主体,权利关系存在于平等主体之间,应属民事权利的范畴,其背后的利益主要是个体利益。笔者认为这种观点存在“泛民法化”倾向,不能区分民法和经济法的不同,并且存在理论解释的困境。首先,民事权利是私主体的权利,但反过来,私主体的权利则不一定是民事权利。仅从权利主体的角度判定权利的性质,民事权利的范围将过于宽泛,不利于民事权利的体系化。其次,传统民法立基于民事权利私益性的假设,采用了契约自由、权利对等配置、民事责任、行政不干预和私益诉讼等保护方式。如果认为经济法权利背后的利益主要是个体利益,则难以解释经济法所采用的权利法定、权利倾斜配置、公法责任、行政专门保护和公益诉讼救济等与民法迥异甚至相反的权利保护制度。例如,对于消费者权益保护的公益诉讼制度,如果仅从个体利益保护的视角解释则会失去解释力。又如,恶意拖欠劳动者劳动报酬行为不仅要承担民事责任,而且要承担行政责任甚至刑事责任,对此如果认为劳动者劳动报酬权背后仅是个体利益,则难以解释侵犯此种权利为何要承担公法责任。

面对“个体利益说”的这种理论困境,笔者认为对经济法权利背后利益的属性解读需要跳出“权利—个体利益”的传统框架,用“权利 = 个体利益 + 社会利益”的新视角全面审视经济法权利背后的利益的属性。从一般意义上来看,消费者利益、劳动者利益和投资者利益等经济群体的利益可以分为三种类型:一是较纯粹的个人利益,如经营者与特定消费者之间就分期付款达成约定情况下消费者享有的分期付款权利,企业与特定劳动者就股权激励达成约定情况下劳动者享有的股权,这些个人利益基于其私益性较强只需通过契约法加以保护即可;二是较纯粹的社会利益,如竞争市场创造的消费者福利,经济发展带来的劳动者就业机会的增加,这些社会利益惠及不特定主体,个体可以“被动”享受但不能直接提出主张,因此难以权利化;三是兼具个人利益和社会利益属性的群体利益,如消费者的安全利益,劳动者的社会保障利益,投资者的了解上市公司经营情况的利益等,这些利益通常存在于某一主体与众多不特定主体之间,既是个体可以直接享受又是个体可以直接提出主张的利益。对于这类群体利益,虽然可以通过契约法加以保护,但存在交易成本高、实际结果不利于弱势一方、难以预防大规模侵害、法律救济途径单一等诸多局限,因此,有必要通过兼具公法和私法属性的经济法对其进行特殊保护。可见,在经济法的语境中,私主体权利背后的利益,典型如消费者利益、劳动者利益和投资者利益等不是纯粹的个体利益,而是兼具个人利益和社会利益属性的群体利益。换言之,与传统民法权利具有典型的私益性不同,经济法权利具有较强的公益性。正是基于此,经济法权利不仅具有保护个体利益的功能,同时亦具有保护社会利益的功能。

需要指出的是，虽然本文旨在强调经济法权利的公益性，但是并不意味着否认经济法权利对个体利益的保护。从私益性上来看，经济法权利所保护的消费者利益、劳动者利益和投资者利益等，不仅是个人可以直接享受的利益，而且这些利益最终必然要落实到消费者、劳动者和投资者个人。但是，经济法权利所保护的个体利益与传统私法权利所保护的个体利益仍然有一定差别，主要表现为以下几点：一是消费者、劳动者和投资者等作为经济法权利主体的个体，不再是追求异质利益的个体，而是一定群体中的追求共同利益的个体，从而有别于自然人、法人等作为私法权利主体所呈现出的原子式个体的状况。二是经济法权利背后的私益的享有不具有排他性。例如，消费者的安全权所保护的消费者的人身安全和财产安全利益，这种利益实际上是某一商品或服务的全体消费者可以同时享有的利益，某一消费者享有安全权并不排斥其他消费者享有安全权。换言之，经营者所负有的保障消费者安全的义务惠及的是与该经营者进行交易的不特定消费者，而不可能只为某一个特定的消费者所独享。

二、经济法权利公益性的基本内涵

笔者认为，经济法权利的公益性主要包含了以下五个方面的内容：其一，经济法权利背后的利益是兼具个人利益和社会利益属性的群体利益。其二，经济法权利所保护的特定群体利益直接关系社会再生产的可持续性，对维护社会的存在和发展具有重大意义。其三，经济法权利的公益性反映了经济高度社会化背景下特定经济领域中个体利益向社会利益转变的现象。其四，经济法权利的公益性是经济法综合运用综合责任、公益诉讼、行政保护和权利倾斜配置等迥异于民法的权利保护制度的深层原因和主要依据。其五，经济法权利的公益性表明保护经济法权利与保护社会利益具有高度一致性，是对社会利益的直接保护，而非如民事权利般的间接保护。

本文将从权利主体、权利行使和权利侵害等方面阐述经济法权利所具有的公益性的具体表现。

（一）经济法权利主体具有弱势性和群体性

传统私法权利所保护的主体是平等的“抽象的人”，而经济法权利所保护的主体则是具有弱势性的“具体的人”。[1] 正如日本经济法学者指出：现代私法的体系是抽象的人的权利和义务体系，经济法律的主体已明显不是现代私法中抽象的人，而是具体的社会存在的人（事业者、事业者团体、中小企业、消费者等）。[2] 从法律调整的角度，

---

〔1〕 范水兰：《经济法权利研究》，法律出版社2014年版，第64页。

〔2〕 参见［日］丹宗昭信、厚谷襄儿：《现代经济法入门》，谢次昌译，群众出版社1985年版，第43～45页。

“具体的人”应当包括两层含义:一是相对于民事主体的抽象性而言显得具体,二是考虑到了权利主体在现实中的各种能力和财力等因素的差别。如前所述,私法中的人作为被抽象掉了各种能力和财力等的抽象的个人而存在,而经济法中的人则作为在经济实力、社会势力、情报收集能力、信息享有状况、风险识别能力等方面有着显著差异的具体的个人而存在。那么,经济法为什么要保护“具体的人”?在笔者看来,其中一个重要原因就是包括中小经营者、消费者、劳动者和投资者等在内的经济群体在现实的经济关系中处于明显的弱势地位,这些弱势经济群体的正当利益频频受到强势经济群体的损害,这种损害超出了损害个体利益的范畴,而传统私法难以对其提供充分的保护。在这种情况下,当经济法以法定权利的形式对这些弱势经济群体的正当利益进行保护时,必然要正视和考虑经济群体之间知识、社会及经济等方面的力量差异,并从现实中存在的不平等状况出发进行权利制度的设计。因此,在经济法中,不仅中小经营者、消费者、劳动者和投资者等群体从普通市场主体中“单独”出来成了特定的法律主体,形成了经济法对中小经营者、消费者、劳动者和投资者等“具体人格”的生存和发展利益的保护,而且有别于传统民法权利的主体均势假设,权利主体具有弱势性成了经济法权利制度设计的基本假设。

经济法权利主体具有弱势性和群体性是经济法权利具有公益性的重要表征和决定性因素。需要指出的是,并非所有弱势群体利益都属于公共利益范畴。从经济法权利所保护的利益来看,由于强势经济群体与弱势经济群体之间的相互依赖关系,尤其是中小经营者、消费者和劳动者等弱势经济群体作为经济分工中不可或缺的主体,其生存和发展便直接关系社会和经济的可持续性发展,从这个角度来看,中小经营者、消费者、劳动者和投资者等弱势经济群体的权益保护问题,事实上已经超越了保护个体利益的范畴,而具有了保护公共利益的属性。正如有学者所指出的,经济法功能与调整对象的特殊性在于解决带有集团性和社会性的利益关系,而不是解决个体间的利益关系与矛盾。[1]

(二)经济法权利正确行使具有正外部性

在现代社会,随着经济专业化程度的提高和社会分工的发展,外部性问题不仅存在于生产、消费等经济领域,而且广泛地存在于立法、行政、诉讼、环境保护和互联网等领域。经济学家用“外部性”这一概念形象地描述经济行为的外部影响,并从经济学的成本和收益角度加以阐发。美国著名经济学家萨缪尔森和诺德豪斯认为“外部性是指

---

〔1〕 参见岳彩申:《论经济法的形式理性》,法律出版社2004年版,第100页。

那些生产或消费对其他团体强征了不可补偿的成本或给予了无须补偿的收益的情形”。[1] 从一般意义上来看,外部性影响有正面影响和负面影响之分,其中给他人带来收益的外部性可称为正外部性,给他人带来成本的外部性可称为负外部性。就经济法权利而言,经济法权利主体行使和实现个人权利的行为往往具有溢出效应,在权利正确行使的情况下,它不仅仅保护了权利主体个人,同时也保护了社会上的其他人,但是从中受益的其他人并不对该权利主体作出补偿,此种特性笔者将其称为权利行使的正外部性。例如,某消费者就某产品应予标明而未标明的信息向该产品的生产商主张消费者的知情权,经法院认定该消费者的诉讼请求应予支持,那么,不仅该消费者的知情权得到了保护,同时生产商为了避免再次发生此类诉讼也会统一在产品上标明该信息,从而又保护了其他消费者的知情权。与此形成对比的是,传统私法权利由于主要关涉个人利益,也不具有群体性,因此,私法权利的行使所带来的影响通常局限于当事人之间,不会对他人或社会造成直接的正面影响,例如,债权的行使只关涉债权人和债务人。由此,我们可以认为私法权利的正确行使通常是不具有正外部性的。

经济法权利的正确行使具有正外部性,从根本上是由经济法权利的公益性质决定的。从经济法权利所保护的利益来看,经济法权利所保护的不是纯粹的个体利益,而是一种兼具个体利益和公共利益属性的利益型态。正如有学者指出的在经济法律关系中,功能个体的权利不单为着权利拥有者本身的个体利益而存在,同时也为整体的利益发挥功能,这正是经济法律关系中权利义务与私法关系中权利义务的不同之处。[2] 经济法权利行使具有正外部性这一特性,使经济法权利的救济机制有别于传统私法权利救济机制。经济法权利具有的正外部性可能会导致权利主体不愿意或不积极地行使权利,尤其是在行使权利的社会效益明显高于个人收益的情况下。传统私法权利救济机制,由于奉行补偿实际损害原则,因而难以提供激励。因此,为了使经济法权利行使的正外部性内部化,就需要设计出提高行使权利的个人收益的新制度。

(三)侵犯经济法权利的行为具有社会危害性

传统私法权利背后的利益,主要是一种个人利益,具有较强的私人性,因此,侵犯私法权利的影响范围主要限于局部的个人之间,通常呈现出“一对一”的特征。例如,合同债务人违约侵害了合同债权人的债权,这种行为仅仅损害了单个人的利益,对社会整体经济的影响几乎可以忽略不计。而侵犯经济法权利行为的影响范围则广得多,

---

〔1〕 [美]萨缪尔森、诺德豪斯:《经济学》,萧琛译,华夏出版社1999年版,第263页。

〔2〕 参见高寒、刘水林:《论经济法权利的合法性基础、基本属性和结构》,载《政法论丛》2008年第3期。

通常呈现出“一对多”的特征,即某一主体的侵权行为导致了众多权利主体的利益受损,具有较强的社会危害性。例如,某一雇主恶意拖欠工资导致其雇用的几百个劳动者的劳动报酬权利受到侵害;某一经营者将具有产品缺陷的汽车销往全国各地导致成千上万的消费者的安全权受到损害;某一具有市场支配地位的企业滥用市场支配地位的行为导致众多经营者的公平竞争权受到侵害等。侵犯经济法权利的行为具有社会危害性,从根本上而言亦是由经济法权利的公益性质决定的。

三、经济法权利公益性的社会机理

权利根源于一定社会的物质生活条件中,存在于现实的人们的社会关系之中,权利发展与社会发展是一个互动的过程。从历史发展来看,经济法权利背后的利益,典型如消费者利益、劳动者利益和投资者利益等,长期以来一直是作为个体利益由传统民法加以保护的,而这些群体利益得以从民法抽象的平等保护中独立出来作为经济法中“具体的人”加以保护,乃基于这些群体利益的社会利益属性。经济法对前述群体利益的权利化保护事实上反映了特定经济领域中某些个体利益向社会利益转变的现象。在经济法的语境中,经济法权利背后的消费者利益、劳动者利益和投资者利益等主要被作为社会利益加以保护,从而使经济法权利具有公益性,这不仅意味着一种重大的观念革新和法律制度转变,而且意味着产生了一种与传统民法权利有重大差别的新兴权利类型。这里需要进一步探究的是,这一转变是在什么样的经济、社会和文化条件下形成的?对此,我们认为,这种转变主要源于工业革命以来经济社会化的高度发展所形成的经济群体的强弱分化,进而导致弱势经济群体权益被侵害的普遍事实和实质正义诉求,从而促使新的社会利益的形成。

(一)经济社会化的高度发展

经济社会化是一种经济主体相互影响和相互依赖日益加深的过程和结果。[1] 工业革命以前的人类社会主要是农业社会,经济以自给自足的农业生产为主,经济社会化程度较低。在自然经济条件下,劳动、消费和投资等经济行为主要是一种个人行为,传统的私法权利体系足以保障经济的运行。源于18世纪晚期的工业革命逐步使人类社会从农业社会转变为工业社会,社会生产以社会化、市场化的工业生产为主,经济社会化程度大大提高并不断向纵深发展。与自然经济占主导地位的早期社会相比,现代社会在经济生活的层面上则表现出完全不同的另一种景象,在这里:(1)经济活动是建

---

〔1〕 参见范水兰:《论经济法权利的生成》,载李昌麒主编:《经济法论坛》(第19卷),法律出版社2017年版,第15~16页。

立在高度专业化的社会分工基础上，每一个人按照社会分工从事极为专业的经济活动；(2)生产不是为了直接满足自己而是为了满足社会的需求；(3)劳动成果不能直接满足生产者的要求，人们主要依赖他人的劳动或劳动成果满足自身的需求；(4)生产的社会化使大规模的生产成为可能，人类利用自然的能力进一步增强；(5)专业化分工导致经济组织形态发生变化，企业化经营逐步成为社会经济活动的一般组织形态；(6)社会化导致人们相互依赖性加强，为降低交易成本和生活成本，生产者、经营者和消费者逐步集中，城市化进程随着市场的发达而逐步加强。[1] 社会经济生活的前述变化，决定了在现代社会中劳动、消费和投资等经济行为不再是纯粹的个人行为，而是主要表现为一种社会行为，具有强烈的社会性，由此形成了现代经济中的劳动者利益、消费者利益和投资者利益等从较纯粹的个体利益向社会利益转化的社会基础。

从根本上来说，劳动、消费和投资等特定经济领域中市场主体行为的性质的变化依赖于经济高度社会化这一新的社会经济条件。经济高度社会化一方面促使垄断日益成了一种普遍的经济现象、经营者与消费者的身份分离和相对固化、资本所有者与劳动者身份的分离和相对固化、资本所有者与资本经营者身份的分离和相对固化，另一方面又使经营者之间、经营者和消费者之间、资本所有者与劳动者之间、资本所有者与资本经营者之间的互相依赖性得到了前所未有的强化。

（二）经济群体的强弱分化

人类进入工业社会以来，随着经济社会化程度的不断提高，尤其是企业规模的不断扩大，在私人经济领域，巨型化和垄断化的企业所拥有的经济权力日益增强，从而引发了经营者群体、劳动者群体、消费者群体和投资者群体等新经济群体之间日趋明显的强弱分化。这种强弱分化，一方面主要是源于社会分工和经济的高度社会化发展而客观形成的，另一方面又是在既有一致利益又有利益冲突的关系中存在的。

1. 经营者与经营者之间的强弱分化

随着经济社会化程度的提高，通过市场竞争的优胜劣汰机制，资本日益集中到少部分资本家手中，形成了巨型化和具有垄断地位的企业，垄断日益成了一种普遍的经济现象，经营者内部的强弱分化日益明显。一方面，相对于少量的垄断企业，大量的中小经营者无论是在经济实力方面，还是在竞争能力等方面，均处于明显的弱势地位。在经济社会化条件下，当生产的唯一目的就是销售，经营者的利润在很大程度上取决于市场占有率时，竞争关系便成了经营者之间最主要的经济关系，而且这种竞争表现

---

〔1〕 参见许明月、张新民：《现代经济的社会性与经济法——关于经济法产生原因与性质的思考》，载《现代法学》2003年第6期。

为一种“你死我活”的竞争。正如马克思所指出的,“社会分工使独立的商品生产者互相对立,他们不承认别的权威,只承认竞争的权威,只承认他们互相利益加在他们身上的强制”。[1]而为了保持自身的垄断地位和获取高额垄断利润,垄断企业往往采取各种不正当的方式排斥或限制其他经营者与之竞争,由此产生了维护中小经营者公平竞争权等问题。另一方面,在经济分工日益复杂和细化的情况下,尽管经营者间相互竞争激烈,但是亦存在相互依赖性,因此,尽管大企业在社会经济的运行中发挥了主导作用,但社会经济的运行亦离不开广大中小经营者的参与。

2. 经营者与消费者之间的强弱分化

随着经济高度社会化发展,经营者与消费者身份日益分离和相对固定化,企业朝着巨型化和垄断化的方向发展,以企业为主体的经营者群体所拥有的经济权力日益增强,从而在经营者与消费者之间形成了日益明显的强弱分化。一方面,相对于经营者尤其是大型企业而言,自然人消费者无论是在商品信息、经济实力方面,还是在交易谈判能力和应对诉讼能力等方面,均处于明显的弱势地位。在交易中经营者与消费者各自追求不同的利益,这就容易导致经营者为了自身利益的最大化而滥用契约自由损害消费者的利益。另一方面,经营者与消费者之间又具有很强的相互依赖性。脱离了生产的消费者只有向经营者购买生活资料,才能满足自己对生活资料使用价值的需求;经营者只有在市场上向消费者卖出生活资料,才能实现生活资料的价值,获取利润。

3. 雇主与劳动者之间的强弱分化

在以工业为主导产业的新经济结构下,工业产业高度发达的生产力使小农经济和传统的手工业经济受到重创,产生了大量的破产的农民和小手工业者,这些人为了生存纷纷涌入城市,成了靠出卖劳动力为生的产业工人,从而形成了一个新的庞大的劳动者阶层。在劳动者与雇主的劳动关系中,劳动者明显处于弱势地位。首先,劳动关系的建立和维持直接关系劳动者的生存。在劳动者只能依靠出卖劳动力为生的情况下,劳动者的工作机会和劳动报酬等核心利益又掌控在雇主手上,除非迫不得已,劳动者在自身权益遭受侵害的情况下往往选择默默承受。其次,在劳动关系中,劳动者与雇主虽然本质上是一种契约关系,但同时也是一种具有从属性的关系。最后,从经济实力上来看,雇主与单个劳动者之间经济力量的悬殊是显而易见的,这种状况使劳动者在维护自身权益方面往往缺乏与用人单位平等协商的资本。总之,在经济社会化条件下,资本提供者与劳动者分享企业的生产成果,资本提供者获利越多,劳动者获利则

〔1〕［德］马克思:《资本论》(第1卷),中共中央马克思恩格斯列宁斯大林著作编译局译,人民出版社1975年版,第124页。

越少，而雇主具有相对于劳动者的强势地位，这就容易导致雇主为了自身利益最大化而滥用契约自由损害劳动者的利益。与此同时，劳动者跟生产资料以及生产资料所有权与使用权的迅速分离产生了有产者和无产者之间的新型依赖关系。一方面，失去了土地和生产资料的劳动者只有出卖自己的劳动力才能成为一个现实的经济主体，获得自己的生活资料；另一方面，财产所有者或资本家只有在市场上购买到劳动力，实现劳动与生产资料及资本的结合，才能获取剩余价值，实现资本的增殖。[1]

4. 投资者与融资者之间的强弱分化

工业革命带来的生产方式的重大变革，使企业的资本需求越来越大，在自身资本难以满足日益增长的资本需求的情况下，资本社会化和股份制得到迅猛发展，公司纷纷借助股票市场筹集大量资本。资本社会化的发展导致了投资者与融资者身份的分离，以及投资者与资本经营管理者身份的分离。一方面，公司尤其是上市公司成了社会最主要的融资者，社会公众成了证券市场上的重要投资者；另一方面，对于广大中小投资者而言，他们除了保留公司的最终控制权和剩余资产索取权等权利之外，其他具体的经营管理事务都交给了上司公司的经营管理者。

融资者与公众投资者的关系既是一种投资关系，也是一种委托代理关系。在这种关系中，公众投资者处于明显的弱势地位。首先是信息不对称的问题。融资者和资本经营管理者具有信息优势，而投资者则处于信息劣势。在信息不对称的情况下，融资者和资本经营管理者极有可能利用其信息优势损害外部投资者的利益。其次是“控制权私利”[2]问题。由于“控制权私利”的存在，在公司内部形成了大投资者与中小投资者的利益冲突。在这种利益冲突中，由于大投资者具有信息优势、资本优势以及在公司内部有自己的利益代言人，因此，中小投资者的合法权益容易受到侵害和剥夺。融资者与公众投资者的强弱分化亦是存在于两者相互依赖的关系之中的。一方面，融资者需要通过证券市场筹集资金；另一方面，社会公众的闲散资金需要投资渠道。如果缺少中小投资者，证券市场将难以存在和发展。

（三）弱势经济群体权益保护问题与实质正义观念的形成

在经济高度社会化背景下形成的经济群体之间的强弱分化，使强势经济群体与弱

---

〔1〕 参见张正军：《经济社会化问题》，载《江海学刊》2000 年第 1 期。

〔2〕 戴克（Dyck）和津加莱斯（Zingales）（2001 年）对控制权私利的定义为：无论其来源如何，由控制方单独占有、不在所有股东之间按持股比例进行分配的价值统称为控制权私利。See Dyck, A and L. Zingales, 2004, “Private Benefits of Control: An International Comparison”, *Journal of Finance*, 59, pp. 537－600. 一般而言，获得控制权私利的手段主要包括过高的薪酬、转移定价、增发新股稀释现有股权、歧视性交易、内部人股票交易等。

势经济群体之间形成了一种形式上平等但实际上经济地位不平等的关系。在这种既存在利益冲突又存在强弱对比的关系中,强势经济群体一方在"经济人"本性的驱使下,往往通过损害弱势经济群体一方的利益来维护和增强自身利益,而弱势经济群体则难以通过自身力量去保护自己的正当利益,从而导致弱势经济群体的权益保护成了普遍的社会问题。

当人们从法律的角度寻求对弱势经济群体权益的保护时,人们发现传统民法对经营者与消费者、雇主与劳动者、融资者与公众投资者等存在明显强弱分化的特定经济领域关系的调整所体现的是人格平等、所有权绝对、契约自由、过错责任等思想,所追求的乃是形式正义。由于主张法律形式主义的立法导向和司法结果,在法律适用中完全回避了主体人格现实经济地位的差异,忽视了法律规则的凝固与滞后性问题,由此使法律实质上演变为保护社会强者的工具,在维护形式正义的同时也维护着某些实质上的非正义。[1] 面对弱势经济群体的权益保护问题,法律仅应当追求形式正义这样一种传统观念不仅受到了挑战,而且激发了人们对实质正义的诉求。相对于形式正义所保障的形式平等和机会公平,实质正义所保障的则是实质平等和结果公平。在运用法律手段解决弱势经济群体权益的保护问题时,实质正义的诉求主要表现为法律对强势经济群体和弱势经济群体之间形式平等而实质不平等的经济利益关系予以矫正,而要实现这种矫正,就应当做到以下几点:一是要求法律应当正视当事人之间经济地位不平等的现实,法律除了对"抽象的人"进行保护之外,还应当对"具体的人"进行保护;二是当涉及市场主体的生存和发展利益时,法律除了保障形式公平和机会公平之外,还应保障实质公平和结果公平;三是当弱势经济群体难以通过契约权利保护自身的生存和发展利益时,法律应当将前述利益以法定权利的形式加以保护。从根本上来说,法律除了追求形式正义之外,还应追求实质正义这样一种新的观念,乃是在经济高度社会化条件下催生的。正如有学者所言,"社会经济生活的变化,使20世纪的法官、学者和立法者,(不得不)重视当事人之间经济地位不平等的现实,抛弃形式正义观念而追求实质正义"。[2] 在某种意义上,实质正义观念为弱势经济群体利益作为社会利益被广泛认可创造了重要的道德和文化基础。

四、结语

笔者认为,经济法权利的公益性是认识经济法权利现象的一个不可或缺的视角,

---

〔1〕 参见江帆:《实质正义的经济法解读》,载李昌麒主编:《经济法论坛》(第5卷),群众出版社2008年版,第142页。

〔2〕 梁慧星主编:《从近代民法到现代民法》,中国法制出版社2000年版,第179页。

其不仅对经济法权利现象的特殊性具有较强的解释力,而且认识到经济法权利的公益性有利于突破民事权利法律保护的思维定式。

经济法权利所具有的公益性决定了经济法采用了包括权利法定化、权利倾斜配置、政府专门机构保护、公益诉讼等在内的有别于传统民法的权利保护制度。从社会机理来看,正是经济的高度社会化为中小经营者利益、消费者利益、劳动者利益和投资者利益等特定经济领域的个体利益向社会利益的转化提供了客观前提和基础,在这一客观经济条件下所形成的经济群体的强弱分化以及弱势经济群体的权益保护问题则直接促成了这一转变,而实质正义观念的出现,则从文化层面促使社会各阶层普遍认识并接受这一转变。

随着经济社会化程度的不断提高,群体的强弱分化日益成为经济领域的普遍现象,而新的弱势经济群体的出现必然提出新的权利诉求。如何对待这些新经济群体的权利诉求是未来法律发展的重要主题。基于这些新的弱势经济群体利益的公益性,就有必要突破传统私法权利保护的思维定式,如单一私法责任、私益诉讼、行政不干预、权利对等配置等,采用经济法权利保护的新思维,如综合责任、公益诉讼、行政保护和权利倾斜配置等,从而有效地保护新兴的具有公益性的权利。

“中国经济法学”:一个理论命题的形成

尹亚军*

目　次

一、引言

经济法学在中国有了近40年的成长历程,现已进入理论发展的“瓶颈”和转折期,这与域外世界各国经济法学的发展经验高度相似,然而,问题在于世界各国经济法学的发展与繁荣并没有同步进行,而是有着明显的时间错位。经济法学在中国发展期间,域外各国的经济法学研究已趋于沉寂,经济法理论的国际交流与借鉴也减少到近乎停滞,为何在中国依然出现了经济法现象和经济法学研究的繁荣景象? 为什么中国的经济法理论在内容和形式上也与德、日、法等国有了实质区别,表现出鲜明的中国特性? 显然,这些现象的解释需要回到经济法学在中国发展的语境中去求得,在解释过程中,“中国经济法学”这一理论命题已逐渐清晰。

这意味着,经济法学在中国走上了自主发展的道路,其新发展也应以此为基本前提。世界范围上来看,经济法学的概念界说有数十上百种,分歧的原因不仅在于“经济

* 深圳大学法学院、中国经济特区研究中心在站博士后,西南政法大学中国农村经济法制创新研究中心研究人员,法学博士。

法概念的模糊性”,〔1〕还在于据以认识经济法学的时空背景差异。因为作为概念的经济法学承载有知识和文化的内涵,而作为制度的经济法则是国家政权意志的表达,在此意义上,各国基于不同的经济法实践必然会得出不同的经济法学认识。换言之,要真正理解各国的经济法学,还须深入各国的语境去观察它的制度现象及其法治精神。“中国经济法学”命题即是经济法理论在中国发展的理论成果,“中国”二字不仅在于显示地方性或中国特色,更意在宣扬一种对普适性经济法理论的抵制与改造,并以此贡献于世界经济法学与法治发展。

鉴此,笔者拟从整体上观察“中国经济法学”这一中国特色话语,回顾、总结并反思经济法学在中国业已取得的理论成果,从经济法理论的借鉴与改造、工具与目的、传统与现代三个维度描摹其演变规律与理论追求;随后从理想类型、理论创新与历史使命三种视角重识作为话语的“中国经济法学”。当然,本文并不尝试填补中国经济法学不同学说之间的鸿沟,或建立统一的经济法学说,而是期望在宏观意义上描述经济法学的中国变迁之路,以求更好地认识中国经济法学,从而助推中国经济法学的新发展。

二、“中国经济法学”的形成过程

从经济法学研究在中国的发展来看,一个较隐蔽的现象是:初期研究以“经济法学”为命题,言必及德、日、法等国;而近10多年来更强调以“中国”修饰,即突出中国经济法问题的理论表达。正如“社会现实不是偶然成为空间的”一语所揭示的那样,经济法学研究所面对的当然是一种“高度语境化的实践活动”,〔2〕并且“就面对社会现实的立法要求而言,经济法的地方性、空间性特性比任何其他法域也许都强烈得多”,〔3〕对于需要什么样的法治和法律制度才能使本国的市场实现其功能的问题基本没有固定模式可循,不同国家都在努力构建符合本国国情的法律制度及其理论。不难发现,经济法学在中国的发展步伐与国内经济社会体制改革基本一致:改革初期的经济法学之基本考虑是如何为经济发展服务,政府与市场关系的处理尚未成为经济法学研究理论议题;随着市场在资源配置中地位的不断强化,经济法学的研究范围与范式逐渐成熟。可以说,“中国经济法学”的形成是基于中国经济法实践的一次次科学总结,也是中国经济法学从理论借鉴到自主发展、传统理论到现代范式、工具主义到经济法治的演变

〔1〕 [德]沃尔夫冈·费肯杰:《经济法》(第1卷),张世明等译,中国民主法制出版社2010年版,德文原版序言第6页。

〔2〕 单飞跃、李莉:《语境中的经济法——关于经济法的话语体系》,载《南京大学学报》(哲学社会科学版)2005年第3期。

〔3〕 张世明:《经济法学理论演变研究》(第2版),中国民主法制出版社2009年版,第330页。

历程。

(一)从理论借鉴到自主发展

中国改革开放之初,西方各国的经济法学研究已有半个世纪的发展历程,且是学说演变迅速、学术争论激烈的半个世纪,各自的经济法理论也完成了体系构建,均在初期的经济法理论上进行了大幅改动,鲜明体现了各国经济的发展特性。而当时的中国据以深入理解经济法理论的实践相对不足,因此主要的研究在于译介和传播域外经济法理论。尽管经济法学肇端于德国,但该时的中国唯独深受以拉普捷夫为代表的苏联经济法学派影响,如"纵横统一说"在我国《民法通则》颁布之前基本主导了那一时期的经济法理论研讨,也是当时对我国影响最大的一种经济法理论。[1] 这一理论契合了我国有计划的商品经济之经济体制改革目标,能解释新旧体制转轨中不规范的、错综复杂的社会经济关系,也能很好地解释实用主义的经济立法活动;再者,拉普捷夫的经济法理论"系统性极强,在提出纵横统一说的二十余年之间发表了二百余种学术论文和专著,阐述和维护自己的经济法主张",[2]为理论继受者的研习提供了充分基础。

从借鉴经济法理论的内容来看,伴随苏联的经济法理论一起学习的是其整个法学理论。经济法学的产生掀起的是整个法学的集体反思,即"经济法是否为独立部门法"的回答涉及经济法在整个法学中的定位、经济法原理与传统法学理论的差异与解释、部门法划分理论等多项理论命题。正是在这个意义上,基本可以说苏联法学真正影响甚至决定着中国改革开放前十多年的法学品格。[3] 也正是基于此种知识结构,《民法通则》的颁布即宣告了纵横统一论在我国的破产。自此,我国的经济法学说如雨后春笋,当下的主流学说均是在其后的10年内完成了论证,而其参照的主要不是域外经济法理论成果,更多的是关注了中国特色的经济体制改革与法律发展的内在关系,典型如该时期的"经济法"概念界定紧随经济改革决定文件而及时调整,这是中国经济法学人探索经济法理论自主发展的初步努力。

亦即中国经济法的成长表现出对经济体制的极强依赖性。每一次经济体制改革的决定都直接影响着经济法的内容,也决定着中国经济法的命运。就此,有学者指出:"我国经济法完全根植于我国社会主义经济基础,如果把我国经济法看作是某些外国的东西的输入而引起的,是不符合马克思主义关于经济基础与上层建筑关系的基本原

---

〔1〕 参见李秀清:《苏联经济法理论的演变及其对中国的影响》,载何勤华主编:《20世纪外国经济法的前沿》,法律出版社2002年版,第386~389页。

〔2〕 陈汉章:《苏联经济法学派与民法学派五十年的争论及其经验教训》,载《中国法学》1985年第3期。

〔3〕 肖江平:《中国经济法学史研究》,人民法院出版社2002年版,第95页。

理的。"[1]在这些经济体制的改革历程中,中国经济法学者逐渐看到了"中国问题"的深层内涵,并自觉提出"应处理好中国经济法学与外国经济法学的关系"。相应地,中国经济法学的理论体系构建参照既有传统法学的理论版块,并尝试在知识、内容与方法上进行创新,形成了新纵横统一说、国家协调说、需要国家干预说、社会公共性经济管理说、国家调节说、国家调制说等理论学说,这些学说对于中国经济法问题的解释和解决都提供了有益的助推。此种关注本土资源的意义不仅在于认识到中国的经济体制改革是一个简政放权、培育市场的过程,还在于提醒中国经济法应直面自身问题而构建"中国法律理想图景"。换言之,中国经济法学的产生与发展在理论与实践上与苏联、日本、德国、法国等国存在深层次差异,西方各国的经济法学并非可直接借鉴的范本,从研究成果来看,我们对域外经济法理论的译介和研究也越来越少。

此外,相较于其他部门法学,中国经济法理论的自主发展特征足以构成其显著标签。在中国,类似西方的民法、行政法很薄弱,经济法并不是从其他部门法中派生出来的,而是在丰富的经济立法实践基础上逐步形成和发展起来的。[2] 此类认识对于我们重新理解长期以来争论的经济法学发展与传统法律部门之间的关系尤为关键。换言之,在中国,经济法学的发展是与法理学、民法学、行政法学等齐头并进的,不存在西方语境所谓的先后之分。因此,我们在考虑经济法学的发展历程时,域外经济法学的历史逻辑并不能提供有效借鉴,因为中国经历了一个废法之后又重新确立"民主与法制"目标的特殊阶段,我们对"法制"的需要不是按照部门法的形成规律而确立的,即并非依照"只有在社会发展提出一定的需要后,才会在已有的法律部门之外形成一个新的法律部门,然后与之相适应地形成一个新的法学部门"[3]的理论逻辑。因此,在某种程度上来说,国内早期的关于经济法与民法关系的争论,基本上是在中国的土地上重新再现域外的经济法与民法思想理论根源,而这与中国法制实践的关联性并不足够大。当然,自主发展能否成功极大地依赖于我们据以发展中国经济法学所需的理论与实践资源,需要我们对整个法学理论的传统与现状有清晰认识,也需要我们不断地追问中国经济法理论在中国经济与社会治理中的功能与价值。

(二)从传统理论到现代范式

中国经济法学的成长过程中,其理论的研究在很大程度上参考了民法学、法理学的理论成果,因此,中国经济法理论初期的传统性特征明显,也因此始终面临理论解释

---

〔1〕 徐杰、黄欣:《浅谈经济法的几个问题》,载中国社会科学院法学研究所民法经济法研究室主编:《经济法理论学术论文集》,社会科学文献出版社2003年版,第319页。

〔2〕 参见程信和:《蓬勃发展的中国经济法学》,载《政法学刊》2008年第1期。

〔3〕 谢怀栻:《从经济法的形成看我国的经济法》,载《法学研究》1984年第2期。

力不足的困境,现代范式的探究则是找寻困境的出路,具体可从以下三个方面加以阐明。

第一,理论组成的推陈出新。中国经济法学研究初期,经济法与民法、行政法的关系厘定是每年必有的论文选题,因为经济法的讨论在某种程度上危及了民法、行政法的地位,在此基础上形成的以调整对象为主、调整方法为辅的部门法划分理论充当了此时的基础理论研究。尽管这些讨论耗费了不少学术资源,但对于经济法的认识而言意义重大,毕竟认识事物的最佳方法论即是“区分”,我们本来就需要知道经济法与其他部门法之间的可能差别。现在看来,关于经济法独立性的讨论,支持者与反对者均陷入了部门法划分的调整对象决定论的思维定式而产生更多的误读与分歧,大量可用以拓展经济法理论本身的学术资源和热情被占据,贻误了理论基础薄弱的经济法学的发展契机,而在此基础上构建起来的经济法律关系、基本原则、经济法行为、经济法责任等理论框架均表现出对调整对象、调整方法的极度依赖,即这些理论大都以部门法划分理论为起点和落脚点,这是有失严谨的。事实上,对此现场的反思一直存在,如指明部门法划分的主观性与局限性;为部门法划分寻找新的标准;也有从部门法的发展逻辑、命名规则的视角批判调整对象理论。就目前而言,调整对象、调整方法等仍构成经济法学的理论组成部分,只是不再强化它们在论证独立性方面的功能,而是更着重强调相互之间的联系、互动而非其区别。相应地,在“既有理论”之外,信息理论、风险理论、利益理论、分配理论、发展理论等“新型理论”日益凸显其在经济法问题上的理论解释力,这意味着中国经济法学的理论创新已经突破传统结构的束缚,正走向融通“既有理论”与“新型理论”的新发展阶段。[1]

第二,研究方法的多元交叉。尽管经济法学一直强调其有别于传统法学理论,但经济法学的研究仍不免受其影响,前述理论构成即适其例,个中缘由在于评估经济法理论时的标准是传统的,此种进路显然限制了“经济法思维”的拓展。在方法论上寻求突破并非标新立异,而是发现经济法之兴起正在于解决现代社会的复杂问题,法学之外的相关学科在这些现代性问题的洞察和认知上无疑是颇具启发性的,因此不难发现中国经济法学的著述中广泛引用了哲学、社会学、经济学等相关学科的知识、理论与方法,它们在理解市场、社会结构、社会主体相互关系等方面提供了多维视角,而作为规则之学的经济法学可借此研究对策回应。这意味着经济法理论要确保其对现代性问题的解决与解释力,那么在多元、交叉学科的方法运用上便应予加强,这也是经济法学的非传统性特征的理论依据所在。如今,“社科法学”研究在中国遍地兴起,法律与经

---

〔1〕 参见张守文:《中国经济法理论的新发展》,载《政治与法律》2016年第12期。

济、法律与社会、法律与非正式制度等关系的研究纳入了整个法学的研究,这是一种有益的趋势,它将推动中国经济法学乃至整个法学的革新。当然,我们也应看到,随着其他学科的知识在中国经济法学中的地位变化,作为法学基本立场的价值理念也正遭受冲击,这是我们应予警惕和必须应对的。

第三,制度基础的重新确立。美国的自由市场、德国的社会市场、苏联的社会主义、日本的政府主导型市场经济制度构成各国经济法的制度基础,中国经济法学在研究初期并没有去追问背后的经济类型差异,而是在引入经济法概念几年之后才确立"有计划的商品经济",这是一种很难在世界各国历史中能够找到的经济形态,我们也因此惯于将目光集中在政府权力对经济的主导作用上,这构成了中国经济法学的最初品格。一系列的"改革决定"对市场地位的调整重构了中国经济法学的市场经济体制基础,市场在资源配置中起决定性作用被认为是"现代经济法"真正的基础。当然,我们需要"把市场看作是一个更为广阔的经济的一部分,并且把这个广阔的经济看作是一个还要广阔的社会的一部分,即不是把市场经济看作目的本身,而是把它看作通向更为基本的目的的手段"。[1] 也正是在这一语境下,中国经济法学的发展更强劲,对既有的经济法原理、价值理念等提出了诸多自我反思和批判,而理论的修正逐渐确立了自己的独特标签——政府与市场关系平衡处理的法律表达,如此,"中国经济法才能真正介于公法与私法之间并避免在干预与自治两端中走向其中任何一个极端"。[2] 可以说,计划经济到市场经济的转型过程,是中国经济法学从传统走向现代并确立起该法域独特精神追求的演变历程,同时也促使了中国经济法学的科学化和理论完善。

(三)从工具主义到经济法治

在讨论之前,有必要阐明"工具"一词所表达的内涵。"工具"与手段、方法等词同义,在国内是偏中性或贬义使用,因工具与目标之间关系的缘故,以致在多数情况下,我们谈论"工具"时并没有上升到"工具理性"的程度。韦伯把现代化称为工具理性的扩张过程,即工具理性贯穿于一切社会行动,成为社会制度正当性的基础之一,即工具理性的形成意味着"理性就可以相当稳定地成为政治经济文化发展的基础,而不会对信仰和道德造成颠覆"。[3] 在这个意义上,工具理性与目标无关定然是严重的误解,因理性本身即内藏了"目的"这一要素。具体而言,此处表达的"工具主义"到经济法治

〔1〕 王绍光:《波兰尼〈大转型〉与中国的大转型》,生活·读书·新知三联书店2012年版,第132~133页。

〔2〕 甘强:《经济法作为部门法地位确立之后的几点思考》,载李昌麒、岳彩申主编:《经济法论坛》(第10卷),群众出版社2013年版,第45页。

〔3〕 金观涛:《探索现代社会的起源》,社会科学文献出版社2010年版,第6~14页。

的转变,可以说是经济法从“工具”向“工具理性”的演进,即追求市场经济的全面法治化、寻求良法与善治。[1]

对于经济法的“工具”定位,是改革初期较为普遍的认识,其工具意义表现在以下几个方面:一是认为我国的经济法是我国社会主义经济基础的上层建筑的组成部分,要为维护、巩固和发展我国的经济基础服务;二是我国的经济法是国家按照社会主义经济规律领导、组织和管理我国经济的重要工具;三是我国的经济法同其他法律一样,是国家意志的一种表现形式,都是实现其国家职能的一种重要的法律工具。相应地,经济立法活动也极其明显地体现了这一特性,特别是对外开放政策中对外经济关系的调整需要。由于此时法律之于中国的作用与地位居政治和经济之下,因此,我们也不应过多苛责当时经济法是国家干预经济手段的基本认知。事实上,即便是关于行政法的理解,迈耶曾明确指出“宪政国家是行政法的前提”,即行政法从根本上而言是由议会立法、行政活动和法院审查构成的“控权法”制度,但我国并不认可分权理论,行政法首先并不是作为控权法,而是作为维护行政效率的机制。[2] 这些认识直接地反映在了中国经济法学研究中,并与域外的经济法理论形成相互难以印证甚至矛盾的格局。中国经济法学的理论进路选择,则是凭借已有的理论资源和中国的经济法实践走中国自己的道路。也是在这个意义上可以说,中国经济法学研究把经济法“立起来”了,为经济法治奠定了重要的基础。

从工具主义到经济法治的转变过程,是中国经济法学的理论内容逐渐丰满、价值理念日趋清晰,同时也是理论回应经济与社会需要的法治进程。当然,这并不意味着经济法治已然实现,而仅仅是指示了一种方向,这一方向的战略思维在于切实地为市场配置资源扫清障碍,同时也将政府的权力边界划定清楚。诚如已有研究者所指出的那样——“单纯地认定经济法是为国家干预提供法律基础的观点是法律工具主义的表现,它不能体现经济法的价值取向与精神追求”,[3]这是与法治追求背道而驰的,而经济法治信仰有助于摒弃法律工具主义的错误认识,[4]即在博弈中走向规范的中国经济法。就理论完善而言,从工具主义到经济法治的转变过程,还是中国经济法学本身的理性化、科学化、体系化的历程,此时的中国经济法将稳定地为政治经济文化发展提供基础,通过主体或角色、权力或权利、义务或职责、责任或后果及其各种不同的组合形成法律关系,从而实现市场多元利益主体之间的利益平衡和协调。因此,若在理论上

---

〔1〕 参见黄茂钦:《论知识经济时代政府创新的经济法实现机制》,载《社会科学研究》2007年第4期。

〔2〕 参见[德]奥托·迈耶:《德国行政法》,刘飞译,商务印书馆2013年版,中文版序第8~9页。

〔3〕 张世明:《中国经济法历史渊源原论》,中国民主法制出版社2002年版,第115页。

〔4〕 参见史际春:《新发展观与经济法治新发展》,载《法学家》2004年第1期。

确立法治化的国家干预制度,即确认和规范国家干预,在实践措施上推进包括经济基本法的制定在内的制度环境,以此完成中国经济法学的理想图景,那么,那些仍否定中国经济法学存在的论说也就不攻自破了。

行文至此,我们可以看到,经济法学在中国进行了一次重生或曰再生的过程,而这一过程中研究者们紧扣中国经济与社会现实,逐渐养成区别于西方经济法学范式的自觉,尝试寻求真正适宜于中国的经济法学“理想法律图景”。也正因如此,特殊的成长环境下,中国经济法学在很大程度上并未直接体现法律社会化、民法与行政法缺憾的弥补、公法与私法交融等形态应有的“漫长”过程,而是体现出一种学者所谓的现代性与后现代性并发的特征。就世界范围来看,各国的经济法学发展均紧贴各自的经济环境、法治水平与文化特性,在这个意义上,我们说“中国经济法学”是可以成立的,其体现的是中国场域下政府与市场关系的演变,而这也是中国经济法学人的长期共同努力。当然,这并不意味着经济法学的国际交流不再可能,经济法学研究的国际交流与借鉴本应如此,即从经济法所嵌入的市场与社会诸特定语境去参悟或理解经济法及其理论,以更准确地认知经济法学所涵盖的具体单行法、法律制度等内容,而后者本身也是经济法学研究的重要组成部分。那么,“中国经济法学”的形成对于我们理解中国、中国法律、中国法学研究等将有怎样的帮助,而此种互为语境的理解方式又将如何强化相互的理解,这便涉及“中国经济法学”的再理解问题,也是“中国经济法学”再出发的必要准备。

三、对“中国经济法学”的再理解

中国经济法学的产生历史启示我们不能把现下的部门法格局理解为当然如此、自古如此。中国经济法学产生的特殊历史条件在于改革开放要加强经济建设,但加强经济建设不一定只是经济法的任务,民法、行政法、刑法乃至诉讼法都与此相关,而经济法的机遇在于基本法制的缺失和民法的不彰。在经济体制改革、社会转型、对外开放等因素外,还有中国经济法学研究者们的坚持不懈努力,通过创立学说、发展理论、充实内容而使中国经济法学具备学科和科学的基础条件,如此谋得经济法理论的进一步发展。随之而来的则是如何在逻辑上寻求中国经济法学的正当性与合理性问题,这是民众对其理解的基本要求。从既有理解来看,有价值的成果并不少见,如回应型法、促进型经济法、转轨经济法、公私融合的第三法域、自治型法等,但除“转轨经济法学”体现出较为浓厚的中国性和中国现实关注外,其他整体性认识尚没有解决或没能很好解决中国经济法学认识中的历史与现实问题,正因如此,笔者拟在这些研究的基础上进一步深化,从理想类型、理论创新和历史使命三重维度尝试寻求对中国经济法学的再理解。

(一)作为理想类型的中国经济法学

"理想类型"一词源于韦伯的创造,是韦伯在法学与社会学研究中一项重要方法论,即依据经验信息提炼、抽象而来的,可据以认识和理解事物的工具。公法与私法、部门法学、大陆法系与英美法系是法学中典型的理想类型。根据理想类型理论,上述理想类型并不是对法律法规事实的如实描述,而是经过一定的标准归类而成的特定类型,用以区别他者、凸显自身。此种思维方法的意义在于一方面,各种理想类型的形成根据同一种逻辑而展开,其表达信息的差异更具有区分性;另一方面,理想类型与经验事实之间保持一定的距离,两者之间通过"意义"联结,这些"意义"即是促成理解和交流的媒介。正如卡西尔把人定义为"符号的动物"所揭示的那样:人不可能直接地面对实在,他生活在一个符号的世界里,为语言形式、艺术想象、神话符号和宗教仪式包围着,倘无这些人为媒介的助力,他竟不可能看见或者认识任何东西。

在理想类型视角,中国经济法学的理解可分为以下三个阶段。

第一,抽象和归类阶段。"经济法"的名称并不自始如此,其他如经济公法、经济统制法、经济行政法、经济政策法、经济的法、民法特别法、社会法等称谓,整体上表现出对这一新兴法律现象尚无全面的整理思路,各有侧重但均有失周延。正是因为大量经济法现象的出现,民法等传统法学理论得以重新认识,它们已无力提供应对经济法现象的解释。事实上,既有经济法现象已足够成为一种独特的类型,选择"经济法"作为名称来指称这些现象,则在于"经济法"这一语词本身的意义关联。按照韦伯的理解,社会科学的根本任务不是去认识客观事件的全部事实,鉴于这个世界的复杂性和事实的无限多样性,认识全部事实实际上也是不可能的。这表明社会科学家必须对事实进行选择。为了确保社会科学的科学性,这种选择不能是任意的,其必须遵循一定的规则,即必须能够解释出这些事实之间的意义关联,而中国人正偏爱对事物与事物之间的联系方面进行思考,而不是长于对事物的本质进行思考,因此,意义及其关联在中国经济法学研究者那里占有特殊且重要的地位,在经济话语主导的中国改革开放语境下,"经济法"成了凝聚社会共识、传达共识意义的符号。

第二,意义的提炼和赋予阶段。作为理想类型的"经济法(学)",其必须传达"维护社会整体利益、政府适度干预、授权与限权结合、公私法融合"等品性的符号内涵。法律始终是处于发展中的,在一个力图摆脱传统束缚的国度,我们对于"新""现代化""转型""改革""进化"等词的追捧或迷恋也缘于对当下经济法制现存问题的关切与反思。故而"经济法"在发展、完善的过程中,逐渐被"赋予"了更丰富的"意义",使其紧贴经济发展、经济秩序、经济安全、经济自由、经济民主、经济平等、经济正义等符合市场经济的价值与理念,同时也希望经济法成为一种带动法治观念变革、改革法律传统、促进法治现代化的现代法域,这些"意义赋予"逐渐使中国经济法学内容丰满,同时也传达其中的"意义",进而形成一种文化——"经济法文化"。[1] 某种程度上来讲,我们大多研究者是在各自不同的"意义"维度坚持和支持中国经济法学,而所形成的"中国经济法学"概念共识进一步整合了这一"和而不同"的局面。在进行抽象归类并赋予丰富的意义之后,"中国经济法学"的形象得以丰满,这才使国内的认识理解与国际经验交流借鉴成为可能。

第三,凝聚、整合与发展阶段。"中国经济法学"成立的方法是"归纳"而不是"演绎",它的疆界可能随时被突破进而缩减,也可能向外扩张,这取决于我们对经济法的内核如何把握,即我们确立"理想类型"的依据。在意义维度,我们有"市场经济就是法治经济""超越纯粹的私法和公法理念及调整机制的经济法现象,因其对当时经济社会基本要义的秉承而极度张扬"等内容的发现和赋予。而围绕政府与市场关系中的政府失灵、市场失灵、经济人假设、公共产品、经济周期、外部性等问题的讨论和法律供给,我们据此逐渐确立起了中国经济法学的体系、主体理论、行为理论、利益理论、基本原则、价值理念、精神实质、基本范畴、激励功能等诸理论板块,可谓中国经济法学"对生存其中的经济社会逻辑做出了透辟、经典的理论概括和回应"。[2] 正是这些基础理论的提炼总结,使原本"杂乱无章"的经济法现象得以统合,每一经济法事实也因此获得了"意义",即不再是单一的、机械的、简单的堆砌,而是通过理想类型、意义联结起了一张"意义之网"。也正是在这些理论基础上,中国经济法学发展中对域外经济法律制度的借鉴才有可参考的、可理解的标准,因为每一法律制度都是文化的一部分,都在传达某种"意义"。在这样一种框架或范式指导下,我们尽力去挖掘西方发达国家在政府与市场关系处理问题上的传统与经验,去探索其法治发展与变革如何回应和体现政府与市场的关系,而这些内容中,哪些是可供直接借鉴的经验,哪些是特定的历史文化传统下的产物而不可直接借鉴,均需要完成其中的意义发现工作。在这个层面上来讲,作为理想类型的"中国经济法学"是可据以整合经济法资源、求得经济法发展的重要思想基础。

(二)代表理论创新精神的中国经济法学

在法律体系中,经济法学尚属新兴法律类型,其发展过程中并没有可供直接借鉴

---

〔1〕 单飞跃、张玮:《为什么是大陆法系传统国家——经济法文化现象的考察与解释》,载《财经法学》2015 年第 2 期。

〔2〕 刘红臻、肖乾纲:《走向现代性:中国经济法学发展的历程和启示》,载《法制与社会发展》2003 年第 1 期。

的演绎逻辑标准,而是形成了一套相对独立的研究和思维的场域。在该场域中,立足"经济法"或"经济的法"之现实,而于其中不停地思考、反思和追问既已有深厚积淀的传统法学理论,如法律是什么、法律与经济和社会的关系、公法与私法的划分、部门法的划分标准、形式正义与实质正义、法律责任的形态、法的可诉性、法的主体、逻辑起点等基本问题,其面向是全方位的,不仅在理论深度上常有突破,同时也全面地考察了民法、行政法等横向的理论问题。因此,其研究整体而言是偏向法理学的,研究成果常推陈出新,不断地证明既有法学理论的局限。当然,在此,有必要提及的是,经济法学的此种对传统理论的批判在民法、行政法等其他法学理论中同样存在,是为民法的现代化、公法的变迁、新行政法、法律的社会化等不一而足。

然而,对于中国而言,与中国经济法学的理论创新和贡献相比,民法、行政法等传统法学理论的现代化可能稍逊一些,这可以归结于其理论发展已基本成熟。概言之,中国经济法学的理论贡献可以在以下两个层面予以表达:一是对法律中的经济和社会结构基础的反思。由于中国的法学是纯粹的舶来品,尚无得以解释西方法学的社会与经济基础,如公民社会、市民社会与政治国家、商品经济、城邦自治、立宪制、议会制等社会制度,因此,法学在进入中国之后一直未获得很好的诠释,在中国大地上依旧盛行的是根深蒂固的"关系原理"。即中国经济法学发展在理论上面临着西方经济法学发展所没有的问题,就是中国的"社会"并不明显的存在,中国人面对的是一个全能国家留下的遗产——"一个没有社会的国家"。[1] 人们对国家的期待和对法治的要求里包含了一种"国家悖论"——既要求用法律来限制国家权力,同时又把实现法治的希望寄托在国家身上。中国经济法学在这些既有的西方研究范式和中国社会结构中,用"市场主体—社会中间层组织—政治国家"三元结构来寻求突破,社会本位、社会整体利益、社会公共利益等理论由此提出,以此证成了经济法学的存在依据。同时,也拓展了法学研究对其社会基础的基本分析。此外,在市场经济的认识上,我们还必须清醒地认识中国经济法学据以发展的市场基础,即我们不能简单认为我国当下所实行的市场经济体制,或者今后将要推行的市场经济体制是政府主导型的还是市场主导型的,因为其中任何一个提法都容易把我们的思维或者行动推向极端,而比较准确的提法应是市场和政府互为作用的体制,即不宜简单地提谁为主、谁为辅。这些本土问题的发现对于法学其他部门乃至其他学科都有启示意义。

二是传统法学理论的突破与创新。走自己发展道路的中国经济法学,在许多理论上均获得了突破,如政府—市场理论框架的确立、公法与私法二元划分范式的发展、整

---

〔1〕 梁治平:《法律何为》,广西师范大学出版社2013年版,第140页。

体主义价值理念的引入、法律调整机制与功能的多元创制、权利义务相对等法律关系原理的批判、法学研究方法论的重构、本土化研究的深化等宏观层面的理论创见;惩罚性赔偿制度、行业自治权、监管权、公平竞争权、宏观调控权、经济公益诉讼,[1]经济法责任、法的可诉性、发散利益的保护等具体制度的深入探索,这些都为法学的理论创新备足了资源素材,或者直接更新了法学的既有理论。因此,我们可以说,中国经济法学不仅仅及于自身,更是引领中国法学理论创新发展的"思想场域",而且中国经济法学本身的研究也是横贯法学、经济学、社会学等诸种学科的,其中的理论创建、思想深度与反思和批判都极为活跃,特别是经济法学在中国发展的第二个、第三个10年。

总结起来,"中国经济法学"之于法学的理论创新已具有标识性意义。首先,其已被贴上"现代法"标签,本身即意味着要对传统理论予以反思和发展,而其反思的对象也并没有范围限定,民法、行政法的法学理论均在其范围内,如今发展出来的趋势更说明了这一点,即以"问题导向"为特征进行的法学推理,因其模糊了部门法学之间的界分而被命名为"领域法学"。[2] 这种以问题解决为导向的趋势出现是由现代性问题的复杂性决定的,在中国经济法学中已经逐渐得到了体现,除了财税法中明确提出"领域法学"之外,其他如互联网金融指导意见、民间借贷纠纷的处理思路、网络约车租车的管理办法等均采取了多元法学方法的综合运用,我们很难再能从中去区分出哪些是民法问题、行政法问题或者经济法问题。最重要的是,这一区分本身已无必要。我们也可以从中看到理论研究者的"焦虑"或危机感,例如,消费者权益保护、食品安全监管、药品监督管理等问题已绝非单纯某个部门法学的专属。概言之,说"实用主义"也好"实践导向"也罢,中国经济法学研究与中国经济改革与社会转型保持密切关联,而其所表达的与时俱进、开放的精神追求对整个法学理论研究无疑具有重要的指导意义。

(三)承担特殊历史使命的中国经济法学

在我国,"经济法"这一概念是在特定的历史条件下才为人们所普遍熟悉的;经济法治建设的使命也同样是在特定语境中才为人们所普遍重视的。前已述及,中国经济法学的产生并非基于演绎逻辑的推理而来,也非直接照搬西方经济法学理论成果而得,而是有特定的历史机遇和历史使命。初期是中国经济体制改革需要"经济法"作为手段,中国经济法学所承担的历史使命更多的是总结经验、关注经济立法;而社会主义市场经济体制确立后,中国经济法学则确立了研究经济法现象的基本范式和学说理

---

[1] 参见岳彩申:《中国经济法学30年发展的理论创新及贡献》,载《重庆大学学报》(社会科学版)2008年第5期。

[2] 关于"领域法学"的反思,可参见尹亚军:《"问题导向式立法":一个经济法立法趋势》,载《法制与社会发展》2017年第1期。

论,开始回馈市场经济体制的完善;随着经济改革及其发展,中国又迎来包括社会改革在内的全方位转型,整体表现出从经济转型向社会转型的过渡,即需要更多的社会政策解决中国社会中的不平等、不公平问题,中国经济法学亦相应地发生转型。对于中国经济法学的历史使命,经济法学人已有一定研究,核心在于两点:一是培育市场、确保市场的自由竞争秩序,因此,经济法要确认市场规则;二是要推动权力经济向法治经济的转变,即经济法既要确认政府履行经济职能的行为,又要规范政府的行为。这些无疑体现出了鲜明的中国特色。

改革开放以来,我国一直致力于促进经济发展,因此,中国经济法学的第一项历史使命的比较明确的,即为经济转型、社会主义市场经济的完善提供法治保障,并为政府介入市场、公权介入私权提供解释和说明。在这一使命实现过程中,众多经济法律制度在中国从无到有,及至基本建立中国特色社会主义法律体系,中国经济法学对市场的培育和维护是持续性的,如以市场秩序为核心的反不正当竞争法、广告法、价格法、反垄断法等法律文本的颁行与修正中也有对竞争中立、公平竞争审查制度等具体问题的研讨。尽管理论和实务界在追求公平交易、自由竞争和市场秩序等目标上已达成共识,但对于如何实现这些目标却有着不少分歧,具体表现在如何发挥政府作用、确定政府介入市场的方式等更具体的问题上。事实上,对于这些问题,中国经济法学的研究已有了足够清晰的判断,而让这些理论价值减损的,大多是在中国经济法的实施环节,许多问题也因此而转移。[1] 那么,按照当下中国的市场经济发展状况来看,中国经济法学的历史使命是否已经完成,是否会出现不再需要中国经济法学的可能?

一般认为,市场自我调节的阻碍即是来自于政府的干预,中国经济法学也因此被指责无可作为甚或帮凶,因其没有规范好授权与控权的界限。显然,这当中的误解是相当深的,它不仅忽略了中国经济法学一直以来所做的反思与变革,也忽视了这个目标的实现必定是一个长期和渐进的过程。再者,这也凸显了另一个更深层次的难题,即我们可以将自由市场经济作为目标,但能否以美国、德国、日本或其他国家的市场经济体制为标准?自然不能。从历史的角度而言,我们所谓的自由市场、法治文明等只不过是一种"副产品"[2]而已,并不能在初始时就为其设定好目标,甚至根本没有"目的",若换一个环境,发生的就是另一种结局。同样,即便中国以纯粹自由市场经济为

---

〔1〕 参见应飞虎:《中国经济法实施若干问题》,载《现代法学》2013年第5期。

〔2〕 参见郑也夫:《文明是副产品》,中信出版社2015年版,第286~310页;苏力:《借鉴外国法学与发展中国法学》,载《外国法译评》1996年第1期;卢云豹:《多元政治与西方法律传统》,载《现代法学》2001年第2期。

蓝图而努力，其过程中也必然会发生波兰尼笔下的“反向运动”，[1]即在市场力量不断扩张的同时，也会引发旨在保护人与自然的反向运动，保护性立法和政府干预手段即为反向运动的特征，这一点在19世纪以来尤其显著。

如此一来，中国经济法学的第二项历史使命逐渐凸显，即如何实现经济发展进程中的社会转型或协调发展问题。在这一阶段，我们面临的是多元、复杂的“问题束”，即以“社会转型”为统领的涉及社会、经济、政治、文化、生态、法治等全方位的转型。中国经济法学不再是既要适应经济体制改革，又要推动这种变革；而是需要对发展方式、发展观念、政府与市场和社会的关系进行全面的思考和反思。在此，我们不必把社会中的多元主体之间的关系看作绝对的对抗关系，在一定程度上而言，某些“对抗”是我们人为塑造的；也不必把中国经济法学的理论指向限定在狭小的仅是政府干预和干预政府的范围内。可以说，这也是中国经济法学面临的最为棘手的问题，因为问题的处理已绝非权义逻辑能够单独解决，社会、经济、文化交叉缠绕，而市场仅是经济中的一部分，我们无法割舍其他来迎合市场，反之亦然。的确，正如“经济国家”概念所指出的那样，经济职能的引入使国家在中国社会中的角色、在社会治理中的理念形成与行为方式乃至自身机构设置与内部治理等诸多问题上的作用均不可剥离。所以，在这一点上，中国整个社会面临着根本的转型，原来我们只强调发展，现在则强调经济和社会协调发展，还必须考虑生态、政治协调发展，这是一个多方位、全方位、整体性的问题。而实质上，经济法从其产生时起就不仅关注经济领域问题，同时也关注经济相关的其他社会问题，即将它们作为一个整体加以考量，它所执行的实际上包含了一种社会性功能。显然，对于中国经济法学而言，现阶段的历史使命对此提出了诸多挑战，这些挑战大都直接指向中国经济法学的理论品性与理论结构。

四、结语

“中国经济法学”命题的提出代表了经济法学的中国形态，而语词“中国”的修饰间接表达了一种对普适性经济法理论的抵制和修正，但这并不意味着经济法理论的国际交流已不再可能。在中国特殊的经济体制改革背景下，“中国经济法学”是经由中国经济法学人的努力构建起来的，尽管并不完美，但其在发展进程中不断总结、反思和突破，并正在或已经实现从理论借鉴到自主发展、从传统理论到现代范式、从工具主义到经济法治的悄然转变。可以说，对于中国而言，“中国经济法学”是一份独特的存在，除

[1] 参见王绍光：《波兰尼〈大转型〉与中国的大转型》，生活·读书·新知三联书店2012年版，第41～43页。

了实用性的一面,它的价值更在于其为中国的法治建设塑造了一个弥足珍贵的意义世界。这是准确认识和理解"中国经济法学"的关键,其不仅是承载了当代社会价值的理想法律类型,也是促进法律变革与创新的理论思想试炼场,更是实现经济转型、社会转型历史使命的法律保障。在此意义上,其与中国契合而融为不可分的一体,此为经济法学在中国语境中的认识基础。这一整体认识能够在宏观上澄清和解释经济法学的既有难题,也能够为经济法学在新时期的新发展提供足够的支撑。

制度研究

论双层股权结构的法律构造

——以股东自治为视角

盛学军[*]　唐　军[**]

目　次

一、引言

法律制度供给是根据社会需求的变化而变化的,没有亘古不变的静止,也没有永恒的法律,法律总是随着社会需求的变动而发生相应变化。当下,公司契约论成为公司权力配置的主导型理论,而与之相适宜的双层股权结构模式(a dual-class capital structure)也正成为公司治理改革的重要践行需求。

何谓双层股权结构?双层股权结构的权力配置方式是针对单层股权结构易发控制权争议的预先排除,其通过对表决权控制来实现。首先,创始股东享有的每一股份所代表的表决权大于资本股东(新进入投资者)享有每一股份所对应的表决权或者资本股东的投票权被一定程度地限制。其次,资本股东根据所持有股份的数量享有股份

* 西南政法大学经济法学院教授、博士研究生导师。
** 西南政法大学经济法学专业博士研究生。

收益权,而不享有或者享有很少的表决权。[1]

双层股权结构可以追溯到20世纪初,1898年美国国际银业公司(International Silver Company)首次发行了无表决权的股票。20世纪20年代,美国一些公司开始发行两类普通股,只授予其中一种股份具有投票权。21世纪初,双层股权结构在美国新兴科技型公司应用尤为突出。[2] 有学者认为,双层股权结构使公司创始股东拥有了更多的表决权,其权利过分集中于公司创始人,这将极大损害资本股东权益,并使公司价值减损。[3] 美国哈佛大学教授威廉·Z.里普利(William Z. Ripley)指出:"无投票权股票是对公众投资者利益的无耻剥夺。"加利福尼亚州教师退休系统(California State Teachers' Retirement System)部门的负责人安尼·希恩(Anne Sheehan)认为,长期而言,此种股权结构的弊端是显见的。传统股权结构为"资本多数决",资本股东的利益能够得到很好庇护,但双层股权结构下,此种庇护将不复存在。也有学者认为,双层股权结构可以有效规避因信息不对称的资本股东对于公司经营的误判,可以有效防止公司被恶意收购,且能预防经营风险。[4]

双层股权结构是否适合中国国情呢?《双层股权结构下的利益冲突与平衡》(谭婧,2015年)认为,采用双层股权结构时,应当充分认识到公司内部存在股东、管理层以及雇员之间的诸多利益冲突,为此应当采用有效措施对上述冲突利益进行衡平。《论双层股权结构的公司实践及制度配套——兼论我国的监管应对》(陈若英,2014年)认为,双层股权结构在公司融资方面有着积极作用,但也容易导致对董事会监督失效,为此,应当建立类似仲裁纠纷解决机制以保障公众投资者的利益。《论双层股权结构的可行性和法律边界》(金晓文,2015年)认为,我国应当对双层股权结构采取宽容的态度,在法律层面破除障碍。《国企二次改革与双层股权结构的运用》(冯果、杨梦,2014年)认为,在我国混合所有制改革下,采用双层股权结构的前提是对其"适用范围和对象"等进行必要限制。[5]

---

〔1〕 See Daniel Cipollone and Risky Business, "A Review of Dual Class Share Structures in Canada and a Proposal for Reform", *Dalhousie Journal of Legal Studies*, 2012, p. 21.

〔2〕 See M. Bennedsen And K. Nielsen, "The Impact Of A Break-Through Rule On European Firms", *Working Paper*(2003).

〔3〕 See De Angelo, Sanford Grossman, "Oliver Hart. One Share/One Vote and the Market for Corporate Control", *Journal of Financial Economics*, 1988, p. 175.

〔4〕 See Jeffrey Gordon, "Ties that Bond: Dual Class Common Stock and the Problem of Shareholder Choice", *CLR* 1, 1998, p. 76.

〔5〕 参见冯果、段丙华:《公司法中的契约自由——以股权处分抑制条款为视角》,载《中国社会科学》2017年第3期。

本文认为,双层股权结构是股东自治的结果,客观上赋予了创始股东对公司的控制权,使传统的“资本多数决”被“合意少数决”所替代。双层股权结构对激励创始股东更好地经营管理公司有着积极作用,但也存在少数人利益剥削问题。双层股权结构理论逻辑何在?双层股权结构的制度内涵如何?如何从制度约束上对创始股东和资本股东进行利益衡平?本文拟对我国单层股权结构立法宗旨进行分析和评价的基础上,阐述双层股权结构的理论逻辑、路径,进而提出我国双层股权规则构造之进路。

二、我国同股同权——单层股权结构的批判

我国《公司法》第103条第1款规定,股东所持的每一份股份代表有一个表决权。此一规定被理论界理解为“同股同权,一股一票”,即一个股份可以被拆分为两个权利,第一权利为“股”所对应的现金流权(收益权);第二个权利为“票”所对应的投票权,而投票权的多少是决定能否控制公司的重要条件。一股一票本身否认了股权的权能层次性,强调股份数量的“量”与投票权“数量”成一一对应关系。

就股权而言,股权非简单的归属于物权或者债权,而是一种特殊的民事权利,兼具有人身权属性和财产权属性。股权本身应具有权能层次性,股权最重要的两个权能,应为收益权和表决权。就权利的属性而言,股东可以自由处分其权利,即股东可以放弃其收益权,而享有表决权;也可以放弃表决权,而只享有收益权。不应对此作出任何限制,除非这不是权利,而是义务。从我国《公司法》第103条第1款之规定来看,意味着不允许对股权进行任何的权能分层。而从公司治理的国际趋势来看,股东自治已经成为各国公司立法的重要趋向,而股权结构如何设置,是股东合意决定之事项。

(一)单层股权结构:股东民主的异化

1.单层股权结构下,股东民主异化为大股东民主(资本民主)

《公司法》以强行法的形式规定的“同股同权、一股一票”制度,本质为单层股权结构形式,此种单层股权结构模式是否真正体现了立法者所追求的“保障股东利益”呢?在单层股权结构模式下,股东要实现对公司的控制权,通常须拥有足够的股份,绝对持股比例应当达到51%以上,因为股东大会表决的一般事项必须以表决权的过半数才能通过。对于公司合并、分立和修改公司章程等必须以所持表决权的2/3才能通过,即必须绝对持股在67%以上。当然,就上市公司股东大会而言,也许不用如此,因为其只需出席股东大会的股东,以其所持表决权的过半数就可以通过一般事项,对于公司合并、分立和修改公司章程事项也只需出席股东大会的股东所持表决权的2/3即可。

但无论如何,在单层股权结构模式下,股东必须拥有相当的股份才能对公司享有控制权。从实践效果来看,广大中小股东的权益受到了大股东的“合法”侵害。拥有更

多股份的大股东实际掌控了公司的控制权,公司如何经营、是否分红、是否投资以及如何投资都以表决权多数进行决定,而中小股东本身的所持股份数量相对较小,其表决权为少数,其要表达且实践自己的意思显得非常困难。进而,单层股权结构本身出发点——“保障股东权益”异化为保障“大股东权益”。中小股东的权益在此种模式下被实质性地忽视了。

2. 单层股权结构下,忽视了股东之间的异质性

1819年美国高等法院法官约翰·马歇尔(John Marshall)在达特茅斯学院案(Dartmouth College Case)中曾有这样的论述:“公司存在于法律意义之上,是无形的,但具有诉讼主体资格,其自身与股东是两个不同的主体。”19世纪,美国法学家约瑟夫·安格尔(Joseph Angell)和塞缪尔·埃姆斯(Samuel Ames)曾有这样的论述:“公司是法律所创设的,在法律地位上和自然人一样存在的。”[1]就单层股权结构的公司治理制度设计而言,其法理基础在于“公司是拟制法人”,强调了公司财产权和股东财产权的分离,股东对于公司而言享有因投入财产而形成的股权。基于财产权平等原则,股东一旦投资入股,就应当公平地享有股权所确定的各项权利内容,而不应作出区分,即“the one share —one vote standard”。

就单层股权结构而言,第一,公司的同种股份等额划分,每一股份对应的权利相同,股权所对应的权利均等,内容同质,不赋予同种股份的任何差异化权利。[2] 第二,随着公司不断增资扩股,社会化程度提高,创始股东的股份不断被稀释,其逐渐失去了对于公司的控制权。新进入公司的资本股东,根据庞德(Pound)的利益掠夺假说(conflict-of-interest hypothesis)以及詹森(Jensen)和鲁拜克(Ruback)的权利巩固假说(entrenchment hypothesis),[3]可能借助“资本多数决”,通过股东大会改组公司董事会,进而实际控制公司经营。第三,一切活动规则以资本为中心,创始股东的创业精神、经营理念被资本蚕食。单层股权结构过分强调了“资本”地位,忽视了“人”的因素(founder-human-capital)。恰恰相反,一个公司成长,离不开创始股东的长期努力和经验主义的推广。而单层股权结构不能保障创始股东的“智力”因素之永续,随着公司规

---

〔1〕 See David Millon, “Theories of the Corporation”, *Duke Law Journal*, 1990, pp. 201 - 206.

〔2〕 我国《公司法》第3条规定,公司拥有独立的法人财产权。从此条规定来看,我国立法部门对于公司本质的认识为公司是拟制法人。进而在公司股权结构的设置时,以公司本身为核心,其法益向性以法人财产权为基础,规定了“同种类的每一股份具有同等权利”。对股东而言,作为股权的核心权利的表决权为一股一权。

〔3〕 参见徐志顺、华浤安:《台湾上市柜公司股权结构与企业永续性之关联性:并论产业与国际化之调节效果》,*Journal of Contemporary Accounting*, Vol. 15, No. 2, 2014, p. 197。

模不断扩大,创始股东股权逐步被稀释,资本股东凭借资本优势逐渐挤占创始股东存在的空间。我国公司法规定的一股一权结构很难满足股东异质性的需求,而创始股东和资本股东之间存在异质性,对于公司的经营理念、经营模式、发展道路存在不同的认识,控制权之争成为必然。[1]

(二)单层股权结构:过度国家干预,忽视了股东自治的公司治理要求

美国芝加哥法学派倡导的"公司治理诱致性变迁"理论认为,公司的创立者更具有推动公司有效治理的动因。国家不必对其进行过多强行法的干预。制度不均衡将创造机会性获利,而完善的公司治理结构将是制度性获利的保障。在单层股权结构下,资本股东"用脚投票"参与公司治理的现象非常普遍。科斯指出:"最好将权利配置给那些能够有效利用权利的人,且有激励机制引导他们这么做。"[2]

公司治理是公司管理和控制公司的框架,每个公司都有其独特的内部特征和组织,影响其管理方式。其中一个重要方面是公司的股权结构,它规定了向公众发行的股份类型,以及每个股份持有者的权利、责任和控制程度。而我国2006年《公司法》以法定方式严格规定了单层股权结构,一股一票的表决权原则,不赋予同种股份任何差异化权利,体现了国家对股权结构的强行法干预,使股东自治未在股权结构层面得到很好的体现。

1. 国家干预在公司治理领域应当坚持"适度原则"

国家干预的立法思想,其出发点在于对极度放任经济自由的限制,以维护社会整体利益和保障良好的经济运行秩序。国家对于社会经济生活的干预应当坚持的一个基本原则是适度原则。在公司治理领域,对适度原则应当作如下理解:(1)适度原则内涵之一——需要。即当社会经济生活本身出现了某种需要之后,才能施加国家干预政策。如果社会经济生活本身没有此种需要,就不应假定有此需要而进行政策的设计和安排。(2)适度原则内涵之二——实时。即当现有法律政策的制度安排无法适应社会经济客观需要时,此类法律政策应当及时作出调整,以适应经济社会之需要。在公司治理领域,当股权结构的股东自治已经有其客观需求时,我国的公司法应当作出相应调整,方才符合此"适度"原则。

2. 我国公司治理领域应进一步落实"股东自治原则"

从我国公司法规定来看,"同股同权、一票一权"是公司治理的重要规则,但以强行

---

〔1〕 如*ST新梅控制权争夺案(2013年)、新黄浦控制权争夺案(2014年)、廊坊发展控制权争夺案(2016年)等。

〔2〕 [美]奥利弗·E.威廉姆森、西德尼·G.温特:《企业的性质——起源、演变和发展》,姚海鑫、邢源源译,商务印书馆2007年版,第304~305页。

法规范对股权进行规定,是否妥当值得商榷。对于股权本身我们应当作这样的理解:(1)股权权能应当是有层次性的,即股权有收益权权能、表决权权能等多项权能,而权能层次性的划分应当尊重股权享有者——股东的意志,国家不应过多干预;(2)不是每个股东都愿意享有股权的各种权能,恰恰相反,现代公司股东极具分散性,不是所有股东都愿意参与公司管理;现代公司面临市场环境的复杂性,部分股东的信息不对称使其无能力实际参与公司管理,而这一切都说明,客观上存在股东希望股权权能分离以及搭便车之需求。而我国公司法没有充分考虑公司所处客观的市场竞争环境以及股东的现实需求,仍以强行性规范对股权权能进行统一,已经显得不太适宜,而尊重股东自治应当成为我国公司治理改革的一个重要导向。

三、双层股权结构的理论逻辑及其实现路径

双层股权结构集中体现了如下价值理念:(1)创始股东经验主义,将有助于公司的长期经营和发展;(2)资本股东为财务投资者,不应过分干预公司经营,预先假设资本股东与创始股东在公司经营能力上存在差异;(3)资本多数决不再作为公司表决权的基础,而股东自治——合意原则为公司表决权之基础。

(一)双层股权结构:股东自治之体现

1.公司权力配置的理论逻辑

公司权力配置基于何种理论逻辑?从意思自治的角度而言,公司权力配置是股东之间合意的结果。之所以坚持股东自治,原因在于公司的经营目标之一就是为了公司利益,而公司剩余价值索取权最终归于股东;公司经营资本来源于股东,股东投资公司是为了实现资本的增值;现代公司所有权和控制权的分离,尽管赋予了公司经营管理层更多的权力,但这不意味着股东放弃了对公司的管理,对于公司经营中的重大事项,股东仍需发表自己的意见,进而做出决议。否则,股东如果放弃其控制公司的权力,就意味着其放弃了自己对公司剩余价值的索取权。〔1〕

20世纪80年代,美国学者迈克尔·詹森(Michael Jensen)认为,公司是由一系列契约所组成的集合,股东只是公司众多提供其生产要素的主体之一。股东不应当享有整个公司,而只是享有对于公司剩余价值索取权。股东的权利是通过谈判获取的。〔2〕 公司只不过是各种契约的连结点,公司的任何行为和组织结构都是不同主体进行协商和

---

〔1〕 参见常健:《股东自治的基础、价值及其实现》,载《法学家》2009年第6期。

〔2〕 参见[美]斯蒂芬·M.贝恩布里奇:《理论与实践中的新公司治理模式》,赵渊译,法律出版社2012年版,第23~26页。

谈判的结果。公司的权力配置模式都是各方协商妥协的结果,即多数默认规则之实现,其追求的利益导向以谈判为基础条件。[1]

双层股权结构为公司权力配置的重要内容,双层股权结构产生的理论逻辑亦为公司权力配置之理论逻辑。契约论强调了"利害关系人之间的利益兼顾与协调原则",在股权结构设计时,应当考虑股权结构能够体现各方意思自治,达到合意均衡。那么,双层股权结构如何体现了契约主义之股东自治呢?

2. 双层股权结构集中体现了契约主义倾向——股东自治

公司权力配置之契约论通常将公司视为合同或者多个合同,就契约本身在公司的分析范畴下,其应当具有怎样的深层次内涵?(1)第一层次含义:公司是契约的集合,是系列契约的集合,如股东与股东之间、股东与董事之间、公司与员工之间的权利与义务都是契约关系。(2)第二层次含义:公司是股东与利益相关者意思自治的产物,而非国家强制法肆意干涉的内容。(3)第三层次含义:公司章程是股东之间协商的产物,遵从契约属性。

双层股权结构如何体现契约主义的"股东自治"?(1)双层股权结构模式是创始股东和资本股东意思表示一致的公司权力配置模式,创始股东和资本股东之间形成了契约关系,即创始股东每一股份所代表的表决权数大于资本股东每一股份所代表的表决权。创始股东和资本股东之间的权利和义务首先以招股说明书和投资入股协议等进行初步确定,最后以公司章程予以记载。(2)坚持"投资自负"原则(buyer beware)。资本股东在决定是否投资双层股权结构公司时,应当对此有清楚的理解和认识,一旦认可其投资,其实际上就应理解为认可了创始股东对公司经营权的控制和实际经营能力。股票发行者通常认为,只要对双层股权结构进行了充分披露,投资者就能自主选择是否投资。这里有如此多的非双层股权结构的公司可供选择。也有人认为,对于许多机构投资者而言,没有如此一个选择,他们只能受制于此种双层股权结构的公司,他们必须让渡股份的一些权利,进而保证获得充分的回报。但本文认为,机构投资者之所以选择双层股权结构的公司,本质上仍为意思自治下之结果,只不过其追求的是收益权,而不过于关注公司经营控制权而已。

(二)双层股权结构的实现路径

1. 公司章程是双层股权结构之重要实现载体

就美国双层股权结构的实践来看,双层股权结构在最初的实现载体多为创始股东

---

[1] See Daniel A Monroy, "Majoritarian Default Rules in Civil Contract Law: Legal Doctrine and Law &amp", *Economics*, *Working Paper*(2014).

在融资过程中,与资本股东以书面合同对股权类别以及股权权能进行约定。在合同中,创始股东对资本股东因投资享有的股权权能进行了划分,即对资本股东的每一股份所对应的表决权进行了限制,但每一股份所对应的收益权是均等的。19世纪中期,随着公司治理方式的转变,公司章程被认为是公司的自治宪章,其作用越发引起了股东的重视。越来越多的公司通过其章程来改变每一股分配的投票权。继而,将上述创始股东与资本股东之间的合同中关于双层股权结构的约定记载于公司章程之中成了常态。

首先,公司章程作为双层股权结构的载体对创始股东和资本股东具有很好的约束力。公司章程作为公司的自治宪章,是股东之间合意的产物,公司章程是多数股东决议产物,任何股东都应遵守公司章程的规定。[1] 在双层股权结构问题上,创始股东享有更多的投票权是章程规定内容,资本股东享有更少的投票权也为章程规定的内容,创始股东和资本股东不得任意违反此规定,而应严格按照章程的规定享有各自所对应的股东权利。

其次,公司章程作为双层股权结构的载体,符合上市公司治理规范。随着公司规模扩大,公司为了更大发展,需要更多的融资,从而使公司上市成为其重要的选项,而根据各国证券交易所上市公司规范,公司股东权利和义务的重要载体当为公司章程,对于任何一个上市公司而言,详尽的公司章程都是必备的。按照一般证券交易所交易规则,除公司章程外,股东之间的权利和义务是法定的。因而,为保障各自权益,将双层股权结构的约定记载于公司章程就成为公司符合上市之必要。

2. 双层股权结构是保障创始股东人力性的重要手段

泰勒(Taylor)等人认为,双层股权结构的主要目标是维持"创始股东的人力资本"。就公司治理而言,保护公司特定的人力资本是控制机制的一个基本原理。公司生产和发展离不开人,而作为公司的创始股东,其开创了公司,引领了公司发展,凝聚了公司的经营理念,以创始股东为核心的管理团队是公司发展的重要人力资本。相对于物质资本而言,人力资本的重要性不可或缺:(1)公司的社会化程度的提高,信息技术和经济社会的不断发展,需要更加专业的公司管理经营团队,以克服经营过程中的信息不对称,对公司所处的市场有快速反应,让公司在复杂的市场竞争中处于相对优势。(2)公司初创阶段,在首次公开募股之前,双层股权公司是相对较小的公司,被称为"初创公司"。而公司的价值高度依赖于创始股东的人力资本。人们通常认为,创始股东因为双层股权结构实际拥有公司控制权,而不必承担大比例经济风险。但斯马特

〔1〕 参见李昌麒主编:《经济法论坛》(第5卷),群众出版社2008年版,第374页。

(Smart)等人研究后发现,在首次公开募股(Initial Public Offerings,IPO)中,双层股权结构公司的股票交易价格要比单层股权结构公司低,而且这种影响至少要持续5年以上。这说明,双层股权结构的创始股东为保持自己的控制权地位实际上是作出了让步的,特别是在融资价格上,资本股东以相对较小的资本投入获取了相对较高资产收益。[1]

四、我国双层股权结构的规则构建

双层股权结构规则构建应当坚持股东自治原则。原则上,双层股权结构具体内容的制度安排应采取任意性规范,公司法从根本上来讲是市场主体法和主体自治法。从世界范围来看,公司自治将成为历史的发展潮流,国家不应过多采取强行法形式进行干预,否则将限制公司在市场竞争中的发展。[2] 股东自治体现了契约的相对性,通过股东自治对股东之间的权益进行分配,但股东自治在某种情况下会突破契约的相对属性,对他人的权益造成损害。为了防止双层股权结构中拥有公司控制权的创始股东的权利滥用,以维护社会整体之利益和其他权利主体的权益,国家适度干预成为必要。

(一)双层股权结构之适用主体

就我国而言,对于股权的权能层次性进行分层,从理论上而言,相关学者尽管有所涉及,但基于我国传统的"同股同权"的公司法制度之安排,在具体考量双层股权结构在中国的制度方案时,涉猎不多,但从我国的公司实践来看,却存在此类需求,例如,阿里巴巴的类双层股权结构的合伙人协议规定,阿里巴巴的少数创始人不论公司的股权如何扩展或者稀释,少数创始人都具有不可动摇的经营决策权;而腾讯公司也对公司的股权进行了分层,而中国却未有投票权被限制公司上市之规则,只得转而在美国上市。中国众多的新兴创业公司中,公司初创团队在进行融资过程中,也和新进的投资者签署了类似表决权不同的股权结构协议,以保障公司创业团队经营理念的延续。

美国机构股东服务公司(Institutional Shareholder Services Inc.,ISS)规定,可以采取双层股权结构的情形有以下几类:(1)公司的审计师对公司的未来前景提出了很大的怀疑;(2)新类别股将是暂时的,且有明确的期限;(3)新类别股不旨在增加内部人士的投票权;(4)新类别股目的是在短期和长期内对现有股东进行最低或不稀释的

---

[1] See Scott Smart et al.,"What's in a Vote? The Short-and Long-Run Impact of Dual-Class Equity on IPO Firm Values",*Journal of Accounting and Economics*,2008,pp.45-94.

[2] 参见彭真明、曹晓路:《控制权博弈中的双层股权结构探析》,载《证券市场导报》2016年第7期。

融资。[1]

如上所述,结合中国实际,双层股权结构的适用主体上可以作如下考虑。

1. 新兴类科技创业公司。双层股权结构本质上更加强调公司创始股东的人力资源性。可以说,人才团队的稳定和创业团队的集体决策是决定公司能否持续发展的原动力,但科技公司在不断发展过程中,融资扩大规模和投入资金的需求是巨大的,而为保持团队的稳定性,此类公司的创业团队和资本投资者达成投票权不同的双层股权结构协议也是必要的。

2. 特殊情形下的国有公司。在国有企业混改中,针对部分非事关国计民生、国家安全的国有企业可以进行双层股权结构的制度设计,这类企业应当让民营资本足够有效的参与其中。通常民营资本在资金优势上与此类国有企业不可比拟,但民营资本参与国有企业混改,其出发点多在于希望自己能够有效参与混改后企业的实际经营管理,而投票权的多少将直接影响民营资本参与经营决策的多少,因此,在此类混改国有企业中构建民营资本有足够投票权的双层股权结构是有客观需求的,也是进一步激发民营资本参与国有企业混改积极性所必需的。当然,对于涉及国家稳定、涉及国防安全领域的重点国有公司,其控制权应当由国家(国资委)掌控。在股权结构上应当沿用一股一权模式,使其不仅在实际的表决权上具有绝对的控制权,而且在剩余财产权上也应占有绝对的主导地位,即控制权不仅体现在经营权上,也应体现在财产收益权上。

3. 其他非国有公司股东自愿选择双层股权结构的。公司自治是公司治理改革的重要方向,而公司自治的本质是股东自治,因而,公司是否采用双层股权结构模式,应当由股东进行合意决定。

(二)双层股权结构的转化

就双层股权结构存在时间和条件而言,通常都是有限制的。在美国,拥有双层股权结构的公司更有可能在下列情况下统一股票权能,取消表决权的差异化:(1)在公司上市后表现不佳或管理声誉下降;(2)在现任管理层发生变化后,如创始人退休或者公司将控制权移交给专业管理人员;(3)公司产品相对成熟;(4)消除投资者和分析师之间的混淆;(5)将投票权与所有权的经济风险相一致;(6)公司取消双层结构的最常见原因是增加流动性。其他理由是简化资本结构。大约23%的转换是由股东提议引起的,而20%的公司使用预先存在的转换条款,基于触发股票类别转换的条件。

笔者考察采用了双层股权结构公司的股东——机构投资者,机构投资者愿意损失

---

〔1〕 See Institutional Shareholder Services Inc., "United States: Summary Proxy Voting Guidelines", *Iss Governance*, 4 March, 2015, p. 23.

大量的投票权,以增加股票的流动性,包括他们自己的股票。经验证据表明,通常这个机制的工作原理如下:一旦高级表决权股票跌破了资本净值的 X%,就会自动将高级投票股票转换成限制性的投票权股票。当这种自动转换条款不存在时,公司通过将有限的表决权股份转换为优势股份来促进统一或者将高级表决权股份转换成限制性股票。

由于我国没有双层股权结构的立法实践,所以在具体设计这一制度时应秉承谨慎态度,结合中国公司法同股同权的长期实践经验,结合现有的公司权力运行的组织特点,可以规定双层股权结构转化情形为以下几类:(1)公司股东大会决议转化的。公司股东大会是公司的最高权力机关,股东大会作出将双层股权结构转化为单层股权结构本身可以理解为股东自治的结果。(2)公司管理层发生重大变化的,如创始人退休等。构建双层股权结构的公司治理模式的出发点主要是保障创始股东及其经营管理团队的人力资源性以及公司经营理念的延续,但随着创始股东的退休或者其他原因导致创始股东的智力因素逐渐衰退,双层股权结构存在的基础逐渐失去。(3)高投票权股份被转让给第三方的。之所以将此规定为转化的原因,主要是基于高投票权股份一般是授予创始股东的,一旦被第三方受让,就等于双层股权结构存在的基础之一的创始股东智力性失去了。(4)"高投票权股份"被他人继承的。规定此为转化原因,其理由与高投票权股份被第三人受让相同,即创始股东的智力因素缺失等。

(三)双层股权结构的衡平规则

双层股权结构模式的制度设计有一个假设的前提,即创始股东掌控公司的经营控制权,将是有益于公司持续经营和发展的。但有限理性理论告诉我们,创始股东在公司的经营问题上并非完全理性,可能产生正向诱因效果和负向侵占效果(minority shareholder exploitation),就其诱因效果而言,随着创始股东对于公司控制权保持或者增加,其管理利益与公司利益趋向一致,表象上,将诱其以公司利益最大化为目标。但当资本股东拥有更多的收益权股份时,公司的利润对于仅拥有较小份额收益权的创始股东而言,其缺乏合理的最大化公司利益的激励,而追求私利反成为一种诱因,[1]这样创始股东的负向侵占效果就可能出现,即存在资本股东利益受到侵害的可能。[2] 因此,有必要建立相应的规则对创始股东和资本股东进行利益的衡平。

上述特征是所有公司中都可能存在的,具有共通性,因此,我国公司在进行双层股

---

〔1〕 See Mira Ganor, "Why Do Dual-Class Firms Have Staggered Boards?" *Ohio State Business Law journal*, Vol. 10.2, 2016, p. 156.

〔2〕 See Jensen M C, Meckling W H, "Theory of the Firm: Managerial Behavior, Agency Costs and Ownership Structure", *Journal of Financial Economics*, 1976, p. 26.

权结构改造过程中,同样应当遵循或者避免。那么,如何有效克服上述弊端,又应以何种规则对创始股东和资本股东进行利益衡平呢?

1. 投票权限制阻却规则:对表决权非正当行使应克服

投票权限制阻却规则,是指控制权股东不得通过任何形式对已经登记在册的普通股股权进行限制或者剥夺。美国证券交易委员会(Securities and Exchange Commission,SEC)制定第19C-4规则之前,美国许多公司通过资产重组的方式引入了双层股权结构。比如"红利增甜剂"[1]和时间分阶段投票计划[2]等办法进行重组。[3]随着双层股权结构使用的增加,监管的焦点不再是禁止双层股权结构,监管的重点变成了双层股权结构的资本重组——资本重组使现有股东不得不放弃投票权。1987年吉尔森(Gilson)在分析杠杆收购和二元结构作为替代品的同时,得出了禁止双层股权结构的资本重组的规定是重要的,但这并不意味着禁止双层股权结构。使公司能够享受双层股权结构的好处,而不需要强制股东放弃其投票权成为问题所在。为适应这一监管要求,1988年SEC制定第19C-4规则。根据该规则,SEC有权禁止国内各类证券交易所允许已经上市的公司发行每股表决权超过1票的新股。但SEC允许已上市公司发行每股不超过1个投票权的股票,并允许那些拥有不平等投票权的股票进行交易。

第19c-4号规则为每一个证券交易所的上市标准增加了一条新的规则。然而,1990年美国哥伦比亚特区巡回上诉法庭(United States Court of Appeals for the District of Columbia Circuit)裁定第19c-4规则无效,理由是:第19c-4规则已经超出了SEC的权限。[4] 尽管裁决否定了第19C-4规则。美国三大证券交易所却发布了与第19C-4类似的自治规则。例如,SEC规定,如果得到2/3的股东和大多数非业内人士的批准,就可以创建低投票权股票。

我国在创设投票权限制阻却规则时,应注意这样的问题:第一,在何种情形下,应

---

〔1〕 在"红利甜头"资本重组中,一家拥有单一股份的公司创造了一种新的股票类别,拥有投票权更少,但股息更高。

〔2〕 在阶段性投票计划中,股东被隔离,投票权利基于他们拥有股票的时间长短而产生,则在这种策略下,股票获得了一定的投票权(如每股10票),条件是其持有股票的最低时间不得少于多少年(如4年)。与此相反,尽管现金流动的权利日益减少,但持有股份的股东却拥有了更多的投票权和对公司的控制权。

〔3〕 道琼斯公司(Dow Jones & Co.)、时代镜报公司(Times Mirror)、贝克公司(Baker Corporation)都是使用这种策略来引入双层股权结构。

〔4〕 See Gabriela M, Engler Pinto, "Why They Persist? An Analysis of Dual Class Structures and the Unification Process in the U. S. And Brazil", *Revista Direito Gv*, Sao Paulo, 2014, pp. 23-52.

当对控制权股东的控制权进行限制？针对此问题，应当理解为已经登记在册的普通股股权，而非普通股股权则不在此类。第二，投票权限制阻却原则将强行性规范和任意性规范进行了有机结合。如若以公司上市作为时间节点，对之前采取双层股权结构的公司法律不进行干预，而一旦公司上市后，控制权股东就不得以任何形式变相对普通股股东的投票权进行限制。此种立法模式为我国公司法的改革实践提供了可供参考的样本，指出了股东自治的边界。

2. 表决权复苏规则：特殊情形下应赋予资本股东正常的表决权

双层股权结构模式中，控制权股东及其控制的团队掌控了公司的经营决策权。资本股东无权干涉控制权股东对于公司的实际经营，但是否这一特性在任何情况下都不得改变呢？

通常而言，在双层股权结构模式下，资本股东一般不享有(或者享有很少比例)股权权能中的表决权，我们可以定义为表决权放弃或者休眠，但是从制度协调角度出发，应当规定某些特定情形下的表决权复苏，使资本股东在特定情况下享有表决权。另外，从机构投资者的角度考察，机构投资者如果对公司的经营不是很关心，通常采用"用脚投票"(the Wall Street Rule)以表达其对于公司管理层的不满。但现阶段发展形态(the modern trend)是，机构投资者比以往更关心公司的经营，他们试图通过投票权影响公司的经营决策并对公司管理层施加压力，以达到维护自身利益之需要。也有研究表明，针对双层股权结构模式的公司，机构投资者对于公众投资者的权益是有帮助的，他们能够有效降低公司管理层对于公司利益的剥夺。[1]

创设表决权复苏规则，应从以下方面进行把握：第一，表决权复苏针对的是资本股东所持有的，但却无表决权的股份。表决权的数额一旦复苏，其将以所持有的股份数额决定其表决权数额，通常应按照"同股同权，一股一票"进行表决。第二，控股股东所持有股份不再享有特殊的表决权，其表决方式为"多数决"。第三，特殊情形的法定，对于何种情形下，资本股东的表决权得以复苏应当进行法律的界定。特殊情况可以考虑以下事项：(1)公司重大的经营决策，如重大的投资计划，公司的兼并重组、破产重整等；(2)涉及控制权及其团队自身的利益的表决时，如决定控制权股东及其经营团队的薪酬激励计划，控制权股东的自我交易[2]等。除了上述两种情况外，原则上不应赋予资本股东的临时性表决权。反之，不能体现双层股权结构的公司治理模式之初衷。

---

〔1〕 See Shmuel Hauser and Beni Lauterbach, "The Value of Voting Rights to Majority Shareholders: Evidence from Dual-Class Stock Unfications", 17 *Rev. Fin. Stud*, 2004, pp. 1167, 1183.

〔2〕 See Melvin Aron Eisenberg and James D. Cox, *Corporations and other Business Organizations*: Cases And Materials, 2011, p. 267.

3. 内部规则:资本股东利益的公司内部保障

公司内部治理规则是保障公司正常经营以及协调股东之间利益的重要标尺,体现了公司治理的自治性。日本东京证券交易所规定,双层股权结构公司应当制定保护非控制权股东的内部规则,切实保护他们的利益。比如,第三方听证制度,即当控制权股东做出重大经营决策时,应当聘请独立的第三方对其决策进行听证,根据听证意见做出决议。又比如,日本 Cyberdyne's 突破规则和日落规则(Breakthrough and sunset clause)规定,如果公司被收购的,要约收购人持有公司股本75%的,高投票权股份将自动转换成表决权同质普通股。同样,如果 Cyberdyne 被其他公司兼并或者成为其他公司的全资子公司的时候,高投票权股份将自动转换成表决权同质普通股。Cyberdyne's 创始人 Sankai 退休后,其高投票权股份将自动转换成表决权同质普通股。2014 年日本东京证券交易所对双层股权结构公司的上市交易规则进行修正,交易所集中审核的焦点是:(1)采用双层股权结构的必要性和适当性(necessity and appropriateness)。(2)公司内部规定是否有"日落条款(sunset clause)"。[1]

对于内部规则的把握,应考虑以下因素:第一,内部规则的自治标准应当由强行法进行规定。内部规则虽然为公司内部自治规则,但由于公司的实际控制权为控制权股东所把握,如不对其限制,控制权股东可能肆意制定,对资本股东的利益无法起到有效的保障。第二,内部规则的自治标准应坚持有利于资本股东利益保障为原则,以及能有效协调公司在经营过程中可能出现的经营风险为原则。例如,1989 年美国宾夕法尼亚州《公司法》规定:"任何股东,无论其拥有多少股份,其投票权最多不得超出总投票权的20%。"根据瑞典《公司法》第1385 条之规定,公司的每一股份对应的权利应当是相同的,然而,瑞典公司的公司章程却可以规定,公司可以发行具有不同投票权内容的股票,但每一股份对应的最高投票权不得高于10 个。尽管如此,所有公司的股东都有权参加公司股东会议,且在股东会议之前提出自己的问题,而不考虑其所持有股份是否具有表决权以及表决权的多少。[2] 而瑞典斯德哥摩证券交易所不对双层股权结构的公司上市做出任何进一步的限制。[3]

在双层股权结构模式下,公司内部规则客观要求公对创始股东的控制权进行适度

---

〔1〕 See Koji Toshima,"Cyberdyne's Dual-Class IPO", *I. F. L. R.* /December/January, 2015, pp. 44 - 45.

〔2〕 Chap. 3 Sec. I CA(the Swedish Companies Act).

〔3〕 有数据显示,在20世纪90年代左右,双层股权结构模式的上市公司在瑞典非常流行,有85%的上市公司采用了双层甚至多层股权结构模式。而首次IPO,只采用单层股权结构模式的公司非常稀少。而在1990~2002年,有268个公司在斯德哥摩证券交易所上市,其中,有122个公司(占比46%)采用了双层或者多层股权结构。

的限制，以保障资本股东的合法权益，上述日本证券交易规定以及瑞典公司法的规定可以进行借鉴，内部规则的精神主旨应涵盖：(1)双层股权结构的必要性适当性；(2)日落条款及其细化；(3)表决权行使的程序和条件等。内部规则本身应通过强行法进行原则规定，而具体细化可以由公司自主进行制定。

五、结语

从历史上来看，公司治理结构会因为不同国家和地区的法律及其制度的制约而存在多样性。不同的公司治理结构在经济逐渐融合中会发生互补作用，随着经济国际化越发深入，导致国际性的竞争越发强烈。落后的、无效率的公司治理模式将会得到纠正，更有效率的公司治理结构模式随之产生。我国公司法所确立的“同股同权、一股一票”的单层股权结构模式，已经异化为“资本股东民主”而非股东民主。股东自治的公司法立法理念在股权结构的设置上未得到有效体现。而秉承股东自治理念的双层股权结构，自19世纪末20世纪初诞生以来在争议中不断得到发展，如今，不仅在美国，欧洲国家也在进行着类似的实践。当前，我国的国有企业混改正在如火如荼地进行，改革方案也在不断进行探索，而双层股权结构的公司治理模式不失为一种较可行的改革方案。“十三五”规划提出了“大众创业、万众创新”新发展理念，而对于初创企业如何进行扶持，其治理模式如何？双层股权结构也不失为一种有效的尝试。综观我国公司实践，客观上也存在对于双层股权结构的现实需求，为有效解决国内公司上市之双层股权结构的缺失，推动公司治理结构的改革以及资本市场建设，我国公司法应积极进行制度的配套建设，以丰富公司治理的理论体系和满足现实的制度需要。

个人信息保护中“知情同意”适用的困境与出路

江　帆[*]　常宇豪[**]

目　次

“知情同意”是信息收集者合法收集、使用个人信息的前提，对于个人信息的保护极其重要，正如有学者所言，“知情同意原则作为个人信息保护法的一项基本原则，其重要性相当于意思自治原则在民法中的地位”。〔1〕 知情同意是世界各国个人信息保护法的通行原则，其目的在于通过对信息主体与信息收集者双方履行“知情同意”的强制性程序，以此制衡处于强势地位的信息收集者，保护信息主体的合法权益。然而，随着大数据时代的来临，个人数据保护进入了“后隐私权”时代，与强调消极防御的隐私权不同，个人数据保护需要主动防护。〔2〕 既有“知情同意”的被动性已经无法实现个人信息利益的保护，因为在个人信息收集过程中，普遍存在“告知”而不知情，不知情而

---

* 西南政法大学中国农村经济法制创新研究中心主任，教授、博士研究生导师，法学博士。

** 西南政法大学经济法学专业硕士研究生。

基金项目：西南政法大学经济法学科“两江学者”团队2016年度研究课题“大数据时代互联网金融业发展中个人信息保护问题研究”、重庆市两江学者计划资助。

〔1〕 齐爱民：《信息法原论》，武汉大学出版社2010年版，第58页。

〔2〕 参见刘泽刚：《欧盟个人数据保护的“后隐私权”变革》，载《华东政法大学学报》2018年第4期。

"同意","同意"而不置可否的情形。

知情同意适用的困境体现在两个方面:一方面,信息主体出于对同意后果认知的不足、缺乏"知情"的主动性,或即使不知情也无所谓,使得"知情"的真实性大打折扣,"同意"的有效性遭到质疑;另一方面,严格的知情同意可能增加信息收集者的经济成本,进而限制信息产业的发展并影响社会公共福利。如何破解知情同意的上述困境就成为我们无法回避的问题。信息收集者如何以更好的方式让信息主体"知情"?信息主体不够"知情"的"同意"是否一律有效?这些问题不仅涉及法律应当如何在信息主体和信息收集者之间进行权利义务的合理配置,而且涉及如何处理个人信息利益和国家信息产业之间的矛盾与平衡。

一、"知情同意"与个人信息保护的内在逻辑

我国现行法律文本并未明确表述个人信息利益的内涵。欧盟将其确定为"一般人格权的具体化",〔1〕其中包括消极的人格尊严不受侵犯和积极的人格自由发展;美国则通过隐私权保护个人信息利益,其内涵是消极的"生活不被打扰"〔2〕和积极的"对自身信息的控制"。〔3〕 综合上述观点,我们可以将个人信息利益的内涵归纳为人格尊严不容侵犯、自由发展不受限制、生活安宁不被打扰。个人信息的内涵意味着个人对信息的自我拥有和自主支配,知情同意原则正是这种自主性和支配性的制度体现。

"知情同意原则",或称"通知选择原则""告知同意原则",可简单表述为信息收集者收集信息时必须告知信息主体并获得同意。知情同意原则包括两层含义:一是"知情",即信息主体对信息收集者即将或已经收集、使用其个人信息情况的了解;二是"同意",即信息主体对信息收集者即将或已经做出行为的许可。信息处理的合法前提是取得信息主体的同意,需要向信息主体通知,使信息主体知悉自身信息的存在和使用状态,避免信息不对称所产生的危害。因此,这一过程的重点不在于"知情"而在于"同意",虽然知情是同意的前提和基础,同意才是核心和目的,是信息主体决定自身信息

---

〔1〕 陈志忠:《个人资料保护之研究——以个人资讯自决权为中心》,中国台湾地区司法管理机构"秘书处"2001 年版,第 59 页。

〔2〕 See Samuel D. Warren, Louis D. Brandeis, "The Right to Privacy", *Harvard Law Review*, 1890, Vol. 4, p. 193.

〔3〕 See Charles Fried, "Privacy", 77 "Yale L. J.", 1968, pp. 475 - 483.

是否被处理的意思表示。[1] 需要指出的是,信息收集者的“告知”不能简单等同于信息主体的“知情”,而是指信息收集者通过适当的方式履行告知义务,使一般信息主体得以掌握信息收集和利用情况。这意味着对于信息主体而言,信息收集者的告知若不能使具有一般知识水平和生活经验的信息主体掌握或基本掌握其信息被收集、利用的情况,即可判定信息收集者未良好履行告知义务。因为只有在充分掌握信息收集者所告知事项前提下做出的同意才是信息主体真实的意思表示,“同意”也才具有应当具有授权许可的效力。

知情同意原则的观念最初源于艾伦·威斯汀在 1967 年发表的关于隐私与自由的论文,他在文中提出“个人、团体或机构有权自行决定何时、如何以及在何种程度上向他人传输自己信息”。[2] 这一观念被美国健康、教育和福利部采纳,并进一步提出了公平信息实践原则。[3] 后来这一原则被许多个人数据保护立法纷纷采纳,并将“选择(同意或不同意)”作为了保护个人隐私的关键工具,甚至作为立法目标,[4] 如经合组织(Organization for Economic Co-operation and Development,OECD)部长委员会于 1980 年通过的《关于隐私保护和个人数据跨境流动指南》,2004 年亚太经合组织(Asia-Pacific Economic Cooperation,APEC)通过的《隐私框架》,欧盟 1995 年通过的《关于涉及个人数据处理中的个人保护以及此类数据自由流动的第 95/46/EC 号指令》及 2016 年通过的《一般数据保护条例》,美国国会 1999 年通过的《金融服务现代化法案》及美

---

[1] 参见汤敏:《论同意在个人信息处理中的作用——基于个人敏感信息和个人一般信息二维视角》,载《天府新论》2018 年第 2 期。

[2] Alan F. Westin, *Privacy and Freedom*, London: The Bodley Head Ltd., 1967, p. 7.

[3] U. S. Dept. of Health, Education and Welfare, Secretary's Advisory Committee on Automated Personal Data Systems, Report of the Data Systems: Records, computers, Secretary's Advisory Committee on Automated Personal and the Rights of Citizens, http://epic. orglprivacy/hew 1973 report/, last visited on Feb. 20, 2018.

[4] See Fred H. Cate, "Protecting Privacy in Health Research: The Limits of Individual Choice", *California Law Review*, Volume 98, 2010, pp. 1776 - 1777.

国健康与人类服务部2001年通过的《健康保险流通与责任法案》等。[1] 作为个人信息保护的重要原则，“知情同意”已经在全球范围内产生了广泛影响。

我国首次将知情同意作为基本原则是在2012年全国人大常委会颁布的《关于加强网络信息保护的决定》中，其中明确规定了企业收集、使用个人信息时，应当明示收集、使用信息的目的、方式和范围，并经被收集者同意。[2] 相关立法如《网络安全法》《消费者权益保护法》《征信业管理条例》《电信和互联网用户个人信息保护规定》均将知情同意作为信息收集者收集个人信息的唯一合法条件，事实上，到目前为止，我国是世界上唯一一个在立法上明示个人信息收集、使用一律须经信息主体的同意，从而将同意一般化的国家。[3] 就立法而言，我国关于知情同意的要求甚至比欧盟的“严格知情同意”还要严格。

知情同意与个人信息利益的保护具有内在的逻辑关联。一方面，个人信息利益的内涵与人格尊严密切相关，“知情”是自我认知的前提，“同意”是自我认知的判断，知情同意体现了法律对个人根据自己意思自由决定自身事务的确认，对个人主体性和人格的尊重和保护。一个人在其基本权利行使的正当范围内，若缺乏自治自决的机会，将丧失其人格尊严，因此，自决权必须受到国家及他人之尊重。[4] 另一方面，在信息主体和信息收集者实质不平等关系中，“同意是个人对抗信息处理者的唯一对话途径，反映了信息处理者与个人的互动过程”。[5] 信息主体的“同意”可以对信息收集者进行限制和约束，其本身就是一项有效的制约性权利。

---

〔1〕 例如，OECD《关于隐私保护和个人数据跨境流动指南》提出了个人信息保护的八项原则，其中收集限制原则规定，收集个人信息应在信息主体知情或者同意的情况下以合法和公平的方式进行；目的特定原则规定，收集个人信息之目的应当明确特定，后续使用应限于最初收集目的或者与之相容的目的，目的改变应予以说明。参见刘金瑞：《个人信息与权利配置——个人信息自决权的反思与出路》，法律出版社2017年版，第36页。再如欧盟《一般数据保护条例》第6条规定了个人信息合法处理的六种情形，其中排在首位的是信息主体明确同意；第9条将信息主体明确同意确定为限制敏感信息处理的例外情形。See General Data Protection Regulation, art. 7,9.

〔2〕 该决定第2条规定：“网络服务提供者和其他企业事业单位在业务活动中收集、使用公民个人电子信息，应当遵循合法、正当、必要的原则，明示收集、使用信息的目的、方式和范围，并经被收集者同意，不得违反法律、法规的规定和双方的约定收集、使用信息。”

〔3〕 参见高富平：《个人信息保护：从个人控制到社会控制》，载《法学研究》2018年第3期。

〔4〕 参见李震山：《从生命权与自决权之关系论生前预嘱与安宁照护之法律问题》，载《中正大学法学集刊》1999年第2期。

〔5〕 徐丽枝：《个人信息处理中同意原则适用的困境与破解思路》，载《图书情报知识》2017年第1期。

二、“知情同意”在个人信息保护中适用的困境

(一)“知情同意”是“真的同意”吗

知情同意原则肇始于小数据时代,因此,其理论推演和制度设计不可避免地存在局限,这些局限在大数据时代已然被放大成为所谓“知情同意困境”。“知情同意困境”最早由丹尼尔·索勒夫(Daniel J. Solove)教授提出,用以描述知情同意在现实中因为种种原因失灵,从而无法有效保护个人信息的情境。[1] 在大数据时代,由于信息量的浩瀚与交易的快捷,信息主体很难真正基于自己的自由意志做出有效同意,即使信息收集者获得了信息主体的授权,这种授权的真实性因信息主体漠不关心或无可奈何而大打折扣,使知情同意并非“真的同意”;同时,由于信息收集者向信息主体严格“告知”过程的成本巨大,其可行性难以奏效。

根据2016年中国互联网协会所做的《中国网民权益保护调查报告(2016)》,54%的网民认为个人信息泄露严重,其中21%的网民认为非常严重。84%的网民亲身感受到了由于个人信息泄露带来的不良影响。而对于侵犯网民知情权和选择权的现象,“诱导用户点击”和“APP获取个人信息但用户并不知情”的情形分列第一位和第三位。[2] 单就这一项调查结果来看,似乎我国对个人信息的保护情况十分堪忧。这不仅与我国《网络安全法》《消费者权益保护法》等法律对个人信息保护的严苛要求相背离,也与其他一些研究结果相矛盾。根据一份基于《网络安全法》对我国500家网站的实证分析,[3] 在网站承担告知义务方面,有73%的敏感信息类网站和66%的商业类网站均提供了隐私政策声明(协议),这说明至少在商业利用领域我国信息收集者履行告知义务的比例并不低。但讽刺的是,提供隐私政策声明比例最低的两类网站为政府类网站(31%)和教育类网站(4%)。鉴于这份调查报告发布于《网络安全法》生效不久,有理由相信目前网站对消费者告知义务合规情况可能会更好。根据另一份基于10家社交网站的研究,[4] 这10家社交网站均设置了较详细的隐私协议且总体合规情况良好。

---

〔1〕 See Daniel J. Solove ,“Introduction: Privacy Self-Management and the Consent Dilemma”, *Harvard Law Review*, 2013, pp. 1879 – 1880.

〔2〕 参见《中国网民权益保护调查报告(2016)》:54%的网民认为个人信息泄露严重,载中国互联网协会:http://www. Isc. Org. cn/zxzx/xhdt/listinfo – 33759. html,最后访问日期:2018年8月18日。

〔3〕 参见邵国松、薛凡伟、郑一媛等:《我国网站个人信息保护水平研究——基于〈网络安全法〉对我国500家网站的实证分析》,载《新闻记者》2018年第3期。

〔4〕 参见陈瑞华、郑洁萍:《在利益与人格之间:社交网站个人信息保护研究》,载《新闻界》2018年第5期。

综上所述,我国网络信息保护呈现出以下悖论:一方面是信息收集者普遍履行了(至少是基本的)告知义务,隐私政策随处可见;另一方面绝大多数信息主体仍然认为自己受到个人信息泄露的困扰。由此说明,如果我们排除非法信息的收集,相当一部分信息主体似乎并不知道自己究竟"同意"了些什么？正如有学者所言:"在个人信息海洋中,个人的控制力非常无力和渺小,个人的同意越来越被证明不能控制个人信息的流向和生命周期,不能实现对个人权利的保护;甚至在个人信息与特定服务或交易联系在一起时,默示同意也仍然是流于形式。取回或删除个人信息只有在不接受服务的情形下才能兑现,而这也意味着个人拒绝网络或数据化生存方式。"〔1〕

(二)个人信息利益价值的多元及冲突

在现代社会中,信息具有自由与共享的特征。〔2〕绝大多数公共信息源于私人信息的让渡。个人信息是一个多元价值的集合体,包含着信息主体的人格尊严和自由价值、商业价值和公共管理价值。〔3〕从个人角度来看,信息兼具人身属性和财产属性,信息主体对数据享有占有、使用收益处分权。然而,信息并非个人独占的绝对所有权,个人在生活中时刻需要享受各机构提供的信息服务;公权力机关依靠数据为个人提供更好的查询等服务,构建信用安全体系,排除恐怖活动等危害隐患;商业机构利用数据提供搜索引擎、智能推送,便利生活和提高效率,〔4〕由于个人信息存在多种利益的交织,个人信息的保护与相关主体信息利用存在冲突,主要涉及以下方面。

首先是与国家信息利用的冲突。国家信息利用涉及国家安全、公共安全、国防、公共卫生等公共管理需要以及以公共利益为目的的科学研究、历史研究、统计等需要。个人信息保护与国家信息利用之间的冲突主要是由信息无法自由流动造成的。任何社会都会不可避免地发生个人信息交换,信息保护的目的不是隔离个人信息,而是建立起个人信息转移和运用的规则和选择。〔5〕但知情同意原则的适用意味着"个人信息的收集、传播或利用在原则上受到禁止,除非获得信息主体的同意",〔6〕这势必会对

---

〔1〕 高富平:《个人信息保护:从个人控制到社会控制》,载《法学研究》2018 年第 3 期。

〔2〕 参见金耀:《消费者个人信息保护规则之检讨与重塑——以隐私控制理论为基础》,载《浙江社会科学》2017 年第 11 期。

〔3〕 参见张新宝:《从隐私到个人信息:利益再衡量的理论与制度安排》,载《中国法学》2015 年第 3 期。

〔4〕 参见京东法律研究院:《欧盟数据宪章〈一般数据保护条例〉GDPR 评述及实务指南》,法律出版社 2018 年版,第 55 页。

〔5〕 See Wolf J. Schünemann, Max-Otto Baumann, *Privacy, Data Protection and Cyber Securaty in Europe*, Switzerland: Springer International Publishing AG, 2017.

〔6〕 杨芳:《德国一般人格权的隐私保护——信息自由原则下对"自决"观念的限制》,载《东方法学》2016 年第 6 期。

信息自由流动造成阻碍。公共秩序、公共安全和公共福利的推进,都离不开以个人信息为基础的数据库的支撑,[1]而信息不自由将导致公共福利的损失。例如,言论自由、报道权、监督权(特别是对官员的监督权)都建立在信息自由流动的基础上。而在实践中,这些权利的行使并不以信息主体同意为合法前提。如果过于强调知情同意,则必然会导致信息无法正常流通。以征信业为例,国务院于2013年1月发布的《征信业管理条例》规定,无论是商业征信机构还是国家设立的金融信用信息基础数据库,收集和使用个人信息原则上都需征得信息主体同意。[2] 按照此规定,即使收集个人负面信息也必须征得信息主体同意,但很难想象有人会同意自己的负面信息被收集、使用。如此立法规定,不仅会造成收集个人信用数据的巨大成本,还极有可能因所收集的数据不够充分和全面(如欠缺负面信用数据)而影响征信系统的功能。[3] 知情同意带来的信息不自由是信息自由流动的对立面,而信息自由流动正是诸多社会秩序和公共福利赖以维持和增进的基础。在这一点上,知情同意代表的个人利益与公共利益表现出尖锐冲突。

其次是与商业利益和社会公共利益的冲突,这也是最突出的冲突所在。在信息经济时代,信息利用的障碍显然会给商业发展带来直接不利影响,因为过于严苛的知情同意会造成信息收集者成本大幅增加,直接降低经济效率。根据美国社区银行协会的统计,由于设计、测试、邮寄法定的隐私通知需要花费数十亿美元,每年因此花费的成本在2亿~5亿美元。2001年该协会估计,向每个消费者发送通知的成本是1.37美元,每家银行总计大约需要花费一两百万美金。[4] 在另一项关于慈善组织成本的调查中,研究者发现仅在2000年,美国慈善机构为了获得使用个人信息的明确授权而付出的成本就达到了16.5亿美元,占募集总额的21%。[5] 而在美国西部电话公司针对适用知情同意所做的测试中,为了获得许可在所提供的服务中使用用户通话模式信息,需要在每个用户身上付出近30美元。[6] 可见,知情同意给信息收集者带来的经济成本十

---

〔1〕 参见张新宝:《从隐私到个人信息:利益再衡量的理论与制度安排》,载《中国法学》2015年第3期。

〔2〕 参见《征信业管理条例》第13条、第29条。

〔3〕 参见刘金瑞:《个人信息与权利配置——个人信息自决权的反思与出路》,法律出版社2017年版,第122页。

〔4〕 See Examination of the Gramm-Leach-Bliley Act Five Years after Its Passage, http://www: banking. Senate. gov/public/index. cfm/hearingsID = 776c28d6 - ccca - 46d3 - 9c71 - 49377fda469c.

〔5〕 See Michael A. Turner, Lawrence G. Buc, The Impact of Data Restrictions on Fund-raising for Charitable & Nonprofit Institutions 2 - 3 (2002).

〔6〕 See Brief for Petitioner and Intervenors at 16 n. 37, U. S. West v. FCC, 182 F. 3d 1224 (10th Cir. 1999), cent. denied 528 U. S. 1188 (2000).

分严重。当然，人格尊严和人格自由发展的价值不能简单用金钱衡量，知情同意带来的高昂代价也并不意味着要彻底放弃其对个人信息的保护以弥补损失，但至少在构建以知情同意为核心的个人信息保护框架时，应当对其适用的方式和范围都慎之又慎。

此外，个人信息保护还涉及与他人自由表达的冲突，诸如新闻、艺术、学术、文学等等，以及与自己和他人生命权、健康权的冲突。可见，个人信息既非仅仅关涉个人的利益，其占有和使用与公共利益密切相关，过于严格的知情同意将阻碍个人信息的公共性使用，缺乏法律上的合理性与正当性。

知情同意的合理性取决于该情形下个人信息与个人的关联性。如果该个人信息具有较强的私人属性，甚至属于个人隐私，那么个人理所当然地对其享有支配权，知情同意就具备很强的正当性。但“实践中，有些个人信息不属于私人领域，这些信息和人格的关系较为疏远，或者说是社会交往中必须向公众提供的”，〔1〕对于此类信息，仍然适用知情同意原则就不具有合理性。有学者将此总结为“隐私权人虽然有权决定隐私信息是否公开以及公开范围，但其无法涉及所有的个人信息”。〔2〕在实践中，知情同意困境的存在既影响信息主体的同意效力，并进而使信息收集者依据授权收集、利用个人信息行为的合法性饱受质疑，又无法起到借信息主体的“同意”制衡处于强势地位的信息收集者。知情同意困境在学界引起了很大争议，部分学者甚至主张放弃知情同意原则而改用其他机制替代，〔3〕而捍卫知情同意原则的学者也承认其困境并从不同角度给出了解决方案。〔4〕可以说，破解知情同意机制失灵的困境是知情同意得以继续发挥作用的关键，而这也是本文试图解决的问题。

---

〔1〕 杨芳：《个人信息自决权理论及其检讨——兼论个人信息保护法之保护客体》，载《比较法研究》2015 年第 6 期。

〔2〕 谢远扬：《信息论视角下个人信息的价值——兼对隐私权保护模式的检讨》，载《清华法学》2015 年第 3 期。

〔3〕 参见任龙龙：《论同意不是个人信息处理的正当性基础》，载《政治与法律》2016 年第 1 期；姬蕾蕾：《个人信息保护立法路径比较研究》，载《图书馆建设》2017 年第 9 期。

〔4〕 参见徐丽枝：《个人信息处理中同意原则适用的困境与破解思路》，载《图书情报知识》2017 年第 1 期；汤敏：《论同意在个人信息处理中的作用——基于个人敏感信息和个人一般信息二维视角》，载《天府新论》2018 年第 2 期；王籍慧：《个人信息处理中同意原则的正当性——基于同意原则双重困境的视角》，载《江西社会科学》2018 年第 6 期；王文祥：《知情同意作为个人信息处理正当性基础的局限与出路》，载《东南大学学报》（哲学社会科学版）2018 年 S1 期。

三、个人信息分类与“知情同意”适用的选择

知情同意原则之所以会陷入困境,其根本原因在于知情同意的绝对化不符合个人信息自我支配的本质属性及价值多元的利益构成。易言之,知情同意原则的普遍适用是对个人信息性质和价值认识的简单化和片面化。从实践中的情况来看,知情同意原则本身既非制度设计之初论证的“完全正确”,也非一些学者所认为的“完全错误”,〔1〕其既有正当性,但也存在一定的局限。其正当性体现在尊重信息主体的人格尊严和自由发展,抵御实践中对个人信息利益的侵犯;而局限性在于对个人信息多元价值及其利益均衡的忽视,影响和限制了社会信息产业发展。知情同意原则的“相对化”或者说“适用区分化”已是大势所趋。〔2〕由于不同类型的个人信息对实现主体的利益需求和影响不同,个人信息分类是破解“知情同意困境”的前提,并以此实现个人信息保护与利用中多方主体的利益平衡。〔3〕

(一)一般划分及其局限

当前欧盟和中国关于个人信息的立法中均将个人信息划分为敏感信息和一般信息。欧盟在2016年颁布的《一般数据保护条例》中规定的敏感信息主要包括儿童信息、个人敏感信息和犯罪信息等。〔4〕 我国全国信息安全标准化技术委员会于2017年12月发布的《信息安全技术个人信息安全规范》中规定了身份证号码、个人生物识别信息、银行账号、通信记录和内容、财产信息、征信信息、行踪轨迹、住宿信息、健康生理信息、交易信息、14周岁以下(含)儿童的个人信息等11类敏感信息。〔5〕 特殊类型信息(敏感信息)与一般信息区别的目的在于适用不同的保护和利用规则,例如,一些学者提出了仅敏感信息需要知情同意,而一般信息则无须知情同意。〔6〕 但值得注意的是,上述划分虽然可能实现对敏感信息提供更高层级的保护,但并未明确知情同意的适用边界,仍然无法避免知情同意绝对化的问题。例如,在同属于敏感信息的身份证号码、个人生物识别信息、行踪轨迹、健康生理这四类信息中,其信息利益和危害后果存在明

〔1〕 任龙龙:《论同意不是个人信息处理的正当性基础》,载《政治与法律》2016年第1期。

〔2〕 参见林洹民:《个人信息保护中知情同意原则的困境与出路》,载《北京航空航天大学学报》(社会科学版)2018年第3期。

〔3〕 参见张新宝:《从隐私到个人信息:利益再衡量的理论与制度安排》,载《中国法学》2015年第3期。

〔4〕 See General Data Protection Regulation, art. 7,8,9.

〔5〕 参见《信息安全技术个人信息安全规范》第3.1条注1。

〔6〕 参见汤敏:《论同意在个人信息处理中的作用——基于个人敏感信息和个人一般信息二维视角》,载《天府新论》2018年第2期。

显的差异。健康生理信息关涉人格尊严且一旦泄露或不当使用将可能造成较大危害;个人生物识别信息(如DNA测序)虽然也关涉人格尊严,但因为具有识别能力的主体较少,因此泄露或不当使用带来的风险显著小于健康生理信息;身份证号码不关涉人格尊严,但一旦泄露、不当使用可能严重影响信息主体的安宁,甚至可能侵害信息主体的其他权益;行踪轨迹既不关涉信息主体的人格尊严和人格自由,因而其泄露或不当使用给信息主体带来损害的情况也比较少见,这对不具有特殊身份(如政府官员、公众人物)的一般信息主体尤其明显。以上四类信息同属于敏感信息受到知情同意原则的严格限制,但显然没有根据信息利益的轻重与损害后果的差异安排知情同意原则的适用。

此外,其他学者还从信息识别的角度进行了划分。[1] 但这些分类并不具有区分知情同意适用的样本意义。

(二)类型划分的两个维度与四种类型

知情同意的合理适用必须兼顾尊重信息主体的意思自治和保护信息主体利益的双重功能。基于此,我们从个人信息“与人格尊严的关系”和“泄露或不当使用的危害性”两个维度对个人信息纳入知情同意进行保护的力度进行考察,将个人信息划分为以下四类:一是关涉人格尊严且泄露或不当使用危害可能性较大的信息;二是关涉人格尊严但泄露或不当使用危害可能性较小的信息;三是不关涉人格尊严但泄露或不当使用危害可能性较大的信息;四是不关涉人格尊严且泄露危害可能性较小的信息。

从上述两个维度对个人信息进行划分,可以给不同类型的个人信息选择适用知情同意的方式。上文述及,知情同意原则实际上具有双重功能,即对信息主体意思自治的尊重和对信息主体信息利益的保护,这两重功能存在一定交集,但并非完全一致。

---

[1] 这些划分包括:(1)根据对主体的识别度,分为直接个人信息和间接个人信息。See Opinion 4/2007 on the Concept of Personal Data, Article 29 Data Protection Working Party, 01248/07/EN WP136, adopted 20 June 2007.(2)根据公开性,分为公开的个人信息和隐秘的个人信息。参见齐爱民:《拯救信息社会中的人格:个人信息保护法论》,北京大学出版社2009年版,第108页。(3)根据与人格尊严的关系,分为与人格尊严有直接关系的个人信息和与人格尊严没有直接关系的一般个人信息。参见刘德良:《论个人信息的财产权保护》,人民法院出版社2008年版,第27~28页。(4)根据信息与个人的关系,分为个人自然身份信息和个人社会身份信息。参见吴伟光:《大数据技术下个人数据信息私权保护论批判》,载《政治与法律》2016年第7期。(5)根据信息的用途,分为个人身份类信息、个人消费类信息、个人通讯类信息等。参见徐艺心、宋建武:《互联网个人信息的社会性及其利用边界》,载《现代传播》(中国传媒大学学报)2015年第7期。另参见《30家消费维权单位联合发布〈大数据时代个人信息保护状况调查报告〉》,载http://roll.sohu.com/20151028/n424449274.shtml,发布于2015年10月28日,最后访问日期:2018年8月27日。(6)根据信息的个体属性和公共属性,分为个人固有信息和个人衍生信息。参见靳海婷:《美、德个人信息宪法保护路径比较及启示——以个人信息的双重属性切入》,载《重庆邮电大学学报》(社会科学版)2018年第4期等。

因此,任何基于单一维度对个人信息的划分均不能给知情同意的适用提供恰当的标准。

个人信息与人格的关系是个人信息的重要分类依据,且很多时候与人格相关的个人信息一旦泄露或不当使用,给信息主体带来的伤害远远大于与人格无关的个人信息。但某类个人信息的重要性并不能当然成为对其进行严格保护的适当性,是否严格保护应当兼具信息的重要性和泄露或不当使用造成的危害性之双重考量。如上文所述,个人生物识别信息与人格相关,但因为对其识别、利用门槛较高,因此,即使其泄露或不当使用,给信息主体带来危害的可能性也十分有限,反而是与人格无关的身份证号码泄露、不当使用的隐患更加值得重视。因此,我们必须基于两个维度对个人信息进行分类进而为知情同意的适用提供更为准确的路径。

1. 人格尊严的相关性标准。选择人格尊严相关性作为个人信息分类标准的依据在于知情同意是个人信息利益内涵的外在表现和实现机制。首先,人格尊严是公民的基本权利之一,我国《宪法》第38条、《民法总则》第109条均规定了公民的人格尊严不受侵犯。因此,人格尊严是人之为人最基本、最重要的权利。狭义的人格尊严属于绝对权,用于保护与公共领域相对的私人领域并禁止他人侵害。其次,人格自由发展属于广义的"人格利益",〔1〕其核心内容为人的自我决定权。〔2〕同时,人格自由发展属于积极权利,较之人格尊严具有更多的社会属性,因此应受到更多限制,例如,"你的自由的边界止于他人的自由"。最后,安宁权即"不被打扰的权利",〔3〕是一种用以划分他人权利和自由与自己界线的消极权利,是将人作为社会的一部分看待的,所以也应受到相应的限制。例如,美国第十巡回上诉法院在"美国西部公司诉美国联邦通信委员会案"(U. S. West, Inc. v. Federal Communications Commission)中,认为身处信息时代,有必要忍受因他人可较为容易地获得自己的信息而产生的一般性的心理不适。〔4〕尊严、自由与安宁在不同程度上体现了个人信息的社会意义,因此,对于反映不同权利

---

〔1〕 王利明:《人格权法研究》,中国人民大学出版社2012年版,第162~168页。

〔2〕 参见刘金瑞:《个人信息与权利配置——个人信息自决权的反思与出路》,法律出版社2017年版,第166页。

〔3〕 张新宝:《隐私权的法律保护》,群众出版社2004年版,第8页。

〔4〕 该案的背景是,美国联邦通信委员会颁布了一项规则,该规则要求美国西部公司在使用消费者通信记录以确定潜在客户之前必须得到消费者的明确同意(affirmative consent)。在判决中,第十巡回法院认为美国西部公司对个人信息的使用行为不会导致消费者隐私权遭到实质损害,在这一前提下,美国联邦通信委员会的此项规定可能损害信息的自由流通,因而裁定这一规定违宪。See Brief for Petitioner and Intervenors at 16 n.37, U. S. West v. FCC, 182 F. 3d 1224 (10th Cir. 1999), cent. denied 528 U. S. 1188 (2000).

类型的个人信息应当施以不同层级的保护。对于关涉人格尊严的个人信息,基于其重要性和个人性,有必要施以最高层级的保护;而对于与人格尊严无关、只关系人格自由发展和安宁权的个人信息则由于同时具有社会性,对其保护不应以过度牺牲信息自由流动为代价。从另一个角度来看,被侵害的个人信息如果关系人格尊严,对信息主体造成的影响更大且很难挽回,而如果被侵害的个人信息只关系人格自由发展和安宁权,则更可能通过各种事后救济予以弥补。因此,在制度设计上,对于关涉人格尊严的个人信息应当采用严格的预防机制辅以适当的救济措施,而对关系人格自由发展和安宁权的个人信息可以采用一般预防和事后救济相结合的机制,无须刻意加强事前预防。

2. 泄露或不当使用危害性标准。选择泄露或不当使用危害可能性作为个人信息划分标准的依据在于,知情同意不仅是对信息主体人格自由与意思自治的尊重,更是对信息主体与信息收集者、个人信息保护与社会信息使用的利益平衡。根据不同信息需要保护的程度匹配以不同程度的知情同意机制,既可以保证对较重要的个人信息之保护力度,也可以提升知情同意机制的运行效率。对于关系人格尊严的重要信息,如果其泄露或不当使用可能造成的损害较小,那么预防措施发生作用的概率也相对较小,对其保护不必设置严苛的知情同意标准。与之相对,如果某类信息虽未涉及人格尊严,但泄露或不当使用造成危害的可能性较大,事前预防的作用也更加明显,那么对于此类信息显然应当给予更严格的事前防护,体现在知情同意原则上则需设置更严格的通知要求和同意门槛。在知情同意机制的适用标准中引入对个人信息的功利性评价有助于优化配置个人信息保护的整体架构,提高知情同意机制的运行效率。虽然效率并非法律追求的主要目标,但效率在很大程度上决定了一项制度的可行性,知情同意必须充分考虑其保护个人信息的制度初衷,才能真正发挥实效。

需要指出的是,信息泄露或不当使用的危害性的标准是综合的,需要结合信息收集的具体场景和信息利用的主体、能力、目的以及利用方式等多方面因素进行判断。同时,这一标准也是动态的,同种个人信息在不同场景下,其泄露或不当使用的危害性可能大不相同,这是因为“信息敏感性不是与生俱来的,任何信息基于具体的场景都有可能具有敏感性”。[1] 例如,一家超市的监控摄像头拍摄下某人于某一时间曾进入该超市,这属于敏感信息中的行踪轨迹,由于超市仅具备简单的信息收集能力(无法进行交叉比对等),信息利用目的为监控超市内部环境,信息利用方式为有权主体(如警方、丢失财物的顾客等)要求调取,该行踪轨迹的泄露和不当使用的风险很低。因此,判断

---

〔1〕 Wang R,“Data Protection Online: Alternative Approaches to Sensitive Data?”, *Journal of International Commercial Law and Technology*, Vol. 2, 2007, p. 12.

个人信息是否被合理使用,需要将其置身于所处的情景中具体辨析,避免脱离具体场景做过于抽象的僵化预判。[1]

(三)严格知情同意与一般知情同意的适用进路

人格尊严的相关性与泄露或不当使用的危害性共同构成如何适用知情同意的适用标准,这与欧美的最新立法改革趋势相吻合。欧盟2016年通过的《一般数据保护条例》"鉴于"条款第75~78条即要求信息收集者评估因个人数据处理而对自然人权利和自由产生的风险,[2]第83~94条则要求信息收集者采取相应措施以应对不同风险。[3] 美国在2015年发布的《消费者隐私权利法案(草案)》中强调以场景和风险理念为核心,认为隐私及个人信息保护的边界并非固定僵化,而是主观、动态的,并受多重因素影响。在具体场景中综合考量多元因素,是场景理念区别于传统机制的最大特征。[4]

根据人格尊严的相关性与泄露或不当使用的危害性,我们可以将知情同意的适用分为"严格知情同意"和"一般知情同意",严格知情同意应当遵循"选择进入+详细告知+逐项同意"的进路,一般知情同意则遵循"选择退出+统一告知+'一揽子'同意"的进路。对于关涉人格尊严且泄露或不当使用危害性较大的信息,应当适用严格知情同意;对于关涉人格尊严但泄露或不当使用危害可能性较小的信息以及不关涉人格尊严但泄露或不当使用危害可能性较大的信息,可以使用一般知情同意。

需要指出的是,对于那些虽然不关涉人格尊严且泄露或不当使用危害性小的个人信息仍然应当允许信息主体对该类信息进行有限控制。信息收集者在收集利用此类信息时不通知信息主体并非拒绝承认信息主体的支配权(即使这种支配权十分有限),而是默认信息主体同意其收集、利用行为。如果信息主体明确反对信息收集者收集、利用该类信息,信息收集者不能完全对信息主体的意见无动于衷,而是应当结合具体情形进行分析和利益平衡。因为当前知情同意的进路仅限于"选择进入"和"选择退出",并未涵盖"默示同意",因此应当认为对无关人格尊严且泄露或不当使用造成危害可能性较小的个人信息授权不适用知情同意,可以选择"默示同意+选择退出+事后救济"的方式。由此,该类信息的公共性或社会性得以凸显,而信息主体的有限控制权也得到了保障。从功利角度来看,信息收集者得以较为自由地使用此类信息而无须付出巨大成本,信息主体也因为无须对此类信息进行授权而不会频繁被信息收集者的申

[1] 参见姬蕾蕾:《个人信息保护立法路径比较研究》,载《图书馆建设》2017年第9期。

[2] See General Data Protection Regulation, whereas: point(75).

[3] See General Data Protection Regulation, whereas: point(83).

[4] 参见范为:《大数据时代个人信息保护的路径重构》,载《环球法律评论》2016年第5期。

请打扰，较好地兼顾了各方利益。

四、“知情同意”机制的优化

（一）信息收集者“告知”的履行

我国法律仅笼统地规定了信息收集者的告知义务和告知事项，其中《网络安全法》规定了应当告知的事项至少包括收集、使用规则以及收集、使用目的、方式和范围等。据调查显示，虽然大部分信息收集者均发布了隐私协议，但其中能够达到合规性、显著性、有效性的比例却不容乐观。[1] 这一方面可能是由于《网络安全法》的执法力度不够，而另一方面也有可能是因为其规定过于原则，缺乏具体的实施标准而导致可行性不足。

目前，告知义务的履行有两个现实障碍：其一，泛化的知情同意所要求的频繁告知会给信息收集者带来巨大的成本，同时使信息主体也不堪其扰，从而使信息收集者“告知”义务的履行缺乏动力和约束；其二，冗长的“隐私协议”使信息主体无法领会和判断协议的关键性内容。在实践中，信息收集者的隐私协议已经流于形式，似乎说得越详细诚信度越高，他们力求内容的准确、全面，因而很难制定出明确而又简短、通俗的隐私声明。[2] 这就导致大部分缺乏专业知识的信息主体无法真正领会隐私协议的内容。上述问题的关键在于信息收集者没有采取妥当的“告知”，妥当的“告知”必须针对不同的信息类别进行设计，而不是对所有信息设计一种放之四海而皆准的“隐私协议”。

首先，对于关涉人格尊严且泄露或不当使用危害可能性较大的信息，信息主体授权时显然应当慎重，信息收集者的告知义务应当做到极尽所能，至于可能由此带来的对信息主体安宁权的侵扰则应当被看作“必要的代价”。对个人敏感信息的保护就是对信息主体人格的保护，此时用经济利益和人格利益进行利益衡量，其结果显然应偏向于人格利益。[3] 其次，对于关涉人格尊严但泄露或不当使用危害可能性较小的信息和不关涉人格尊严但泄露或不当使用危害性可能性较大的信息两类，因为其重要性显著低于第一类信息且泄露或不当使用造成的损害可以通过事后救济较好地弥补，因此

---

〔1〕 参见邵国松、薛凡伟、郑一媛等：《我国网站个人信息保护水平研究——基于〈网络安全法〉对我国500家网站的实证分析》，载《新闻记者》2018年第3期；陈瑞华、郑洁萍：《在利益与人格之间：社交网站个人信息保护研究》，载《新闻界》2018年第5期。

〔2〕 参见徐丽枝：《个人信息处理中同意原则适用的困境与破解思路》，载《图书情报知识》2017年第1期。

〔3〕 参见汤敏：《论同意在个人信息处理中的作用——基于个人敏感信息和个人一般信息二维视角》，载《天府新论》2018年第2期。

在告知义务的设置上可以降低标准。根据上述思路,我们认为信息收集者在发布的隐私协议中,其"告知"的选择可以参照表1。

表1 信息收集者发布隐私协议的"告知"选择

泄露或不当使用危害性 / 与人格的相关性	危害可能性较大	危害可能性较小
关涉人格尊严	简明/详细+逐项告知+定期告知	详细+统一告知
不关涉人格尊严	详细+统一告知	默示同意+选择退出+事后救济

根据表1,首先,对于关涉人格尊严且泄露或不当使用危害性较大的信息,典型的如通信记录和内容、健康生理信息等,应当本着从严原则,要求信息收集者提供尽可能全面的通知事项。相比于我国《网络安全法》仅要求提供收集、使用规则以及收集、使用目的、方式和范围等信息,欧盟2016年的《一般数据保护条例》中的相关规定值得借鉴。[1] 但如果我们增加信息收集者应当通知的事项,隐私协议将变得更冗长,关键信息将更不突出,信息主体的阅读积极性也会进一步降低。为了兼顾隐私协议的全面性和简明性,可以引入"特别告知"程序,即在信息收集者每次收集、利用该类信息时以弹窗形式向用户展示关于个人信息的提示,这主要是为了使信息主体在未认真阅读隐私协议的前提下对信息收集者收集、利用重要信息的情况和后果有一个明确的了解。

---

〔1〕《一般数据保护条例》详细规定了"通知"的形式和内容。形式上,要求"通知"准确、透明、易于理解、便于获取,使用清晰、平实语言,且以书面或者其他适当方式(如电子方式提供)。内容要求包括控制者的身份和详细联系方式;数据保护专员的详细联系方式;个人信息处理的目的以及处理的法律基础;控制者或者第三方追求的合法利益,个人数据接收方或者接收方的种类(如有);是否向第三国传输等。与此同时,信息收集者还需视情况告知信息主体:个人数据的存储时限;数据主体享有的可以要求控制者提供、修正、删除个人信息;要求对数据处理活动进行限制;反对对其个人信息进行处理以及要求数据可携带性的权利;数据主体可以随时撤回其之前作出的同意的权利;向监管机构提起申诉的权利;提供个人信息是法定要求、合同要求还是签署合同的必要条件,以及数据主体是否有义务必须提供个人信息和如果无法提供数据情形下的可能产生的后果;控制者对个人信息的包括数据画像在内的自动决策机制,且至少应向数据主体提供数据画像过程中运用的逻辑以及该种数据处理对数据主体的重要性和可能产生的后果等。(See General Data Protection Regulation, art. 13, para. 2.)一系列通知事项可谓事无巨细。并且若需对个人信息进一步处理且目的超出此前对个人信息进行收集的目的,信息收集者必须重新通知信息主体。需要指出的是,并非只有直接采集用户个人数据才须负担上述通知义务,当个人信息并非从信息主体处获得时,数据收集者同样需要承担类似义务。See General Data Protection Regulation, art. 13.

"特别告知"中应当包含指向完整的隐私政策文本链接。相较正式的隐私协议,该"特别告知"应当更加突出重点,以醒目而通俗易懂的形式列明隐私协议中最重要的事项,如收集、利用的关涉人格尊严且泄露或不当使用危害可能性较大的信息类型、用途、可能后果、信息主体权利等,并允许用户在该处授权同意信息收集者的收集、利用行为。鉴于此类信息如此重要,每一类信息应当分列并单独获得授权。此外,对于这一文本的简明性应当设置明确的标准,如完成九年义务教育的自然人即可读懂。与此同时,基于此类信息的重要性,如果信息收集者需要改变信息使用目的或向第三方传输该类信息,则应当重新征得信息主体同意;如果信息收集者需要持续使用该类信息,则应当每隔一段时间通知信息主体并获得继续使用该类信息的授权。此制度设计的目的一方面,在于方便信息主体积极履行同意权;另一方面,若信息主体主张信息收集者未尽到告知义务时,应当允许信息收集者以此进行抗辩。其次,对于关涉人格尊严但泄露或不当使用危害可能性较小的信息,如一般人的身体特征(如相貌、声音等)、某些个人生物识别信息(如虹膜、基因排序)等,以及不关涉人格尊严但泄露或不当使用危害可能性较大的信息如身份证号、电话号码等,对于这两种个人信息,信息主体有明显知情的必要,但必要性又显著低于前类个人信息。因此,为了保证隐私协议兼顾简明和全面,这两种个人信息的通知无须进行"特别告知",也无须逐项通知征得信息主体的同意,仅需在隐私协议中列明即可。需要注意的是,这并非减轻信息收集者的通知义务,而是将选择权交给信息主体:对于一般信息主体,仅阅读载有关涉人格尊严且泄露或不当使用危害可能性较大的信息收集、使用事项的提示文本就可以大致了解隐私协议的重要内容,而对于希望掌握信息收集者收集、利用个人信息详细情况的信息主体,也可以通过阅读链接的隐私协议了解完整内容。

(二)信息主体"同意"的识别

上文述及,当前知情同意原则的实现机制主要有"选择进入"和"选择退出"两种模式,其中"选择进入"的门槛显著高于"选择退出"。在"选择进入"模式下,信息收集者每一次收集信息、更改用途或向第三方传输信息都需要征得信息主体"知情的、具体的、明确的"同意。[1] 而在"选择退出"模式下,信息主体在开始接受服务时对信息收集者授权,之后只要未作出相反的意思表示,就视为该授权持续存在。"选择进入"可为个人信息提供更周密的保护,而"选择退出"在减少信息主体负担的同时更加有利于信息产业发展。当前各国(地区)立法决定采用何种模式时主要基于政策考虑,并未针对不同信息适用不同的知情同意。而事实上,基于对不同类型个人信息重要性的认

〔1〕 See General Data Protection Regulation, art. 4, point11.

识,应当区别适用不同的同意方式,详情如表2所示。

表2　对不同类型信息应适用不同的同意方式

泄露或不当使用危害性 / 与人格的相关性	危害可能性较大	危害可能性较小
关涉人格尊严	选择进入+逐项同意+定期同意	选择退出+“一揽子”同意
不关涉人格尊严	选择退出+“一揽子”同意	默示同意+选择退出+事后救济

首先,对于关涉人格尊严且泄露或不当使用危害可能性较大的信息,由于其与信息主体的核心利益息息相关,因此有必要反复确认信息主体的意见。对于该类信息的同意设计,可参照欧盟模式,在信息收集者首次收集、利用信息主体个人信息之前要求信息主体做出明确同意,并在改变使用目的和向第三方传输时重新征得信息主体同意。[1] 如果信息收集者有持续利用此类信息的需求,则需要定期向信息主体征得授权,如美国《金融服务现代化法案》即要求每年向客户提供隐私政策通知。[2] 需要指出的是,为准确识别信息主体究竟授权使用了哪些个人信息,此类个人信息应当逐一列明并分别征得信息主体同意,“一揽子”同意不应被视为信息主体的有效同意。当然在许多情形下,信息主体的个人信息是信息收集者提供服务所必需的,此时信息收集者应当明示信息主体所收集信息的必要性并告知信息主体不授权将导致无法提供服务。例如,腾讯QQ等即时通信软件实现功能必须提取并保存用户在该软件上的私人聊天记录,信息主体如果拒绝对该信息的收集则服务将无法开展。对此类信息设计如此烦琐的同意规则是由于其如此重要,仅仅确定用户“那时”同意信息主体收集、利用个人信息不能代表其“此时”的想法,所以非如此不足以识别信息主体的同意。

其次,关涉人格尊严但泄露或不当使用危害可能性较小的信息和不关涉人格尊严但泄露、不当使用危害可能性较大的信息,鉴于其重要性和危害可能性降低,没有必要为信息主体的同意设置过高门槛。对于这两类信息可以允许信息主体进行“一揽子”同意以避免同意过程过于烦琐。信息主体首次使用服务并授权信息收集者收集其信息后,如果不作出相反的意思表示,信息收集者就可以持续使用该信息,但信息收集者应该为信息主体提供便捷的渠道以方便其选择退出,且当信息收集者改变信息用途或

〔1〕 See General Data Protection Regulation, art. 13, 14.

〔2〕 See Privacy and Data Security Law Deskbook, pp. 3 – 15.

将其传输给第三方时，仍应当获得信息主体的同意。这是对个人信息的私有性和社会性、人格尊严和经济价值、公正追求和效率追求的一种平衡。

（三）信息收集者服务功能与“同意”的选择

上述讨论均是针对信息收集者提供核心服务而必须收集个人信息的情况。在实践中，信息收集者提供的服务往往同时包括核心功能和附加功能。信息收集者对于这两类功能应当分别征得用户同意，并且对于关涉人格尊严且泄露或不当使用危害可能性较大的信息，即使信息主体已授权信息收集者收集、利用换取其提供的核心功能，信息收集者在将其用于附加功能时仍应当重新征得用户同意，这是因为核心功能和附加功能使用个人信息的目的不同，用户对此目的的授权不代表其对彼目的的态度，对附加功能所必需个人信息的收集、利用可参照核心功能，启用前应向用户逐一说明个人信息为完成何种附加功能所必需，并允许用户逐项选择是否提供或同意自动采集。当用户拒绝时，信息收集者可拒绝提供相应的附加功能，但不应以此为理由停止提供核心业务功能，并应保障相应的服务质量。[1] 例如，微信的核心功能为即时通信，附加功能为支付，行使该附加功能时需要绑定银行卡。若信息主体不同意微信采集银行卡信息，则微信可以不提供支付服务，但不得同时拒绝提供即时通信服务。

此外，一些信息虽然也属于个人信息，但由信息主体和信息收集者共同生成，如网页浏览记录、购物记录等，对于此类信息应当认定信息主体和信息收集者共同享有权益。因此，信息收集者使用该类信息时在不侵害信息主体权益的前提下无须征得信息主体同意，如将该类信息进行加工、分析或生成大数据产品，但在向第三方移转时仍应征得信息主体同意。

五、结语

在信息经济时代，个人信息对信息收集者而言是一种重要的生产要素，但信息主体并不希望自己的个人信息被过度使用，这不仅关乎个人的隐私、生活安宁与人格尊严，还涉及信息主体的意思自治、知情权与选择权诸问题，利益冲突明显，因此，信息主体个人信息的保护制度尤其重要，但也极其复杂。在某种程度上，信息主体对个人信息的态度直接反映出其对权利的敏感性，但要实现信息主体对个人信息的自我控制却存在颇多困境。“知情同意”是权衡信息主体、信息收集与利用各方利益的制度设计，但这一制度的实践却走向了异化，它不仅给消费者带来了不便、困扰和忧虑，还增加了经济成本和社会成本，亟须制度变革。本文根据个人信息的两个维度和四种类型而提

[1] 洪延青：《网络运营者隐私条款的多角色平衡和创新》，载《中国信息安全》2017 年第 9 期。

出了初步的修正意见,其前提仍然是建立在肯定“知情同意”这一规则基础之上,我们认为,尽管当下的“知情同意”流于形式,但在理念上,“知情同意”表达了对信息主体的权利的尊重、意思自治以及对信息收集和利用者的限制,如果能更好地完善“知情同意”的实践思路,我们便可避免使消费者的个人信息完全失去自我控制而不得不走向社会控制,这可能是一种更糟糕的、不可逆转的问题解决方案。[1]

---

〔1〕 当前一些学者旗帜鲜明地否定信息主体对个人信息控制的正当性和合理性,提出应将个人信息作为“公共产品”或者交由“社会控制”。我们对此持反对态度。信息主体对个人信息一定程度的控制具有充分的理论正当性和现实必要性,不应轻易否定,否则可能导致更严重的后果。参见高富平:《个人信息保护:从个人控制到社会控制》,载《法学研究》2018年第3期;吴伟光:《大数据技术下个人数据信息私权保护论批判》,载《政治与法律》2017年第7期。

资本认缴制的前提及效用反思

陈　妮*

目　次

2013年3月14日,国务院颁布《国务院机构改革和职能转变方案》,规定了改革工商登记制度,包括"将注册资本实缴登记制改为认缴登记制,并放宽工商登记其他条件"。2013年10月25日,国务院总理李克强主持召开的国务院常务会议提出,放宽注册资本登记条件,公司实收资本不再作为工商登记事项,并强调抓紧依照法定程序推进相关法律法规修改工作。2013年12月28日,第十二届全国人民代表大会常务委员会第六次会议通过了对《公司法》的修改,主要修改了关于公司设立资本的条款。2014年2月7日,国务院根据《国务院机构改革和职能转变方案》印发了《注册资本登记制度改革方案》(国发〔2014〕7号),其中的基本原则之一是"宽进严管",最主要的措施是实行资本认缴登记制。这次改革是行政先行,进而修改《公司法》;以法律与法规相结合的方式,降低了市场准入门槛,从实缴制变为认缴制。

一、资本认缴制在公司法上的体现

在这次改革中,并不是所有的公司都实行资本认缴制,有限责任公司、发起设立的

---

* 西南政法大学经济法学专业博士研究生,法律出版社高级策划编辑,副编审。

基金项目:国家社科基金重点项目"'宽进严管'背景下市场主体信用监管制度研究"(16AFX016)阶段性成果。

股份有限公司实行资本认缴制,但以募集方式设立的股份有限公司、特定行业公司(企业)仍适用资本实缴制。

1. 有限责任公司、发起设立的股份有限公司实行资本认缴制

2014年《公司法》第7条删除了公司营业执照应该载明实收资本的规定。对有限责任公司,2005年《公司法》第23条第2款规定股东出资须达到法定资本最低限额,2014年《公司法》第23条第2款改为“有符合公司章程规定的全体股东认缴的出资额”,删除了有限责任公司最低限额的法定注册资本,首次出资额占注册资本比例,以及缴足期限、对货币出资额占注册资本比例、须验资机构验资的规定。有限责任公司不用向公司登记机关登记股东出资额。对一人有限责任公司没有法定资本最低限额的要求,其设立人无须一次足额缴纳出资额。

对发起设立的股份有限责任公司,不再规定法定资本最低限额、首次出资占注册资本比例、缴足期限,不再有出具验资证明的要求。股东按照公司章程规定缴纳出资,不依照公司章程规定缴纳出资的,依发起人协议承担违约责任。

2. 募集方式设立的股份有限公司、特定行业公司(企业)适用资本实缴制

采取募集方式设立的股份有限公司、商业银行、外资银行、金融资产管理公司、信托公司、财务公司、金融租赁公司、汽车金融公司、消费金融公司、货币经纪公司、村镇银行、贷款公司、农村信用合作联社、农村资金互助社、证券公司、期货公司、基金管理公司、保险公司、保险专业代理机构、保险经纪人、外资保险公司、直销企业、对外劳务合作企业、融资性担保公司、劳务派遣企业、典当行、保险资产管理公司、小额贷款公司仍适用资本实缴制。2014年《公司法》规定:对于募集设立的股份有限责任公司,仍以实收股本作为设立条件。

3. 公司法对公司资本规定的演变

我国《公司法》经历了1993年、2005年、2014年的制定和两次修改,涉及公司资本的内容呈如下变化(见表1)。

表1　三部《公司法》关于资本的变化

<table>
<tr><th>《公司法》规定的资本制</th><th colspan="4">注册资本</th><th colspan="4">缴纳比例</th><th>验资证明</th><th>公司营业执照登记事项</th><th colspan="2">出资形式</th></tr>
<tr><td rowspan="2">1993 年资本实缴制</td><td>是否有最低要求</td><td>对股份有限公司最低要求</td><td>对有限责任公司最低要求</td><td>对一人公司最低要求</td><td colspan="4" rowspan="2">实缴出资</td><td rowspan="2">需要</td><td rowspan="2">只登记注册资本</td><td rowspan="2">货币，实物、工业产权、非专利技术、土地使用权</td><td rowspan="2">以工业产权、非专利技术作价出资的金额不得超过注册资本的20%</td></tr>
<tr><td>是</td><td>1000 万元</td><td>10 万元、30 万元、50 万元</td><td>—</td></tr>
<tr><td rowspan="2">2005 年资本部分认缴制</td><td rowspan="2">是，但是比 1993 年要求的金额大幅度降低</td><td rowspan="2">500 万元</td><td rowspan="2">3 万元</td><td rowspan="2">10 万元</td><td>发起设立股份有限公司</td><td>募集设立股份有限公司</td><td>有限责任公司</td><td>一人公司</td><td rowspan="2">需要</td><td rowspan="2">除了注册资本还需要登记实收资本</td><td rowspan="2">货币，可以用货币估价并依法转让的非货币财产（评估作价）</td><td rowspan="2">货币出资须占30%</td></tr>
<tr><td>20%，2 年内缴清。投资公司在 5 年内缴清。缴足前不能募集</td><td>实缴出资，一次性缴足</td><td>20%，2 年内缴清</td><td>实缴出资，一次性缴足</td></tr>
<tr><td>2014 年资本认缴制</td><td colspan="4">无，由章程约定股东之间的认缴出资额</td><td>认购，缴足认购的股份前不能募集</td><td>实缴</td><td>只需要认购</td><td>没有最低额</td><td>不需要</td><td>不需要登记实收资本（从营业执照上看不出实收资本）</td><td>相同</td><td>删除</td></tr>
</table>

二、资本认缴制的前提——对资本作用观点的梳理与反思

我国1993年《公司法》实行资本实缴制,2005年《公司法》实行部分资本认缴制,2014年《公司法》实行资本认缴制。[1] 在2014年以前,《公司法》要求所有公司成立必须达到法定最低注册额,对资本的作用予以推崇,体现出公司资本三原则中的公司资本确定原则,即认为公司资本代表着公司信用。而2014年以后,之所以《公司法》改为资本认缴制,理论上的理由是认为资本并不能代表公司的信用能力,公司资产等于公司信用,否认资本对公司信用的作用,于是取消了法定最低注册额,从资本信用转向资产信用。审视实行资本认缴制的前提是否充分合理,需要讨论资本是否具有作用以及具有哪些作用。

公司发展需要资金,有一定资金是其对外进行交往的保证。资金的大小代表着公司的信用能力,代表着承受风险的能力。"现代企业也就是以资本为信用的企业。因此,资本信用是资本企业的灵魂。"[2]虽然此处江平教授用的是"资本",但此处的"资本"实际上是包括资本、资产在内的资金。[3] 资金是近现代发展起来的现代公司最本质的特征,在公司设立与运营过程中,被分别称为公司的资本和公司的资产。所谓公司的资本,是公司设立时拥有的资金。所谓公司的资产,是公司运营过程中拥有的资金。公司资本制从资本实缴制到部分资本认缴制,再到资本完全认缴制,部分原因也源于学界中始终对资本作用存在不同观点。

(一)对资本作用观点的梳理

1. 对资本的肯定性意见

第一种观点认为,从资本与责任能力关系以及保护债权人利益而言,资本代表着

---

[1] 虽然募集设立的股份有限公司和特定行业公司(企业)适用注册资本实缴制仍实行实缴制,但因有限责任公司和发起设立的股份有限公司已经实行注册资本认缴登记制,所以仍可认为2014年《公司法》已经实行了资本完全认缴制。

[2] 江平:《现代企业的核心是资本企业》,载《中国法学》1997年第6期。

[3] 江平教授认为,作为现代企业的资本信用应该包括三个方面的内容:第一,公司注册资本的信用;第二,公司的信用,即公司的全部资产信用;第三,信用的破产,即公司本身的破产。参见江平:《现代企业的核心是资本企业》,载《中国法学》1997年第6期。在此论述中,可以看到注册资本、全部资产都包含在资本的内涵里。

责任能力。[1] 第二种观点认为,从资本与公司运作的关系而言,公司运作需要社会信用支持,资本是社会信用的形成和稳固的基础。[2] 第三种观点认为,从资本与市场环境的关系而言,资本确定并维持才能培养优良的商业文明和传统。[3] 第四种观点认为,实缴资本基于法律效用而产生重大经济效用,具有法律效用与经济效用。[4]

2. 对资本的否定性意见

在对资本绝对否定的观点中,出现频率较高的一个词就是"虚幻"。第一种观点是无实际意义论,即认为注册资本本身无意义,而只是一种象征;[5]资本无法反映公司资产;[6]资产才是公司信用和还贷能力的标志。[7] 第二种观点是不能保护论,即认为从

---

〔1〕 代表性观点如"在影响公司责任能力的许多因素中,没有比公司资本更为显要的了……公司资本的多少便成为判断该公司信用高低的基本外在标志"。参见赵旭东:《论公司的财产责任形式》,载刘晓星、伍再阳、赵旭东等:《民法硕士论文集》,群众出版社 1988 年版,第 108 页。但是在 2003 年赵旭东教授改变了观点。"股份有限公司作为资合公司,其股东出资构成的公司资本是债权人利益的唯一担保,公司的责任能力和范围直接取决于公司资本的大小。因此,依法确定公司的最低资本额,就成为使公司责任能力达到一定低限的基本保证。"参见江平主编:《公司法教程》,法律出版社 1987 年版,第 151 页。"公司资本是公司赖以生存的血液,是公司运营的物质基础,是公司债务的总担保……为保护债权人的利益和交易的安全,就必须确定和维持一定数额的公司资本,并将其公之于众,以便使与公司发生经济往来的相对人了解和掌握公司的资本状况,决定其交易的范围和条件。"参见石少侠主编:《公司法教程》,中国政法大学出版社 1999 年版,第 86 页。

〔2〕 代表性观点如"从交易信用的角度来看,股份公司的运作不仅需要发达的银行信用和商业信用扶助,也离不开社会信用的支持,而公司资本正是这些信用赖以形成和稳固的基础"。参见范健、蒋大兴:《公司法论》(上),南京大学出版社 1997 年版,第 335 页。

〔3〕 代表性观点如"这种高度发达的企业制度,不适宜于在中国立即借鉴或效仿,中国需要一个资本确定并能维持的时期,以培养优良的商业文明和传统"。参见甘培忠:《企业与公司法学》,北京大学出版社 2001 年版,第 235 页。

〔4〕 参见陈甦:《实缴资本的多种效用及其保障措施》,载《法学杂志》2014 年第 12 期。

〔5〕 代表性观点如"注册资本仅仅是一个账面数字,它不过是表明了股东已经按其出资额履行了其对公司债务的责任,它在大多数情况下并不能反映公司资信情况"。参见刘燕:《对我国企业注册资本制度的思考》,载《中外法学》1997 年第 3 期。"在公司存续一段时期后,公司资本实际上已成为纯粹的计算上之数额。"参见柳经伟主编:《商法》,厦门大学出版社 2002 年版,第 174 页。

〔6〕 代表性观点如"法定资本制下以资本作为公司的信用基础。但法定资本仅仅是法律虚拟的抽象资本,它本身无法反映公司资产"。参见郭富青:《公司资本制度:设计理念与功能的变革》,载《法商研究》2004 年第 1 期。

〔7〕 代表性观点如"公司资产与资本的脱节是公司财产结构的永恒状态"。参见赵旭东:《从资本信用到资产信用》,载《法学研究》2003 年第 5 期。

资本与债权人关系而言,资本实际上无法保护债权人。[1] 学者进而以破产的出现,佐证资本实际上并没有起到保护债权人的作用。[2] 第三种观点是阻碍论,即认为资本制占用资金导致公司无法灵活效率化运营,阻碍股东投资回报与投资退出;[3]公司资本制的架构不应以保护债权人为目的,而应以提高公司效率为目的。[4]

(二)对资本作用观点的反思

从公司资本与资产的争论可以看出,在早期大多数学者对资本持肯定态度,而到了2004年修改《公司法》前后,大多数学者对资本持否定态度,这体现出我国学术界普遍对资本与资产关系持有一种非此即彼的观点。这种单向思维忽视了资金不管是在公司成立之初,还是在运营过程中都反映着公司的信用程度。在后期铺天盖地的对资产绝对肯定的观点中,似乎忽视了资本作为公司成立之初的要素对公司今后运营能力所发挥的影响。

1. 针对无实际意义论

诚然,公司的资本与资产始终处于变动中,公司的实际资产与资本并不一致,但是这种思维矮化了资本对债权人的意义以及在交易中控制风险的作用。如果注册资本完全无意义,与公司信用完全脱离,是不是可以得出以募集方式设立的股份有限公司、特定行业公司(企业)也应该实行注册资本认缴制的结论?资本代表着公司的基本经济实力,对交易的安全、市场秩序的稳定仍然起着屏障作用。更深层次的原因是,实际

---

〔1〕 代表性观点如认为法定资本是“一种高成本、低效率的保护债权人模式,虚幻的迷宫,失败的主张”。参见傅穹:《法定资本制:诠释、问题、检讨——从公司不同参与人的利益冲突与衡量观察》,载《南京大学法律评论》2002年第1期。

〔2〕 代表性观点如“而建立在资本信用基础上的中国公司法制度却并未产生预期效果,其对债权人的保护是如此的软弱无力,以至于在频频发生的公司破产风险面前奏效甚微”。参见中国政法大学课题组:《改革公司资本制度需打破资本信用桎梏》,载《中国证券报》2004年4月21日,第15版。

〔3〕 “我国既有公司资本制度以为民作主的姿态,事先对公司资本运作设定了划一的强制性安排,从而导致严重欠缺公司资本灵活运作的自治空间。其结果,公司无法灵活效率化运营以实现股东利益最大化,股东投资回报与投资退出空间极为狭小或者实现投资回报与退出的成本高昂。其三,我国既有公司资本制度未能平衡公司参与人之间的利益衡量。在防弊心态压倒兴利目标的既定框架内,偏重债权人利益保障,忽视甚至阻碍股东的投资回报与投资退出的内在需要,从而在保障公司参与人利益方面出现规制上的失衡。”参见中国政法大学课题组:《改革公司资本制度需打破资本信用桎梏》,载《中国证券报》2004年4月21日,第15版。公司成立之初未必需要很大的资金量,对资本的需求也是不断变化的,从资本使用效率的角度看,过高的最低资本限额造成资金闲置。参见王保树主编:《中国公司法修改草案建议稿》,“公司法修改”研究小组编写,社会科学文献出版社2004年版,第132页。

〔4〕 代表性观点如“公司资本之构架应以提高公司效率为主旨,对公司债权人的保护不是公司资本制度的主要职责”。参见朱慈蕴:《公司资本理念与债权人利益保护》,载《政法论坛》2005年第3期。

缴纳资本是股份纯粹权利化的物质基础和法律方式,是股票价格形成的基础性依据,是证券市场得以成为权利交易市场的制度基础。[1]

2. 针对不能保护论

不能保护论的逻辑是,如果资本能真正发挥作用,则不会出现企业破产的情况。那么,舍弃资本认缴制,是不是就可以避免破产的出现呢?在实行认缴制后,我国破产企业有增无减,足见以破产的出现否定资本的作用理由并不成立。这种观点还基于这样的逻辑——即便规定了资本金的数额,但实际上并不能阻止抽逃也不能防止企业破产,于是索性对此全然放开。这种貌似从实际情况出发的实用主义,实则割裂了资本与资金之间的客观联系。股东收回出资、抽逃出资是客观操作和主观恶意使然。对这种普遍存在的现象,法律究竟是管不了还是不用管?如果是管不了,则是制度、能力的问题。如果是不用管,则是基于没有规制理由的结果。不能阻止抽逃或防止企业破产不能证成资本对公司无作用。

3. 针对阻碍论

阻碍论认为,法定资本金会阻碍股东的活力,故不应以债权人保护为目的,而应该以维护公司、公司股东利益为出发点。这涉及如何处理股东与非股东利益相关者的利益冲突。传统观点认为,公司的成立初衷是为了实现股东对营利性的追求,但我们不能忽视公司是一张关系网,不能忽视对债权人利益的保护。从20世纪30年代多德与贝利对企业社会责任的争论开始,到20世纪60年代贝利与曼恩对多德与贝利争论的继续,企业社会责任理论认为营利性企业在追求营利之外还应承担其他社会目标,多德认为公司的利害关系人包括债权人、企业管理者、客户、员工以及广大公众。[2] 笔者始终认为,固然需要考虑公司效率、股东的回报,但是并不能忽视其他利害关系人的利益,特别是债权人利益,具体将在后文进行论述。

(三)本文对资本作用的观点

从前文的分析中,我们可以看出,三种对资本的否定性意见并不能完全证成相较于资产资本应该被否定。本文认同对资本肯定的四种观点,并认为公司具有拟制人格,在社会经济活动中需要信用。这种信用不仅体现在商誉中,更具体体现为资金实力。这种资金实力就是,在运营时能够以资金作为对外交往的基础。当出现经营问题时,能够以资金偿还债权人。在市场经济活动中,"企业的信用 = 商誉 + 资金控制",这

---

〔1〕 参见陈甦:《实缴资本的多种效用及其保障措施》,载《法学杂志》2014年第12期。

〔2〕 A. A. Berle, *The Equitable Distribution of Ownership: A Symposium on Business Management as a Human Enterprise*(11.12.1930). 转引自卢代富:《企业社会责任的经济学与法学分析》,法律出版社2002年版,第47页。

是“陌生社会”的交往逻辑,不同于“熟人社会”的。熟人社会通过“身份+定居+礼俗控制”,[1]而在陌生社会中资金的多少代表着抗风险能力,也就代表着企业的信用。

具体而言,公司的资金有两种功能:一是对内的公司运营功能;二是对外的公司债务担保功能。公司以其资金对外独立承担责任,对内承担有限责任。我们在认可公司资本不同于资产的前提下来讨论资本与资产对实现这两种功能的价值。

第一,公司运营功能的实现。当公司运营一段时间后,公司资产的情况就是资金的情况,这时资产代表着公司实际的运营情况。但是我们并不能因为资金在公司运营一段时间后的作用而完全否定在企业成立之初代表着的信用价值。根据资本充实原则,公司应维持与注册资本大致相同的净资产,这意味着即便是在公司运营之后,资产也应该与资本大致相同。如果否认资本的信用价值,则实际上是忽视在公司成立之初,资本代表着背后资本持有人的信用。

第二,公司债务担保功能的实现。公司这种制度最大的特点在于以其自有资金对外承担责任,股东以出资额为限承担责任。资本和资产都承担着债务担保的功能。即便在公司运营过程中,实际上是资产在发挥着此作用,但是我们并不能完全割裂资产与资本的关系。资产并非凭空而降,其必定建立在资本基础上。即便有出资不到位、抽逃出资、增资、减资等情况,但是资产总是由某些因素的出现从资本演变而成,若将二者完全割裂并不客观。公司资本由股东资本形成,公司资本从外观上代表着公司成立时的经济实力情况,股东资本代表着股东经济实力的基本情况。对股东资本的确认,减少实际没有经济能力而开出“空头支票”的股东从事经济活动给市场交易带来的风险,避免债权人利益受损,也可防止有的股东利用公司独立人格而逃避公司债务。

概言之,资本对于公司运营能力的实现以及债务担保功能的实现都发挥着作用,其作用不应被否认。如此,实行资本认缴制的理论前提并不充分。

三、资本认缴制的效用——社会成本与收益

社会成本理论认为,任何一种权利的起始配置都会产生高效率资源配置,也都需要社会交易成本(市场或非市场的)并影响收入分配,问题的关键只在于如何使法律能选择一种成本较低的、公平的权利配置形式和实施程序。[2] 在前文分析了不能完全否认资本作用后,笔者进一步分析资本认缴制的效用,即实行认缴制后的社会成本与收

〔1〕 刘云生:《文化·经验·理性》,载刘云生主编:《中国不动产法研究》(2017年第2辑·总第16辑),法律出版社2018年版,第223页。

〔2〕 参见[美]理查德·A.波斯纳:《法律的经济分析》,蒋兆康译,法律出版社2012年版,第50页。

益。试图论证,即便实行认缴制的理论前提并不充分,且将产生一定的不利效果,若产生的收益大于不利效果(社会成本),则也可证成实行资本认缴制具有合理性。反之,若产生的社会收益小于社会成本,则其不应实行。

(一)资本认缴制的社会收益

2014年《公司法》的修改源于国家行政机构改革的大背景,虽然体现为《公司法》条文的变化,但修法的目的实际上源于行政目的。2013年《国务院机构改革和职能转变方案》中指出,这些举措"针对的是当时市场准入和就业门槛较高,企业和个人办事难、成本高的问题比较突出。为从体制机制上最大限度地给各类市场主体松绑,激发企业和个人创业的积极性"。《注册资本登记制度改革方案》(国发〔2014〕7号)的指导思想是"按照加快政府职能转变、建设服务型政府的要求";基本目标是"进一步放松对市场主体准入的管制,降低准入门槛,优化营商环境"。可以看出,行政先行的资本认缴制的初衷是鼓励个人创业,转变政府职能,建设服务型政府。最大的收益是带来更多的就业岗位,形成更多的市场主体,使"双创"得以实现。

(二)资本认缴制的社会成本

新古典经济学的公司合同理论认为,公司"乃一系列合同的联结",这一系列的合同包括借贷合同、供应合同(这两种合同涉及股东与债权人的关系)、劳动合同(这涉及公司与劳动者的关系)以及股东之间的章程(这涉及股东与股东的关系)等。现代企业理论认为,公司是一张由所有利益相关者博弈而形成的一张关系网,企业及其相关者的利益在这张关系网中得以彰显。公司资本制度的设计并不仅仅属于企业内部自治范畴,而且将牵涉相关主体利益,以下将分析在公司这张网中,一旦实行资本认缴制而不设置准入门槛后将影响哪些相关主体的利益,从而分析其产生的社会成本。

1.公司

从公司的发展过程来看,对股东有限责任的设计导致资金能够迅速聚集,公司被拟制出人格以自有资金对外独立承担责任。在资本认缴制下,如果有股东未履行或者未全面履行出资义务,债权人首先是向公司主张清偿。而公司对未履行或者未全面履行出资义务的股东享有三个方面的权利。

第一,对未履行或未全面履行出资义务的股东、公司发起人、董事、高级管理人员、知道或应该知道的受让人享有债权请求权。根据《最高人民法院关于适用〈中华人民共和国公司法〉若干问题的规定(三)》第13条第1款的规定,公司可以请求未履行或未全面履行出资义务的股东全面履行出资义务;根据第13条第3款的规定,公司可以请求公司发起人和未履行或未全面履行出资义务的股东承担连带责任,且根据第19条规定,不受诉讼时效限制;根据第13条第4款的规定,公司可以请求因未尽忠实义务和勤勉义务致使增资时股东未履行或者未全面履行出资义务的董事、高级管理人员承担责任;根据第18条的规定,有限责任公司可以请求知道或应该知道的受让人承担连带责任。

第二,对未履行或未全面履行出资义务股东享有限制权。根据《最高人民法院关于适用〈中华人民共和国公司法〉若干问题的规定(三)》第16条的规定,公司可以对未履行或未全面履行出资义务股东的权利予以限制,如利润分配请求权、新股优先认购权、剩余财产分配请求权。

第三,对未履行或未全面履行出资义务股东享有解除权。根据《最高人民法院关于适用〈中华人民共和国公司法〉若干问题的规定(三)》第17条的规定,有限公司催告缴纳而未履行或未全面履行出资义务的股东在合理期间内仍未缴纳的,可以解除该股东股东资格,且在解除后,未履行或未全面履行出资义务的股东的出资义务并没有免除。

虽然公司享有债权请求权、限制权和解除权,但这些权利都是一种事后救济。在资本认缴制下,如果股东之间约定的出资时间未到,例如,公司章程规定了一个在现实生活中无法实现的出资时间(如99年)或一个较长的时间(在实践中也出现了出资期限长达20年的情况),[1]或者时间已到但股东未实际履行出资义务,那么即便公司在理论上不受自然生命限制,但只要资金不到位则公司的资金始终处于悬而未决的状态。出资时间、数额由股东意思自治决定,这在某种程度上鼓励了一些股东的投机心理,认缴超出自己能力的金额却无法实际履行出资义务。而且实践中已经出现了一定数量的股东未履行认缴义务而产生纠纷的案例。在这些案例中,对于如何认定股东是否应加速履行出资义务以及未履行出资义务的转让人与受让人之间应如何承担责任,各地法院判决并不一致。认为出资时间未到认缴人不应加速履行、即便认可应加速提前履行但大多认可应承担补充赔偿行责任、认缴却未实际出资的转让人与受让人之间应如何认定知情等情况让交易变得复杂,增加了交易的不确定性,这对公司开展正常的经营活动是有负面影响的。

2. 股东

从是否实际缴纳资金的角度来看,公司股东存在只认购未实缴和既认购又实缴两种。既认购又实缴资本的公司股东,其目的是通过投资获得收益,但能否获得收益具有不确定性,其在投资时承担着风险。这种风险不仅是对外的交易风险,在认缴制下

---

〔1〕 参见张燕:《工商注册登记制度改革开始实施 宁波已有94家"认缴"公司》,载《宁波日报》2014年3月4日,第3版。

还存在只认购未实际缴纳资本的股东给其带来的风险。

第一,发起人。如果股东在公司设立时未履行或者未全面履行出资义务,那么公司债权人可以请求作为公司发起人的其他股东承担连带责任。发起人只能在承担赔偿责任后再向未履行或未全面履行出资义务的股东进行追偿。根据《最高人民法院关于适用〈中华人民共和国公司法〉若干问题的规定(三)》第13条第3款规定,公司债权人可以请求公司发起人与未履行或者未全面履行出资义务股东承担连带责任。根据这一规定,未实际缴纳资本的股东未出资的资金数额越高,意味着其他发起人承担的风险越高。

出资不到位所导致的风险问题会加剧发起人之间的利益冲突。这种权利义务的配置预设了发起人之间处于一种势均力敌的状态,甚至认为实际缴纳认购资本的发起人对未实际缴纳认购资本的发起人具有支配力,但是实际情况可能并非如此。正是因为公司需要大量资本,而个人或者家庭无法提供,所以股东才以公司的形式聚集不同个体的资金以换取公司股份。在这个过程中,股东与股东之间的关系并不一定如合伙人般对对方情况那么知悉,或者还可以以其他形式作为相互关系的捆绑,公司股东之间更多的是一种资金的结合,相互间并无强的人身性。实际出资的发起人履行了出资承诺,公司才享有资金并可对外承担责任。若公司资金不能清偿,实际出资的发起人还会承担连带补充赔偿责任,这将会加重实际出资的发起人的责任。如此,立法未正向鼓励其履行诚信义务、遵守契约精神的行为,反而会产生一种消极影响,即将不按约定出资的不诚信后果转嫁到守信人身上。长此以往会形成一种导向——理性经济人若非基于道德约束,则会倾向于选择转嫁的行为模式。这对整个市场秩序与风气来说危害是极大的。

第二,非发起人股东。股东出资后,股东资金转化为公司资本,股东获取股权,风险在出资范围内。如果存在股东未履行或者未全面履行出资义务的情况,根据《最高人民法院关于适用〈中华人民共和国公司法〉若干问题的规定(三)》第13条第1款、第3款、第4款的规定,非发起人的其他股东可以请求未履行或未全面履行出资义务的股东履行出资义务;可以请求公司发起人和该股东承担连带责任;请求因未尽忠实义务和勤勉义务致使增资时股东未履行或者未全面履行出资义务的董事、高级管理人员承担责任,并且根据第19条的规定,该请求权不受诉讼时效限制。前两种情况对非发起人股东的权利是一种保护。第二种情况上文已分析,不再赘述。在此,主要分析第三种主张董事、高级管理人员承担责任的情况。

公司与其他商业组织的一个显著区别是公司所有权与经营权相分离。虽然股东在名义上拥有公司,但公司的控制权由公司管理者享有。即便我国是股东中心主义,相较于英美法系的董事中心主义,股东在表面上似乎拥有更多权利,但实际上在很多事项上却因为股东股份并未达到法定比例,对公司的很多事项并没有决策权而只有知情权(这还是在管理层能充分披露公司事宜的假设下而言的),所以股东相较于董事、高级管理人员实际上承担着更多风险。追究未尽忠实义务和勤勉义务董事、高级管理人员的责任,对非发起人股东是一种保护。整体上,在资本认缴制下,对非发起人股东没有课以更多的义务,只是受着因股东未履行或未全面履行出资义务带来给公司资金不确定的间接影响。但实际上,极少有就此追究董事、高级管理人员责任的案例。如果股份经多次转让,认缴资本股份受让人因为被设定担保义务,会导致担保关系极其复杂。[1] 实践中,当债权人主张时,认缴资本股份转让前后人的责任认定也有所不同,这大大降低了交易相对人风险的可控性。

3. 公司债权人

根据最高人民法院《关于适用〈中华人民共和国公司法〉若干问题的规定(三)》第13条第2款、第19条的规定,公司债权人请求未履行或者未全面履行出资义务股东在未出资本息范围内对公司债务不能清偿部分承担补充赔偿责任,只要债权未超过诉讼时效,未履行或者未全面履行出资义务股东不能以出资义务或者返还出资义务已超过诉讼时效抗辩。其第13条第3款规定,还可以请求公司发起人与未履行或者未全面履行出资义务股东承担连带责任。第13条第4款规定,请求因未尽忠实义务和勤勉义务致使增资时股东未履行或者未全面履行出资义务的董事、高级管理人员承担责任。第18条规定,可以请求在股东未履行或者未全面履行出资义务就转让股权的情况下,知道或应该知道的受让人承担连带责任。发起人、知道或应该知道的受让人承担责任后,向该股东追偿。换言之,公司对债权人的清偿责任是第一位,未履行或者未全面履行出资义务股东、发起人、董事和高级管理人员、知道或应该知道股东未履行或全面履行出资义务的受让人对债权人的赔偿责任是第二位的。在资本完全认缴制下,对债权人将会产生以下几点影响。

第一,让公司制带给债权人的合作成本优势失去意义。企业通过聚合投资获得资金支持开展经营活动,这是企业区别于个体或者家庭能够享受到的资源。企业具有几种形态,即个人独资企业、合伙企业与公司(有限责任公司和股份有限公司)。这几种企业形态的最大的区别在于,个人独资企业的投资人、合伙企业中的普通合伙人[2] 对

---

〔1〕 参见陈甦:《实缴资本的多种效用及其保障措施》,载《法学杂志》2014年第12期。

〔2〕 普通合伙企业中,虽然有限合伙人承担的是有限责任,但普通合伙企业的普通合伙人承担的仍是无限责任。也就是说,普通合伙企业中的合伙人以及有限合伙企业中的普通合伙人都是承担的无限责任,从整体意义上考虑合伙企业承担的是无限责任。

公司债务承担无限责任,公司股东承担的是有限责任,公司对外承担独立责任。不同形式的企业,实际上是在不同主体之间分配不同风险。个人独资企业投资者和合伙企业合伙人承担的风险比债权人大。有限责任公司和股份有限公司股东承担的风险比债权人小。那么,由此是否可以得出,债权人宁可与个人独资企业、合伙企业合作,而不愿意与公司合作的结论呢?

企业需要一定资金,一定资金是其对外交往的基础以及履行义务的保障。当企业能正常经营时,需要一定资金开展经营活动;当企业遇到经营风险及财务状况时,企业的资金情况代表着其抗风险能力,这体现着企业的信用。理性债权人仍然会选择与公司合作,是因为合作的成本不同。一位理性债权人在选择与个人独资企业合作时,只需考察一位投资者自身财务状况。合伙企业具有人合性,合伙企业的偿债能力与每一位合伙人自身的资金情况相关。如果理性债权人是与合伙企业合作,则需要评估每一位合伙人的财务情况。实际上,这是在评估当合伙企业出现经营状况时其是否能平稳度过,以保证债权人的债权得以实现,降低债权人的投资风险。现实情况是,如果合伙人众多时,理性债权人的信用评估成本会变大。合伙人越多,评估成本越大。相较于合伙企业,公司具有资合性,公司股东只在其投资范围内承担有限责任,故理性债权人只需要评估有限责任公司和股份有限公司本身的资金情况。从债权人角度来说,与公司合作降低了其交易成本。"有限责任就极大地降低了贷款合同的两种交易成本:信用评估成本和执行成本。"[1]公司不同于合伙制、个人企业的最大特点是资合性,通过有限责任制度将股东的责任限定于一定范围内。但是,在资本认缴制下,公司的实收注册资本并不需要进行工商登记,也不体现在营业执照中,债权人需要更详细地调查公司的资产情况,以进一步区分注册资本中究竟掺杂了多少水分,交易成本由此增加,公司制度对债权人交易成本的便利性也就并不存在了。例如,在"陈某某与贵州芳满园农业科技有限公司、邹某某合同纠纷案"中,法官在判决中写道:芳满园公司股东的出资期限记载于公司章程,作为公示文件,陈某某与芳满园公司合作,应当予以了解,并主动规避风险。[2] 如此,债权人信用评估成本和执行成本并不因对方是公司而有所减少,反而可能有所增加。

第二,没有实现交易的公平与安定。这种配给给债权人的事后追偿权,脱离了我国尚未建立完善的信用制度以及普遍形成诚信信仰的实际情况。这种债权人救济的假设并不能有效保障债权人利益,容易导致其权利虚化,甚至使其处于一种非常不利

---

〔1〕［美］卡拉卡·C.克拉克:《公司法则》,胡平等译,工商出版社1999年版,第7页。

〔2〕参见贵州省兴义市人民法院民事判决书(2017)黔2301民初2121号。

的境地。举一个极端的例子,如前文所述,如果公司章程约定了一个在现实生活中自然人生命中无法实现的时间和出资,如99年,因并未到约定出资时间,股东不用出资,公司没有资本,且未在实际运营过程中产生盈利形成正资产。此时,债权人先向公司主张权利,公司因为股东未出资或者未完全出资而没有资金。那么,债权人转而向第二位的未履行或者未全面履行出资义务股东、发起人、董事和高级管理人员、知道或应该知道股东未履行或全面履行出资义务的受让人主张权利。因为约定的出资时间未到,股东未履行或者未全面履行出资义务的前提也就不存在。发起人、董事和高级管理人员、知道或应该知道股东知道或应该知道股东未履行或全面履行出资义务的受让人的连带责任也不存在。实践中,对于是否让股东提前履行出资义务,各地法院判决不同。如果对此持否定意见,则增加了债权人与公司合作的不确定性,将合作风险转移给了债权人。这并没有实现交易的公平与安定。[1]

第三,让公司法人制失去意义。在实行资本认缴制情况下,认为但凡公司没有资金,便可以通过由第二位赔偿责任人对债权人利益予以保障的观点,则是忽略了设立公司这一制度的初衷。如果第二位赔偿人进行赔偿,则是在否定公司独立人格基础上采取的不得已的举措,但不应让否认公司独立人格成为常态,否则公司制度则失去意义。

(三)社会成本与社会收益的比较

实行资本认缴制后,股东不用实际投入任何资金就可以成立公司,公司的实际资本情况,资本的实际到位情况如何,完全由章程进行规定。工商登记中只登记认缴资本,从外观上很难看出股东实际缴纳资本,也无法辨识公司自有资金情况。

从社会收益来看,资本认缴制的益处在于给予设立公司的自由,进一步放松对公司设立的管制,设立程序简化,便于更多主体投身“双创”大潮。但是,从社会成本来看,资本认缴制可能让公司的资金处于悬而未决的状态,将风险转嫁给公司、作为发起人的其他股东以及债权人,并且影响公司运营、社会诚信、交易的公平与安定,让公司的法人制以及带给债权人的合作成本优势失去意义。

1993年《公司法》规定有限责任公司10万元最低注册资本和股份有限公司1000万元注册资本时,或许有门槛过高、条件过严的问题,但是2005年《公司法》规定有限责任公司注册资本从10万元改为3万元后是否还存在这个问题？2005年《公司法》要

〔1〕 法律上对这样的情况并没有规定。笔者认为在这样的情况下,可以推定股东约定出资义务时具有恶意,将债权人利益弃而不顾。这时不应以公司意思自治对抗第三人,被告股东不能以约定的出资时间未到抗辩。

求的成立有限公司的最低门槛是3万元,大量资金闲置和浪费的担忧是否成立?门槛过高的问题是否真的存在?前文已述,公司资本并非完全没有作用,其不仅代表着自身的经济实力,对意欲在市场中开展活动也是一种保证。设置一定的门槛对债权人、市场都是一种保护。虽然资本认缴制的优势在于便于市场主体进入市场,但是这样的激励反而让进入的主体越多,市场交易中的问题更多。降低市场准入门槛的目的是鼓励"双创",从资本认缴制给公司相关主体带来的种种弊端来看,整体上的社会成本远大于社会收益。鼓励企业进入市场,这样的社会收益并不应通过实行公司资本认缴制来实现?

四、结语

《注册资本登记制度改革方案》规定:"已经实行申报(认缴)出资登记的个人独资企业、合伙企业、农民专业合作社仍按现行规定执行。"我国合伙企业法规定合伙企业分为普通合伙企业、有限合伙企业。普通合伙企业由普通合伙人组成,合伙人对合伙企业债务承担无限连带责任,设立的条件之一是有合伙人认缴或者实际缴付的出资。有限合伙企业中的有限合伙人以其认缴的出资额为限对合伙企业债务承担责任。个人独资企业法则规定设立个人独资企业的条件之一是有投资人申报的出资。合伙企业和个人独资企业延续了一直实行的注册资本认缴登记制。

合伙企业、个人独资企业与公司的最大区别在于公司具有独立人格,公司对外独立承担责任,公司股东承担有限责任,而合伙企业、个人独资企业的合伙人、投资人承担的是无限连带责任。在公司制下实行资本认缴制,对公司而言,让公司具有独立人格的资金容易处于悬而未决的状态;若公司的发起人不缴纳或者不完全缴纳认购资本,那么同样作为公司发起人的其他股东在公司资金不能清偿时,还会承担连带补充赔偿责任;若恶意的发起人约定一个较长的认购期,其实质是将公司独立人格作为逃避自身责任的盾牌。这些都将异化公司的本质,转移了投资者的风险。如果是为了鼓励创业,可以通过个人独资企业和合伙企业来实现,而不一定通过设立公司的形式来体现。在这两种企业形式中,合伙人(有限责任人除外)承担的无限责任正好弥补了资本可能不到位的风险。同时,我国公司法上对有限责任公司和股份有限责任公司不应采用认缴制,且应对实收资本进行工商登记,公司资本制需要进一步完善。

竞争法的政策功能及其实现机制

——以系统功能理论为视角

王烈琦*

目　次

“功能”一词在现代汉语中可以从很多不同的意义上使用。《现代汉语词典》对功能的解释为“事物或方法所发挥的有利的作用”。[1] 目前的法学包括经济法学论文,多在“主体对于客体某种性能的一种运用”意义上使用该词。[2] 然而,与通常的法学、经济法学用法不尽相同,社会学功能主义学说在对功能这一“符号”的使用方面,更为

* 重庆理工大学讲师,法学博士。

〔1〕 中国社会科学院语言研究所词典编辑室编:《现代汉语词典》,商务印书馆2017年版,第454页。

〔2〕 例如,有学者认为竞争法的功能在于“促进经济发展、实现政治民主和弘扬人类文明”,参见邱本:《论市场竞争法的基础》,载《中国法学》2003年第4期。有学者从反垄断规制产生的历史现实出发,将其功能理解为“阻隔公权力滥用对市场主体合法利益的公开掠夺”,持类似观点的有徐士英:《反垄断法实施面临功能性挑战——兼论竞争政策与产业政策的协调》,载《竞争政策研究》2015年第1期;刘彤:《美国竞争法的政策实施功能研究》,载《北京联合大学学报》(人文社会科学版)2015年第1期。有学者从竞争法的竞争政策属性出发,指出反垄断法独具特色的竞争政策功能。持类似观点的有吴宏伟:《论竞争法的政策功能》,载《中国人民大学学报》2001年第2期;丁茂中:《反垄断法的目标选择及其功能优化刍议》,载《现代财经》2011年第8期。

强调事物本身具有的能对外部世界发生影响的内在属性，而与主体的认知、运用无必然关联。例如，迪尔凯姆区分了功能和意图，以此强调了功能区别于“主观意图”的客观属性。[1] 而默顿则进一步区分了显功能与潜功能。潜功能是“既不是那些参与的个人预期的也不是他们认识到”，[2]这种功能显然只是一种客观的实存，主体并不一定能够意识到这种功能的存在。目前功能主义作为一种社会学领域相对主流的理论，经历了早期斯宾塞、迪尔凯姆，到中期默顿、帕森斯，再到晚近亚历山大、卢曼的理论发展，已经发展出一套相对精致的学术话语，并且在对于“功能”这一概念的使用方面，形成了有内在一致性的学术规约。

本文将试图借鉴、运用这一社会学谱系的功能理论资源，对于竞争法的政策功能进行探寻。需要说明的是，本文之所以采用这种理论视角及资源，并非意味着传统法学、经济法学对于功能的探讨是没有意义或者可以忽视的；只是意味着本文试图从另外一种学术立场来观察、探讨竞争法的功能，即从实然层面观察竞争法在社会中可能客观存在的功用。

一、三大系统的分殊与竞争法的政策功能

（一）系统功能理论视域下三大系统的分殊

早期的功能主义理论家如斯宾塞、孔德等人，在探讨功能时运用了形象的有机体的类比。例如，斯宾塞认为：“1. 随着有机体和超有机体（社会）的增长，他们的结构也就增长…… 2. 结构的分化伴随着功能的分化，每一分化的机构为整个系统‘生命’维持完成一定的功能。3. 有机体和超有机体中分化的机构和功能通过相互依赖实现整合。每一结构只有依赖其他结构才能维系其生存。”[3]在这种理论中，社会被视为或类比为一个具有整体生命的有机体，其内部分化为各种器官（也就是不同的结构），这些器官各自具备着某些能够使社会整体得以继续生存下去的功能，并且这些器官之间相互依存。这种理论视域下，功能可视为社会中某种结构对于社会整体存续下去所起到的作用。对于社会，斯宾塞已经开始使用“系统”这一概念，他认为：“在一定的程度上，有机体和超有机体中每一分化的结构本身就是一个系统（也就是说，有机体由细胞构成，社会由个人组成的团体构成）。”[4]“在简单的系统中，这些需要是由系统的各组

---

[1] 参见[英]帕特里克·贝尔特：《二十世纪的社会理论》，翟铁鹏译，上海译文出版社2005年版，第36页。

[2] 同上书，第57页。

[3] [美]乔纳森·特纳：《社会学理论的结构》（上），邱泽奇、张茂元等译，华夏出版社2001年版，第10页。

[4] 同上。

成要素去满足的。可是,当结构开始膨胀并变得愈来愈复杂的时候,这些需要就必须由专门履行某类功能的结构加以满足。当社会变得高度复杂时,结构就会变得更加专门化,而且只满足那些基本功能需要中次一级功能的需要。"[1]

如上所述,斯宾塞的理论中,功能基本可视为一种组成部分对于整体存续的必要作用;斯宾塞在整体意义上使用"系统"这一概念,在他的理论体系中,"组成部分"的功能,维系了整个系统的生存。而拉德克利夫—布朗,则进一步强调了功能对于整体的总要性,他认为:"'功能'一词是指维持这种必要的整合或必要的团结的过程。"[2]

与早期的功能主义理论家不同,卢曼等新功能主义学者较少着眼于将社会视为一个整体的系统作为分析框架,而"对不同的子系统间的潜在冲突特别敏感",[3]更关注系统的分化、整合和冲突。卢曼认为,"当代社会不同于以往社会的地方,主要是它在功能方面的高度分化",[4]而分化出来的各个功能领域,对应着出现了被专业化组织起来的子系统。[5] 卢曼详细探讨了现代社会政治、经济、与法律这三大子系统。

但他的理论并非所有论者都能接受,尤其是因其强调了一种非中心化的分散的系统彼此分离、功能分化的社会。然而,从实证层面上,我们依然能观察到19世纪以降社会政治系统、法律系统、经济系统的分殊,这一分殊主要表现在经济系统、法律系统努力强调自己的独立性、自足性,从传统的政治系统的影响下摆脱出来。

经济系统的独立某种意义上与19世纪斯密理论影响下的经济自由主义思潮有一定的关联。这一思潮在19世纪开始真正大规模地影响到英国的决策层,并影响其他一些欧美国家。这种思潮要求减少甚至尽量避免政府对经济的干预,而让市场发挥作用。其理论基础在于预设了市场中的理性人自由地进行经济行为,相互间进行竞争将更有助于经济的发展与社会进步。在市场竞争自身能够妥善处理好经济问题这一教条下,经济系统运行开始排斥来自政治国家的外在干预。这一过程被波兰尼描述为经济学界试图建立"一个能从社会中脱嵌的经济体制"[6]的过程。在这种努力下,一个

[1] [美]乔纳森·特纳:《社会学理论的结构》(上),邱泽奇、张茂元等译,华夏出版社2001年版,第11页。

[2] 同上书,第14页。

[3] [英]帕特里克·贝尔特:《二十世纪的社会理论》,翟铁鹏译,上海译文出版社2005年版,第61页。

[4] 高宣扬:《鲁曼社会系统理论与现代性》,中国人民大学出版社2016年版,第3页。

[5] 参见[美]乔纳森·特纳:《社会学理论的结构》(上),邱泽奇、张茂元等译,华夏出版社2001年版,第71页。

[6] 波兰尼探讨了19世纪自由主义思潮下经济系统试图从社会中脱离出来,建立一个完全自律的市场经济的努力,称为"脱嵌",以及这种努力为何无法真正成功。参见[英]波兰尼:《巨变:当代政治与经济的起源》,黄树民译,社会科学文献出版社2013年版。

相对独立于政治国家的市场体制按照自身的逻辑运行，某种意义上型构了一个相对于政治国家而言相对封闭、自足的经济系统。

法律系统的独立与奥斯丁提出著名的“分离命题”有关，在分离命题背景下，法律与道德分离的同时，巩固了一套独立的法律话语机制，从而为法律走向形式主义奠定了基础。与此同时，法律系统与政治系统完成了著名的“实体服从换程序自治”的历史性交易。[1] 在这一背景下，欧美法律走向形式主义，并依托形式主义话语巩固了一个能够对抗政治系统的独立系统。与此同时，还需要注意到法律形式主义的兴起在某种意义上是与维护法律人的职业利益相关联的，“法律形式主义是（表明）独立战争后法律界力量兴起的大致尺度，而且表明法律界将法律视为一种客观的、中立的、非政治性的制度，其自身独立的、自治的专业利益也达到了顶点”。[2]

总之，在19世纪自由主义勃兴的历史背景下，经济系统与法律系统逐渐努力摆脱政治系统的强控制，从而形成了政治、经济、社会生活领域这三大系统并存的格局。

（二）竞争法政策功能的出现

某种意义上而言，竞争法政策功能的出现乃至竞争法的产生，都与19世纪三大系统的分殊有关。关于这一点，格伯尔有一个精妙的概括：“这是一个经济、法律和政治因素相互作用的迷人故事。”[3]

19世纪70年代，一场席卷欧洲的经济危机，使人们对于经济系统能够由市场“看不见的手”支配下市场主体相互间竞争而自主良性发展的教条产生了质疑。[4] 这种质疑使人们再次思考，是否需要政治国家对市场的自主运行进行必要的调整与干预。而与此同时，经济系统自身的自主运行中也越来越多地出现了一些“反竞争”因素。比如，不正当竞争行为的不断出现，对良性的市场秩序构成了威胁；而托拉斯、卡特尔等垄断组织的出现，则出现了从根本上消除市场竞争的可能。上述两种情况的出现，都意味着经济系统本身的运行出现了危机，这意味着经济系统需要从外部引入一些新的资源（包括但不限于来自于政治系统的政策）来应对和解决相关问题。正是在这种背景下，国家对经济进行政策干预不仅成为可能，而且成为必要。

---

〔1〕 参见［美］诺内特、塞尔兹尼克：《转变中的法律与社会：迈向回应型法》，张志铭译，中国政法大学出版社2004年版，第64页。

〔2〕 ［美］莫顿·J. 霍维茨：《美国法的变迁：1780～1860》，谢鸿飞译，中国政法大学出版社2004年版，第390页。

〔3〕 ［美］戴维·格伯尔：《二十世纪欧洲的法律与竞争——捍卫普罗米修斯》，冯克利、魏志梅译，中国社会科学文献出版社2004年版，第4页。

〔4〕 同上书，第29页。

与此同时,到了19世纪下半叶,政治系统本身也存在一个机能不断强化的过程,这一过程中,各国行政机构越来越发达,在法国等法域发展出了行政法。而美国则再次出现了政治系统通过立法干预经济系统的努力,人类历史上第一部反垄断法——谢尔曼法正是在这种背景下诞生的。

在上述背景下,一方面,经济系统本身需要借助政治系统的决策以及法律系统提供新规则来继续运行;另一方面,政治系统本身再次出现并发展出了干预经济系统的需求。而此时的政治系统对于经济系统的干预,已然不能绕开法律这种“正当化”的方式。[1] 但如前所述,由于法律系统本身的形式理性化,传统的法律尤其是民商法已然很难担负这种将政治系统的意图注入法律系统再干预经济系统的使命。正是在这种系统关系背景下,一种不同于传统形式理性法的法律——竞争法诞生了。[2] 因此,竞争法从诞生之时起,就担负着一种特殊的功能——政策功能。这种功能使政治系统能够通过法律系统而对经济系统进行“合法”的干预。而这种干预过程中,竞争法一方面要将来自政治系统的政策意图转译成经济系统能够识别并接受的法律代码;另一方面要将经济系统本身的信息、需求通过某种媒介传达给政策决策系统,使国家对于经济的干预建立在更为理性的对于经济环境的研判的基础上。

二、竞争法政策功能的基本内涵

有学者探讨过竞争法的上位法——经济法也存在这种沟通政治经济系统的功能。[3] 吴宏伟就曾认为“竞争法的最直接、最基本的功能,就是借助竞争法的权威达到贯彻、落实、实现国家竞争政策的目的,即竞争法的政策功能”。[4] 笔者认同吴老师认为竞争法法存在政策功能、并且政策功能中“竞争法的权威达到贯彻、落实、实现国家竞争政策的目的”非常重要的论点。但笔者认为,政策功能虽然重要,但非竞争法的唯一功能。并且将政策功能不仅仅定位于一种单向的国家政策意图的输出,而同时意

---

〔1〕 哈贝马斯探讨了这种现代社会政治与法律的关系,他认为:“法律和政治力量的同源构成和概念交叉要求进行一种范围更广的合法化,也就是说,要求国家的制裁权力、组织权力、行政权力本身必须通过法律的渠道。”“法律使政治权力合法化,权力也把法律当作一种组织手段加以利用。”参见[德]哈贝马斯:《在事实与规范之间——关于法律和民主法治国的商谈理论》,童世骏译,生活·读书·新知三联书店2004年版,第165页、第176页。

〔2〕 关于竞争法产生历史背景的探讨,可参见王烈琦:《论竞争法的功能》,西南政法大学经济法学2018年博士学位论文,第32~35页。

〔3〕 参见肖伟志:《论经济法的系统间整合功能——基于哈贝马斯法哲学思想的一种理解》,载《法制与社会发展》2008年第6期。

〔4〕 吴宏伟:《论竞争法的政策功能》,载《中国人民大学学报》2001年第2期。

识到政策功能对于政策的形成以及系统间的沟通的意义也很重要。

单飞跃认为,“政策是国家或政党为实现一定的政治、经济、文化等目标任务而确定的行动指导原则与准则,具有普遍性、指导性、灵活性等特征”。[1]

本文也将主要在这样一种意义上探讨政策问题,即政策更主要的是来自政治的需求,追求政治后果,而不是为了法律本身的自洽性与融惯性。或者说,政策是一种来自于政治系统对法律的要求。有学者更明确地将政策与普通民事等法律的这种区分归纳为“经济政策追求的是社会效果,民事法律追求的是法律效果”。[2] 而“法律效果更多地侧重于对法律规范的常规适用,反映法律适用的一贯性和恒定性;而社会效果更多地侧重于特殊情形下的政策考量,反映法律适用的灵活性和应变性”。[3]

在这种划分下,欧洲国家以及其他很多法域,立法系统以及政府内部作出不仅仅针对个案的普遍性的决策的机构,可以视为作出政策决策的政治系统;而普通的司法以及行政执法部门、不作决策的其他行政部门,可以视为相对于政策决策系统的普通竞争法律系统的组成部分。美国的划分则明显复杂一些,因为如下文将要提及的,美国法院将担负更多公共政策方面的功能。当然,如果要更严格地划分政治与法律系统,则只能是在某种程度上基于理想类型的抽象。经验意义上的政治系统和法律系统在组织机构上会有所重叠,有可能同一组织机构有时进行相对单纯的执法,有时进行政策决策。例如,作为司法机构,法院通常更多是适用法律、而非作出政策决策的部门,但在某些情况下,法院也可能担负某种程度的政策的决策与贯彻功能;再如,美国的联邦贸易委员会,作为一种“第四权力”机构,其也同时担负着政策制定与执法功能。有学者考证,我国的最高人民法院其实担负了很多公共政策方面的功能。[4] 在不同法域中,美国的法院系统通常担负着相较其他法域法院系统更多政治意义上的功能。在法律实践中,美国法院的裁判更多体现政策因素,美国法官更习惯于在法律推理时加入实质性考量,而使法院裁判有可能体现更多政治变革的而非法律的形式稳定性以及确定性,典型的如布朗案、罗伊案,美国最高法院其实已经在处理公共政策乃至政治问题,而不是通常意义上的法律问题,这些问题在其他法域通常不是由法院系统或者至

〔1〕 单飞跃、张玮:《经济法中的政策——基于法律文本的实证分析》,载《社会科学》2012年第4期。

〔2〕 潘军锋:《论经济政策的司法融入——以政策在民事审判中的介入机制为研究路径》,载《法制与社会发展》2012年第1期。

〔3〕 宋亚辉:《公共政策如何进入裁判过程——以最高人民法院的司法解释为例》,载《法商研究》2009年第6期。

〔4〕 相关探讨可参见侯猛:《最高法院公共政策的运作:权力策略与信息选择》,载《北大法律评论》2005年第2期。

少不是由普通法院系统来处理决定的。由于相关政治因素的存在,有些国家,如美国、法国,因为考虑到竞争法实施中“专业考量和政治考量”的适当分离,而采取了竞争法实施机构体系中二元主管与法院协调运作的模式。[1] 美国司法部之外还单独设立了联邦贸易委员会,该委员会委员同一政党不能超过3人,这种设置一定程度上就是为了区别于联邦政府下属的司法部更多政党政治的政策倾向。

如上文所述,竞争法担负了一种特殊的政策功能——沟通政治系统与经济系统,整合经济系统、法律系统、政治系统,使政治系统的意图能够通过竞争法系统作用于经济系统,并使经济系统的相关诉求能够通过竞争法提供的相关机制反映到政治系统。因此,具体而言,竞争法系统发挥政策功能,其实涉及三个维度:其一,在实施法律、平时的日常信息收集、接受企业的各种备案、信息披露以及面对执法的诉求时,面向经济系统搜集必要的信息、企业的相关诉求,将之通过正式的法律途径转换为一种政策语言,并输出给政治系统,为政治系统的决策形成政策提供必要的基础信息和参考意见。例如,通过竞争法的执法可以了解到某行业垄断具有某些特殊形式,或者某地方有变相限制竞争的规章措施,或者通过了解被执法企业的申诉,了解到某些行业的发展情况等。其二,竞争法系统内某些机构在得到更高权力授权的情况下,也会就某些相对具体一些的涉及竞争法领域的事项作出政策决策。其三,通过立法、执法、司法的过程,将政治系统已经形成的政策转译成规范的法律代码,再通过法律调控经济系统的运行。前两者涉及的是通过竞争法机制,政策的形成;后者涉及的是通过竞争法机制,政策的实施。在现实中,尽管竞争法机制非常重要,但也并非政策形成的唯一渠道,影响政策形成的因素很多,对政策形成施加影响的渠道也很多,但若想更为科学地制定相关政策,则竞争法机制回馈的信息、竞争法自身的运作机理至少是不可忽视的。而竞争法机制则是实施与市场竞争相关政策最主要的渠道。

三、政策功能的实现机制——决策信息收集

竞争法运行中的决策信息收集机制包括两种,即常规执法的信息收集和专门的信息收集制度。这两种机制对于政策决策的意义不太一样:后者乃是专门为政策决策收集信息的机制,某种意义上而言,后者收集到的信息正常情况下会相应地引起政治决策系统的注意;而前者则是附带的,其收集到的信息能否引发政治决策系统的关注更多情况下带有一定的偶然性。

(一)专门的信息收集制度

事实上,在欧洲尚未出台正式的竞争法之前,就存在系统地通过一种机制专门收

---

[1] 参见李国海:《反垄断法实施机制研究》,中国方正出版社2006年版,第99页。

集市场竞争领域某些信息的构想。那时候,人们对于卡特尔等现象是否有害于社会并未达成共识,需有更多的信息来认知这一现象在现实中究竟扮演什么样的角色。因此,奥地利学者门泽尔在谈论卡特尔问题时,确立了两条原则,其一就是"国家必须能够获得有关卡特尔的信息"。[1] 1902 年的"德语法学家大会"上,已经有论者提出构建一种要求各卡特尔向政府部门提供其活动信息的意见。[2] 1904 年奥地利前司法大臣科莱因则主张成立一个专门的价格委员会,研究卡特尔恶劣行为的各种事例,并公布其发现。[3]

上述观念在日后欧洲一些国家的法律实践中得到了实施。1925 年瑞典颁布了法律,授权政府调查卡特尔和垄断性企业,以便确定他们对价格和竞争的影响,并且授予了政府对没有提供所要求充分信息企业进行罚款的权力。[4] 而在更早的 1920 年,挪威立法要求限制性协议和占市场支配地位企业必须登记,并授予政府官员广泛的权力调查滥用经济权力的行为。[5] 1926 年挪威进一步出台了《竞争限制和价格滥用管制法》,并依该法成立了管制局。法律要求卡特尔、支配市场企业和某些其他类型企业到管制局登记;拥有超过限制的财产的资产和共有资本的企业,也必须申报每年财务状况,从而正式确立了登记及信息披露制度,使决策者有了更多必要信息来源。

而到了第二次世界大战后,德国《反对限制竞争法》则明确确立了相关反垄断部门对于整体经济运行情况进行调查与评估,出具意见,并将意见反馈给立法部门的机制。该法第 44 条规定:"垄断委员会每两年制作一份鉴定书,对德意志联邦共和国企业集中化的现状和预期发展作出评估,对有关合并监控的法律规定的适用作出评价,并对其他竞争政策方面的现实问题发表意见"。[6] "垄断委员会将其鉴定书提交给联邦政府。联邦政府将第 1 款第 1 句规定的鉴定书即时呈交给立法机构,并在适当期间内对此发表意见"。[7]第 53 条则规定:"联邦卡特尔局每两年发表一份有关其工作活动及其业务领域现状和发展的报告。报告中应包括第 49 条规定的联邦经济部的一般性指

---

[1] [美]戴维·格伯尔:《二十世纪欧洲的法律与竞争——捍卫普罗米修斯》,冯克利、魏志梅译,中国社会科学文献出版社 2004 年版,第 68 页。

[2] 同上书,第 123 页。

[3] 同上书,第 124 页。

[4] 同上书,第 192 页。

[5] 同上。

[6] 尚明主编:《主要国家(地区)反垄断法律汇编》,法律出版社 2004 年版,第 25 页。

[7] 同上书,第 25 ~ 26 页。

示。此外,联邦卡特尔局不间断地公布其行政原则。"[1]"联邦政府即时将联邦卡特尔局的报告转呈给联邦议会,并附上自己的意见"。[2]而与此同时,该法也明确规定了相关部门的调查权限,如第59条就规定"以为履行本法赋予卡特尔当局的任务所必需为限,卡特尔当局可以……要求企业或企业联合组织提供其经济关系的情况,并要求其提交有关资料",[3]从而构建了一个反垄断机构调查市场情况、反馈给政府再反馈给立法机构的完整制度。并且需注意的是,这种由行政部门作出评估并发表意见的机制,意味着行政部门不仅仅是一个消极的信息"传声筒",更是一个积极的信息加工者,担负了一种把经济系统代码转换为政治决策系统代码的职责,并且过滤了一些不必要的信息,加入了执法当局基于自身立场的考虑。执法当局的信息收集视角、信息加工偏好,对于政治决策系统而言显然是不可忽视的。

德国法律规定的信息收集直接面对的是市场信息。日本则将信息收集的对象放在了竞争法的实施情况方面。日本《禁止私人垄断及确保公正交易法》第44条规定:"公正交易委员会应经内阁总理大臣向国会报告每年该法的施行情况。于此场合,应出示根据第十八条之二第一款[价格统一上调报告的征收]规定所要求报告的概要。"[4]竞争法的实施情况,某种意义上仍旧涉及甚至主要就是经济系统的运行情况。因而这种对竞争法实施情况的报告,在相当大程度上仍旧是以对市场竞争情况的调查为基础的,仍旧可以归为通过竞争法机制对于经济系统信息的收集。该法第44条同时规定了"公正交易委员会可经内阁总理大臣,就实现本法之目的的必要事项,向国会提出意见"。[5]这一条赋予了公正交易委员会更主动向决策系统提交信息及意见的权力。

法国则在其信息收集制度中区分了"任意咨询"与"强制咨询",其《关于价格和竞争自由的法律》第5条[任意咨询]规定:"(1)就法律提案及任何有关竞争之问题,竞争审议委员会得受国会委员会的咨询。(2)应政府的请求,竞争审议委员会会对任何有关竞争的问题提供意见。应地方团体,职责及劳工组织,经认可之消费者团体、农会、手工业工会或商业及工业公会之请求,竞争审议委员会也得对相同的问题提供意见,但以涉及上述团体或组织的利益为限。"[6]第6条[强制咨询]规定,"对用于建立

---

〔1〕尚明主编:《主要国家(地区)反垄断法律汇编》,法律出版社2004年版,第29页。

〔2〕同上。

〔3〕同上书,第31页。

〔4〕同上书,第447页。

〔5〕同上。

〔6〕同上书,第75~76页。

新制度而直接产生下列效果的行政命令草案,竞争审议委员会必须被政府咨询:1.对职业活动或进入市场为数量上的限制;2.在某些地区创设排他权利;3.强制实施同一价格或出售条件”。[1]

美国也规定了相关机构相应的调查收集信息及提交信息给立法机构的权力,但其职权因素更强一些,职责因素更弱一些。美国《联邦贸易委员会法》第6条也规定了联邦贸易委员会具有“随时收集、编制和调查有关从事商业或其活动影响商业的个人、合伙人、公司的组织、经营活动及管理等方面的信息”,以及“随时将获得的上述信息,为了公众的利益予以公开,向国会编制年度报告或特别报告,并向国会增加立法的建议”的权力。[2] 可见其同样构建了一个相关机构调查收集市场信息以及反馈给立法决策机构的制度。

需注意的是,尽管上述德国、日本、法国、美国的相关规定有所不同,德国、日本、法国的制度更倾向于一种常规性的由竞争法实施机构定期收集信息反馈给政治决策系统;美国的制度则只是提供了一种相关机构在需要时收集信息反馈给立法决策机构的制度通道。但这两种相对正式的制度建构都在一定程度上提供了一种经济系统通过法律系统而与政治决策系统专门的正式的沟通机制。这种信息收集反馈不以存在需处理的案件为前提,因而属于专门的信息收集机制。在这里面,无论是德国的垄断委员会、联邦卡特尔局,还是美国的联邦贸易委员会,都在一定程度上担负了一种沟通整合不同系统的专门职责。

(二)附带信息收集机制

与不以个案存在为前提的专门信息收集机制并存的是,相关机构处理竞争法案件时更多情况本身就以收集必要的市场信息为前提。与专门的信息收集机制相比,这种信息收集最直接的目的是解决个案问题,而不是全方面地了解掌握市场信息;因此,通过这种方式收集来的信息能否顺利转达并影响到政治决策系统具有一定的随机性。当然,某些重要案件的处理,本身就能够引发政治决策系统的必要关注,在这种情况下,这类案件收集的信息影响政治决策系统的可能性非常大。

在企业合并案件的处理中,各国通常都规定了拟合并企业的申报义务,而且申报义务里多含有拟申报企业市场占有份额等相关信息。例如,德国《反对限制竞争法》第39条就规定了相关企业的申报义务、报告义务,并明确了申报书中需有销售额、市场份

---

[1] 尚明主编:《主要国家(地区)反垄断法律汇编》,法律出版社2004年版,第76页。

[2] 同上书,第208页。

额等相关信息。[1]

与此同时,各国竞争法也大多规定了竞争执法机构对于案件的主动调查权,例如,德国《反对限制竞争法》第57条规定:"卡特尔当局可以进行一切必要的调查,并获取一切必要的证据。"而日本《禁止私人垄断及确保公正交易法》第40条同样规定:"公正交易委员会于执行其职务有必要时,对于国家机关、依特别法令设立的法人、事业者或事业者团体及其职员,有权要求其出面接受调查或者提交必要的报告、情报或资料。"[2]该法第41条进一步规定:"公正交易委员会于执行职务有必要时委托国家机关、依特别法令设立的法人、学校、事业人、事业者团体或者有学识经验者进行调查",[3]从而确立了委托调查制度,延展了调查主体。此外,需注意的是,日本《禁止私人垄断及确保公正交易法》第43条规定:"公正交易委员会为保证本法的正确实施,可公开发表事业者的秘密之外的其他必要事项"。[4] 这一规定意味着调查获取资料可以公开,从而更容易进入政策决策者的视野。

在美国这样的法院系统具有比较强司法能动性的判例法国家,法院系统的决策本身就带有很强的政策性,一定意义上法院与政策决策系统是交融的,而且遵循先例的原则使以后的判决要受相应影响。因此,单个案件处理中收集的信息不仅可能影响本案的政策性决定,也很有可能通过判例影响未来案件处理的政策性权衡,从而影响政策决策系统的。而需注意的是,在美国的诉讼法律架构中,通常是司法部代表美国作为原告起诉,因而案件中相关信息的收集者通常是司法部。美国《克莱顿法》第5条规定司法行政部门代表美国起诉时,"任何对该建议的书面评论和美国对此评论做出的反应,也要送达区法院""随着建议的送达,除非有法院的其他指示,美国将向区法院送达竞争性影响说明书,并在联邦注册簿上予以公布,并应任何人的要求,提供给竞争性影响说明书"。[5] 这种机制使行政执法机构调查的市场相关信息,成为法院决策的考量基础。同时,克莱顿法该条还规定,相关材料应当"在联邦注册簿上予以公布,该建议和其他材料以及美国认为对形成该建议有决定性作用的文件,应当使该法院区的公众得以利用,或法院指定的其他区的公众能够利用"。[6] 这种公开机制与前述日本的机制类似,使其他政策决策部门以及能够影响到政策决策的普通选民都能够获知更多

---

〔1〕 参见尚明主编:《主要国家(地区)反垄断法律汇编》,法律出版社2004年版,第22页。

〔2〕 同上书,第446页。

〔3〕 同上。

〔4〕 同上书,第447页。

〔5〕 同上书,第192页。

〔6〕 同上。

的由行政部门收集的关于市场竞争的信息。

四、政策功能的实现机制——政策决策机制

前文已然谈道,本文对政策与法律的区分,乃是基于这样一种立场:政策更主要是来自于政治的需求,追求政治社会后果,而不是为了法律本身的自洽性与融惯性。相比之下,法律有着相对长期的稳定性,并且作为一个系统,有着一套自身的运作体现、组织机构、话语机制。这种区分视野其实强调的是法律自身形式理性化机制与政治决策机制的不同。而现实中的政策决策的作出与法律系统的运行,在很多情况下不能简单地依机构的不同而进行区分;如前文提道的美国法院系统,有时作为法律机制只是政策的忠实执行者,而在有些情况下则成为事实上政策决策者。而其他法域的竞争法实施机制中,亦多存在这种既担负普通法律执法,亦担任政策决策者的机构。如德国的联邦卡特尔局,除了执法之外,其一项重要职责就是"不间断地公布其行政原则",这种行政原则在一定程度上就是基于市场情况而为的政策权衡。美国《联邦贸易委员会法》第 18 条亦规定,联邦贸易委员会可以规定"关于影响商业规定的不公平的或欺骗性行为方面的政策说明,或解释性规则""规定特定的行为,活动(惯例)是影响商业的不公平的欺骗性的行为规则",[1]这赋予了联邦贸易委员会相应的政策决策权力。日本《禁止私人垄断及确保公正交易法》第 27 条亦在规定了公正贸易委员会相关执法权力的同时,规定了公正交易委员会"调整经济法令"[2]的权力,从而赋予了公正贸易委员会政策决策的权力。上述国家的竞争法机制中,相关机构都同时具有了执法权以及政策制定权,且这些机构都处于整个竞争法运作系统的顶层位置。美国法院系统在竞争法政策决策中的地位与这些高层行政部门、专门委员会类似,只不过美国法院是通过个案裁判作出政策权衡,通过判例将这种政策意图传递下去,而不是制定规范性文件。

从政策决策层面来看,这种内嵌于竞争法机制的决策机构,相对而言,能够更好地利用由竞争法机制收集来的专门信息,从而作出针对性决策;而且能够更好地通过发布规范性文件、裁决个案、监督其他部门等方式,使相关的政策得以实施。并且这种决策机制不必触及常规的立法及行政决策系统,耗费资源相对较少,系统间的沟通更顺畅。然而,这种机制也有一定的缺陷,从其通常具有的行政部门或者"第四权力"部门的属性来看,这种决策机构汇聚了少数高层决策经营,更注重决策的"科学性",而在一

---

〔1〕 尚明主编:《主要国家(地区)反垄断法律汇编》,法律出版社 2004 年版,第 214 页。

〔2〕 同上书,第 444 页。

定程度上缺乏更广泛民意的基础,有可能使专业化、官僚化的决策遮蔽了更多普通民众在竞争法领域,尤其是与经济整体增长或者所谓效率无关的诉求。从外在于竞争法系统的政策决策机制来看,如果我们不囿于芝加哥学派立场,则可以观察到在事实层面,来自于外在于竞争法的、出于不同政策目标、体现不同政策诉求的任何政策都是有可能的。这些政策是否能够通过竞争法机制成功实施并达到其政策目标是另一个问题;但这些政策本身可能出现,却是不可忽视的事实。本文无意涉及古典自由主义、新自由主义与凯恩斯主义的历史恩怨,只陈明事实——外在于竞争法的立法机构以及政府,有可能对于竞争领域作出决策,这些决策将通过竞争法机制实施。具体而言,这种外在于竞争法的政策决策系统,通常包括竞争机构的上级政府和立法机构两种不同的机构。这两种机构的决策机制不尽相同,但共同特点是拥有更高的政治权威和更为广阔的政治视野,需要考量更多的政治经济因素,但同时也需要重视现实存在的竞争法机制以及客观的经济规律以及法律运作规律。通常而言,立法机构作出的决策更权威、更抽象,而政府部门作出的决策更具体一些。

除了竞争法机构、立法机构、政府主管机构能够就竞争问题作出政策决策外,德国等国家同时采取了一种比较特殊的决策机制——由相关非企业间组织自行制定竞争规则,再由行政当局予以确认。德国《反对限制竞争法第》第24条规定:(1)经济联合会和企业联合会可以为其领域制定竞争规则。(2)竞争规则,是指那些规范企业在竞争中的行为,以抵制竞争中之有悖正当竞争原则或有效的效能竞争原则的行为,并鼓励在竞争中符合这些原则的行为的规定。(3)经济联合会或企业联合会可以向卡特尔当局提出承认竞争规则的申请。[1] 在这种机制中,政策决策信息来源于“市场—企业”,政策规则的拟定由企业组织完成,然而其效力来自于竞争法系统的认定。这有点类似于国家有权机关对于习惯的“认可”。就最终效力的产生而言,政策的法律制定仍旧应视为竞争法系统。经济联合会、企业联合会扮演的角色更像是一个深度加工信息的提供者。

上述两种政策决策系统虽然是外在于竞争法机制的,但其决策却仍然要通过竞争法机制加以实施。在这种情况下,决策能否得到顺利实施,仍旧在一定程度上取决于竞争法系统本身的态度、立场以及权威度。在竞争法实施系统不配合而外在决策系统缺乏必要权力的情况下,政策决策经过竞争法系统有可能发生一定程度的偏离的。如最初的美国的谢尔曼法,体现的是立法当局控制大企业垄断的政策意图,然而在实施时,具体实施的司法当局等实施机构并不认同这一政策意图,很少用该法打击大公司

---

〔1〕 参见尚明主编:《主要国家(地区)反垄断法律汇编》,法律出版社2004年版,第15页。

大企业的垄断行为,而把矛头指向了工会组织。不同国家、不同时间段,具体的立法机构、政府与竞争法机制中的相关机构等的真实的权力关系是不尽相同的。就应然角度而言,立法机构与上级政府的政策应该得到无条件的贯彻;而就实然运作角度而言,立法机构与上级政府的决策,能否顺利传达给竞争法实施机构,能否得到竞争法实施机构的正确实施,仍旧存在一个信息意图顺畅沟通以及事实维度权力运作的问题。相比之下,事实维度权力运作的问题涉及的因素太多,各国法治文化、政府地位甚至相关负责人个人的性格等原因都有可能对之造成影响,非本文所能从宏观层面观察探讨清楚;而信息意图顺畅传达问题则涉及一个系统与环境之间的问题,需要的是在某种程度上,政策语言能够为竞争法系统准确识别、转译为能为执法部门、在某种情况下经济主体能够识别的规范法律语言,从而嵌入执法主体的执法活动并影响到经济主体的相关运行。

五、政策功能的实现机制——政策的吸纳与贯彻

不论是外在于竞争法机构还是内嵌于竞争法机构,其作出的政策性决策最终仍旧需要通过竞争法机制吸纳、贯彻并在现实中实施,才能成为在现实执法中真正发挥作用的政策,也才能成为能够真正影响到经济系统运行的政治决策。这种竞争法对于相关政策的吸纳与贯彻,在现实中涉及两种不同的举措——相关竞争法机构依据政策制定指南等性质的规范性文件;相关竞争法机构在个案执法贯彻政策意图。

(一)由竞争法执法机构发布各种指南性的文件

各种指南性的文件,通常是高层执法机构颁布的对于下级具体工作的一种规范性指引。通过这种指南性质的文件,来源不同的政策考量,通过高层竞争法执法机构形成一种规范性文件,对于下级具体执法机构的相关行为进行具体的指引与规约。

美国等国较早开始了在企业兼并、技术贸易、知识产权反垄断等方面颁布了指南性文件。美国1975年通过的《麦格纳森—莫森担保法》明确规定联邦贸易委员会能够"对商业中或影响商业的不正当或欺骗性的行为或做法制定解释性的规则和发布普遍性的政策声明",制定一些规则来"规定哪些特定的行为或做法是商业中或影响商业的不正当或影响商业的不正当或欺骗性的行为或做法"。[1] 联邦贸易委员会之外,美国司法部也会发布相关指南,如关于合并的1968年指南和之后的1982年指南(基于不同时期的政策以及法律方法的发展,后者对前者有较大的修改)。此外,美国司法部和联邦贸易委员会也会联合发布指南,如《美国司法部和联邦贸易委员会横向合并指南》

---

〔1〕 参见李国海:《反垄断法实施机制研究》,中国方正出版社2006年版,第53页。

(1992年发布,1997年修订)。类似的指南还有《美国知识产权许可反托拉斯指南》,该指南直接陈明"本《指南》说明美国司法部和美国联邦贸易委员会(单独或统称为'主管机构')有关受专利法、版权法和商业秘密法保护的知识产权和专有技术许可方面的反托拉斯执法政策"。[1]

德国通过立法规定了相关政策性文件必须定期公布。例如,德国《反对限制竞争法》第52条规定:"联邦经济部就依本法应作出或不应作出处分向联邦卡特尔局作一般性指示的,应将这些指示在联邦公报上公布。"第53条规定:"联邦卡特尔局每两年发表一份有关其工作活动及其业务领域现状和发展的报告。报告中应包括第49条规定的联邦经济部的一般性指示。此外,联邦卡特尔局不间断地公布其行政原则。"[2]这两条法律其实明确了联邦经济部需明确就某些问题作出"一般性指示",而且卡特尔局需明文公布其行政原则。

上述这种政策性文件的稳定性通常不如位阶更高的反垄断立法,而且会随着市场情形、国家政策的变动而修改。例如,日本基于本国企业在技术贸易中的不同地位,先后出台了1968年《有关导入国际技术契约的认定指南》以及1988年《有关规制专利、技术诀窍许可协议中不公正的交易方法的适用指南》,体现了不同时期的政策意图。而日本在1994年出台《关于禁止垄断法第九条适用于风险资本的意见》时,废除了之间的《关于禁止垄断法对风险资本的处理》;而其《关于审查公司拥有股份的事务处理基准》《关于审查公司合并等的事务处理基准》等指南性文件,在出台后也先后多次修订。

总体上,这些指南性的文件相对高位阶立法文件而言更为细致,更为灵活,也更能体现一个时代国家政策的变动以及法律方法的发展。

(二)通过个案处理贯彻实施政策

现实中,更为常见的贯彻实施政策的方式是相关执法、司法部门在领会政策意图的前提下,在处理具体案件时执行、贯彻相关政策。这种最终端的政策贯彻,有可能是通过对相关"指南"等政策性文件的适用,也可能是一种决策者基于政策的自由裁量。

总体上而言,竞争法在现实中的实施涉及行政执法、司法两个不同的部门。这两个部门中,由于行政部门与政府更为紧密的隶属关系,这种关系意味着行政部门对于政策更为严格的贯彻义务,因此,更多的政策贯彻理论上应该是由行政部门来完成的。在竞争法执行体系中,对反垄断领域而言,虽然多有法域规定了受害人可发起民事诉

[1] 尚明主编:《主要国家(地区)反垄断法律汇编》,法律出版社2004年版,第251页。

[2] 同上书,第29页。

讼(有论者用私人执行来指称、概括这种现象),但实践中,更多的法域,无疑是行政当局在相关执法中扮演了重要角色,欧盟曾大力推动反垄断民事诉讼,然而效果并不理想。而包括德国在内的诸多法域,法律上赋予了相关当事人对于行政裁决不满提起行政诉讼的权利,但这种行政诉讼对于反垄断案件本身的审查是有限的,法院本身本着司法的保守性很少主动介入(其实也无权介入)行政当局的政策决断。因此,在更多的法域,行政执法对于反垄断政策的贯彻更重要。

相比之下,美国的法院系统更强势。这一方面源于在制度的设计上,美国没有受公私法二分的束缚,行政当局尤其是司法部无权就某些问题直接作出裁决,而是需要到法院提起诉讼。与此同时,美国用3倍惩罚性赔偿等方式刺激、鼓励着私人受害者可以直接到法院起诉,而不必以行政部门的处置为前置程序,这使美国有着相对发达的反垄断民事诉讼。上述情况使美国法院有机会对更多的反垄断问题作出司法裁决。另一方面源于美国法院系统自身在国内宪政体制下,一种更重要的地位及更高的权威(如美国最高法院有宪法解释权,这种权利在其他国家不一定是由普通法院系统享有的),以及美国法院在审判案件时更注重实质推理,更强调司法能动性,更强调在审判案件时进行政策考量,这使美国法院系统主观上更愿意也更有能力在反垄断领域实施相关政策意图。

在美国,一些不同时期的执法、判决能够非常清晰地体现该时期政策的痕迹。如布朗鞋业案、美国铝业案中体现的是一种相对较强的政府干预、防止大企业主宰市场的政策意图。在这些案件中,基本政策权衡是尽量防止企业之间合并,避免可能出现大企业市场垄断。而20世纪80年代以后,随着里根政府的上台以及新自由主义的崛起,国家放松对于市场的监控管制成为这一时期反垄断执法的主旋律。波音与麦道的合并案中,美国当局明显充分考量了做大美国企业与他国抗衡的政策意图。而IBM案甚至后来微软案的处理中,美国执法、司法当局显然也贯彻了新自由主义减少国家干预的政策意图。

在各国的立法中,多为反垄断执法机构、司法机构贯彻相关政策意图预留了规则"通道",从而缓解政策的多变性与规则的稳定性之间的紧张。例如,德国《反对限制竞争法》第10条就规定:"应申请,第5条至第8条所称的协议和决议,可以由卡特尔当局作出豁免适用第1条禁令的处分。"[1]这种条文明显有利于相关执法机构基于政策意图而豁免某些本来可能构成违法的行为。该法第8条具体规定了相关政策实施的

---

[1] 尚明主编:《主要国家(地区)反垄断法律汇编》,法律出版社2004年版,第7页。

前提。瑞典竞争法亦规定了竞争局可以基于某些政策权衡而对某些禁止事项的豁免。[1]

通常而言,在竞争法执法体系中,经营者集中的审查方面,会考量更多的政策因素,因为这种集中有可能会改变整个市场结构,甚至影响到整个经济的安全。而且各国立法时,通常预留了足够的空间给审查当局进行政策权衡,关于经营者集中的审查,法律层面更多的是程序性规定,而较少实体性规则约束。而卡特尔等垄断协议方面,法律采用的是类似上文所述德国的方法,即留给执法当局一定的基于政策自由材料的空间,对于一些特定情况下的卡特尔进行"豁免"。而滥用市场支配地位等方面,执法当局同样会从"滥用"的认定方面进行相关的政策权衡,使政策意图能够得到更好的贯彻。综观各国反垄断立法体系,通常为执法、司法过程中贯彻政策意图预留了相应的规则通道。而且在法律实施时,合理原则的扩展运用也给政策实施留下了更大的空间。而反不正当竞争法中政策的干预则会相对少一些。部分反不正当竞争涉及的问题已经被一定程度上权利化了,这使相关民事主体可以直接发起民事诉讼,寻求自己权利的保障;这种情况下,国家政策的介入空间就会很小。

六、结束语:政策功能理论对于我国竞争法的现实意义

本文探讨了实然层面竞争法的政策功能——这种功能一方面使竞争法能够将政治系统的政策转译成法律语言,从而成为经济系统活动的指针;另一方面,这一功能同样能够将经济系统的现实情况乃至对规则、政策的需求回馈给法律系统、政治系统,从而完成一种系统间的沟通。在竞争法的发展过程中,发展出诸多实现政策功能的机制,如信息的搜集机制、决策机制、决策贯彻机制等都在一定程度上使竞争法在现实运行中能够更顺畅的,更有利于政治系统和经济系统的顺畅运行,尤其是保证政治系统对于经济系统的干预保持在一个合法(这种干预必须经过法律代码的转译)和合理(各种信息搜集机制使得决策能够建立在对市场实情更好地把握的基础上)的限度之内。

我国竞争法尤其是反垄断法实践开始较晚,一定程度上而言,其目前还处于制度构建和完善的进程中。在这一进程中,在充分考虑现实国情的基础上对其他法域的借鉴是一种相对可行的方案。基于前文对于竞争法政策功能及其实施机制的探析,或许在未来的我国竞争法发展中,可以引入以下机制。

其一,建立更为完善的信息收集制度。除了国务院反垄断委员会"组织调查、评估

---

〔1〕 尚明主编:《主要国家(地区)反垄断法律汇编》,法律出版社2004年版,第109页。另参见瑞典《竞争法》第8条。

市场总体竞争状况,发布评估报告”外,还可建立专门竞争法执法评估机制等,以更好地在政策决策中收集信息。当然,前文也已述及,各法域的信息收集制度其实并不完全相同,这方面我国需要的是结合国情进行更多探讨。

其二,完善政策决策与贯彻机制。这方面我国目前涉及的一个问题是竞争法政策制定及执法方面涉及的部门较为分散。这种情况下有可能导致不同部门出台相对矛盾政策,或者在执法中不能很好地贯彻相关政策。这个问题目前学术探讨较多。未来如何构建统一执法部门或者协调不同部门的政策与执行是我国完善我国竞争法机制的一个方向。[1]

其三,我国反不正当竞争法及反垄断法相关条文中都预留了很多政策考量的空间,如何出台细则或者构建规范的程序保障政策权衡的妥当性,也是未来竞争法的完善中需要考量的。

---

〔1〕 令人欣慰的是,2018年3月第十三届全国人民代表大会第一次会议最新出台的《国务院机构改革方案》中,已经将国家发改委、工商总局和商务部三部委下属反垄断职能以及国务院反垄断委员会办公室等职责整合,统一并入新组建的国家市场监督管理总局。参见刘旭:《反垄断执法机构整合 下一步人、事如何安排》,载网罗咨询:http://www.wlz888.com/208489.html,最后访问日期:2018年3月14日。

未经行政审批国有资产转让合同效力判定辨识

——以最高人民法院典型判例为样本

靳　羽*

目　次

一、问题意识

正确处理政府与市场的关系始终是贯穿中国经济体制改革历程的主线,[1]党的十八届三中全会要求“使市场在资源配置中起决定性作用”,[2]十九大报告更提出要“坚决破除一切不合时宜的思想观念和体制机制弊端,突破利益固化的藩篱”。然而,作为计划经济时代管制行政制度典型的行政审批制迄今仍保持着强大的思维和制度惯性,

---

* 广东财经大学法学院讲师,法学博士。

基金项目:2017 年广东省哲学社会科学规划项目“大资管时代的敌意收购:趋势、问题与法律对策研究”(GD17CFX07)。

〔1〕 参见黄文川:《怎样理解使市场在资源配置中起决定性作用和更好发挥政府作用——访国务院研究室副主任韩文秀》,载《求是》2013 年第 24 期。

〔2〕 参见 2013 年 11 月 12 日《中共中央关于全面深化改革若干重大问题的决定》。

投射于法律领域集中体现为对我国《合同法》第44条第2款[1]的不同解读,即未经行政审批的民商事合同效力究竟如何的学术和实务见解上。尽管西方发达国家亦不乏批准生效合同制度,[2]但该问题在"转型中国"却呈现出鲜明的时代特色。

在既往的学术研究或司法实践中,主要有"无效说""未生效说""有效说"三种见解。"无效说"因无法圆满解释当事人"报批义务"的来源,且易滋生机会主义和道德危机而遭废弃;"未生效说"乃当前学界主流见解,亦为最高人民法院司法解释采纳;[3]"有效说"则为部分学者晚近新主张,但其具体理由不尽相同。[4] 笔者认为,如果忽视当前我国行政审批类型多样、设置目的各异的现有制度背景,则注定只能得出"以偏概全"式的解释力受限结论。

行政审批在我国是一种极复杂的行政现象,种类繁多、功能各异,对于究竟将其定性为何种具体行政行为,立法长期付之阙如,学界亦众说纷纭。[5] 2003年8月27日颁布的《行政许可法》曾试图将行政审批统一定性为行政许可,但国务院于2004年8月6日发布专门文件,将多达211项行政审批事项界定为"非许可类行政审批",排除《行政许可法》的适用余地,[6]直至2015年11月27日明令废止。[7] 尽管如此,因现行法律法规体系仍保有大量关于这些事项的审批规定,故"非许可类行政审批"并未彻底退出历史舞台,与本文主题密切关联的"依照国家授权以出资人身份对国有资产处置等事项的审批"[8]即属此种情况。依据审批的功能与作用,许可类行政审批主要包括资源配置类、市场准入类和危害控制类三种类型。[9]

类型化的基础源于功能定位与设置目的有别,因此,行政审批与合同效力之间的

---

[1] 《合同法》第44条第2款规定:"法律、行政法规规定应当办理批准、登记等手续生效的,依照其规定。"

[2] 参见汤文平:《德国法上的批准生效合同研究》,载《清华法学》2010年第6期。

[3] 《最高人民法院关于适用〈中华人民共和国合同法〉若干问题的解释(一)》第9条第1款规定:"依照合同法第四十四条第二款的规定,法律、行政法规规定合同应当办理批准手续,或者办理批准、登记手续才生效,在一审法庭辩论终结前当事人仍未办理批准手续的,或者仍未办理批准、登记手续的,人民法院应当认定该合同未生效……"

[4] 参见蔡立东:《行政审批与权利转让合同的效力》,载《中国法学》2013年第1期。

[5] 参见王克稳:《我国行政审批与行政许可关系的重新梳理与规范》,载《中国法学》2007年第4期。

[6] 参见《关于保留部分非行政许可审批项目的通知》(国办发〔2004〕62号)。

[7] 参见《国务院关于宣布失效一批国务院文件的决定》(国发〔2015〕68号)。

[8] 参见《关于认真贯彻〈行政许可法〉进一步做好行政审批项目清理和处理工作的通知》(国审改办发〔2003〕3号)。

[9] 参见王克稳:《论行政审批的分类改革与替代性制度建设》,载《中国法学》2015年第2期。

关系并非只有唯一选项,囿于篇幅所限,本文拟选取最高人民法院近年关于国有资产转让合同效力判定的两个典型判例为样本,阐释行政审批与合同效力关系的多样性,并分析行政审批泛化裁判思维的表现与负面效应,以期对学术研究和司法实践有所裨益。

二、典型判例评释:案情概要、裁判结果与合同效力判定检讨

(一)“陈某某案”[1]

1.案情概要与裁判经过

2009年1月4日,中国烟草总公司(以下简称中烟总公司)批复同意云南红塔集团有偿转让其持有的云南白药集团无限售条件的流通国有法人股份。同年9月10日,红塔集团与陈某某签订《股份转让合同》,约定红塔集团将其持有的云南白药集团全部股份转让给陈某某。合同签订后,陈某某依约一次性支付股权转让款22亿多元,红塔集团亦依约履行报批义务。因讼争股份一直未能完成过户,陈某某反复催促无果,遂于2011年12月21日向云南省高级人民法院起诉,请求确认前述合同有效并要求红塔集团承担违约责任。2012年1月17日,中烟总公司作出(中烟办〔2012〕7号)批复,以“为确保国有资产保值增值,防止国有资产流失”为由,否决讼争股份转让。云南中国烟草公司等随后亦逐级作出不同意讼争股份转让的批复。

云南省高级人民法院一审认为讼争合同有效,但因该合同“未获得有权国有资产监督管理机构批准”而驳回陈某某其他诉讼请求。[2] 陈某某不服,上诉至最高人民法院。最高人民法院于2014年7月作出终审判决,依据《企业国有资产监督管理暂行条例》(以下简称《暂行条例》)第23条、第24条的规定,[3]认定讼争合同属“应当办理批准手续的合同”,但因该合同“已确定无法得到有权机关批准”,根据《最高人民法院关于适用〈中华人民共和国合同法〉若干问题的解释(一)》第9条的规定,认定为未生效合同,撤销一审判决,判令红塔集团向陈某某返还股份转让款及利息,驳回陈某某其他上诉主张。

2.合同效力判定检讨

本案讼争合同效力应判定为有效,理由如下。

---

〔1〕 参见最高人民法院(2013)民二终字第42号民事判决书。

〔2〕 参见云南省高级人民法院(2012)云高民二初字第1号民事判决书。

〔3〕 《暂行条例》第23条规定:“国有资产监督管理机构决定其所出资企业的国有股权转让。其中,转让全部国有股权或者转让部分国有股权致使国家不再拥有控股地位的,报本级人民政府批准。”第24条规定:“所出资企业投资设立的重要子企业的重大事项,需由所出资企业报国有资产监督管理机构批准的,管理办法由国务院国有资产监督管理机构另行制定,报国务院批准。”

第一,无论是《暂行条例》第23条还是作为其上位法的《企业国有资产法》第53条,均规定由履行出资人职责的机构决定其所出资企业的国有资产转让,转让全部国有资产或部分国有资产致国家丧失控股地位的,则须经同级政府批准。根据《暂行条例》第5条的规定,各级政府履行出资人职责的企业,统称"所出资企业",故该条例第23条的"所出资企业"应指各级国资监督管理机构作为直接股东来履行出资人职责的企业,如国务院国资委之于中烟总公司,[1]也就是《暂行条例》第23条只能适用于"管一层"的情形。姑且不论中烟总公司是否乃"履行出资人职责机构"的可疑身份属性,单从被告红塔集团的控制从属关系观察,中烟总公司只是通过"云南中烟工业有限责任公司→红塔烟草(集团)有限责任公司→红塔集团"这一控股链条实现对红塔集团的间接控制,故《暂行条例》第23条不能适用于本案。

第二,《暂行条例》第24条规定的是各级国资监管机构作为终极出资人和监管者对所控股的国有子企业(实际上含孙企业、曾孙企业等)"管多层"的情形,[2]但仅限于"重大事项"。关于何谓"重大事项",《暂行条例》第21条规定为"国有独资企业、国有独资公司的分立、合并、破产、解散、增减资本、发行公司债券等"。但《企业国有资产法》第31条则将国有独资企业、国有独资公司应当由履行出资人职责的机构决定的事项限定于"合并、分立、增加或者减少注册资本、发行债券、分配利润、解散、申请破产",并未包括国有资产转让事项。也就是说,最高人民法院其实是依据《暂行条例》第24条所列举事项后的"等"字而对"重大事项"作出了有违《企业国有资产法》第31条限定范围的扩大解释。

第三,虽然当前国家烟草专卖局与中烟总公司实行"两块牌子,一套人马"的管理体制,但批复否决讼争交易却是以中烟总公司而非国家烟草专卖局的名义作出的。根据2008年国务院办公厅发布的"三定方案",国家烟草专卖局(中烟总公司)的职能定位是"按照政企分开的原则……依法对所属企业的国有资产行使出资人权利,经营和管理国有资产,承担保值增值责任,管理监督烟草行业财务资金"。[3] 依据《暂行条例》第6条第1款的规定,[4]"履行出资人职责"与"对企业国有资产进行监督管理"是

[1] 参见缪因之:《国有股转让合同审批要求对合同效力之影响——以"史上最大股权纠纷"为例》,载《中外法学》2015年第5期。

[2] 同上。

[3] 参见2008年8月28日国务院办公厅发布的《国家烟草专卖局主要职责内设机构和人员编制规定》。

[4] 《暂行条例》第6条第1款规定:"国务院,省、自治区、直辖市人民政府,设区的市、自治州级人民政府,分别设立国有资产监督管理机构。国有资产监督管理机构根据授权,依法履行出资人职责,依法对企业国有资产进行监督管理。"

彼此平行的两项不同职能,后者显然不能由作为企业的中烟总公司自行授予,否则就是对“政企分开”原则的背离。

第四,即便进一步无原则地承认国企、国资的特殊性,从而将国资转让的法源依据指向最高人民法院误引之《暂行条例》,亦应将其规制对象限定于具有控制从属关系的国企内部法律关系,而与作为外部法律关系主体的陈某某无涉,从而使审批与否均不影响讼争合同的法律效力。否则,即与最高人民法院在审理“招商银行大连东港支行与大连振邦集团、大连振邦股份借款合同纠纷案”(以下简称“招商银行案”)时区分内外部法律关系,将违反《公司法》第16条第1款,[1]未经股东会决议程序,公司对外缔结的担保合同判定有效的裁判理路相悖。[2]

(二)“东北石油大学案”[3]

1.案情概要与裁判经过

2002年4月11日,黑龙江省国资委批复同意东北石油大学[4]在整体搬迁后,在履行国有资产评估手续的前提下,有偿转让其安达校区国有资产。经专业机构评估,安达校区资产价值为7764万元,黑龙江省国资委批复确定资产有偿转让价格为6500万元。2002年7月至2003年3月,东北石油大学与深圳新世纪公司先后签订《买卖意向书》《置换合同》《补充合同》,约定新世纪公司出资6500万元在石油大学新校区承建体育馆等工程;作为置换,东北石油大学安达校区资产在新世纪公司承建工程竣工验收后归其所有。以上合同签订后,双方办理了房屋产权转移登记手续,新世纪公司向东北石油大学支付2000万元工程款,但未实际承建石油大学新校区有关工程项目。

2006年6月3日,东北石油大学与新世纪公司签订《会议纪要》,对《置换合同》《补充合同》的执行作出调整,约定原定由新世纪公司承建的工程改由东北石油大学自行建设,6500万元建设资金分两期支付,第一期支付4000万元,剩余的2500万元在双方后续合作开发工程项目盈利中优先支付,若东北石油大学无法提供后续项目,则新世纪公司在付清4000万元建设资金后,视为合同执行完毕。《会议纪要》签订后,新世纪公司未再支付任何资金,东北石油大学新校区工程项目亦未开工建设。东北石油大

---

〔1〕《公司法》第16条第1款规定:“公司向其他企业投资或者为他人提供担保,依照公司章程的规定,由董事会、股东大会决议;公司章程对投资或者担保的总额及单项投资或者担保的数额有限额规定的,不得超过规定的限额。”

〔2〕参见最高人民法院(2012)民提字第156号民事判决书。

〔3〕参见最高人民法院(2015)民二终字第129号民事判决书。

〔4〕2010年4月1日,经教育部批准,大庆石油学院更名为东北石油大学,为行文方便,文中统一称作东北石油大学。

学遂向黑龙江省高级人民法院起诉，请求判令新世纪公司支付剩余转让价款4500万元及利息。

黑龙江省高级人民法院一审认为，《会议纪要》关于第二期2500万元转让款支付条件的约定，因违反事业单位国有资产评估、处置相关规定并损害社会公共利益而判定无效，遂判令新世纪公司向东北石油大学支付剩余转让价款4500万元及利息。新世纪公司不服，上诉至最高人民法院。

最高人民法院于2015年12月作出终审判决，认为我国现行法律、行政法规并无有关学校国有资产处置的效力性强制性规范，东北石油大学安达校区固定资产虽属国有资产和社会公共教育资源，但案涉资产的处分既未损害社会公共秩序，也未损害社会的善良风俗，并无证据证明《会议纪要》的约定造成了国有资产流失，不宜将东北石油大学管理的国有资产利益等同于《合同法》第52条[1]所称的国家利益或者社会公共利益。据此撤销一审判决，改判新世纪公司向东北石油大学支付剩余转让价款2000万元及相应的利息。

2. 合同效力判定检讨

因不存在关于事业单位国有资产转让事宜法律、行政法规的羁绊，"东北石油大学案"遂转向传统私法路径与逻辑展开：一是确认参与市场交易之事业单位的私法主体身份，从而有权自主决定其名下资产的转让事宜，即"该资产的转让系东北石油大学与新世纪公司作为平等的民事主体在平等协商的基础上自愿进行的有偿转让"；二是放弃将国有资产等同于"公共利益"的传统思维，认为"案涉资产的处分既未损害社会公共秩序，也未损害社会的善良风俗"。在此基础上，将是否存在"国有资产流失"事实定性为举证责任问题，认为"并无证据证明《会议纪要》的约定造成了国有资产流失"。基于以上三项理由，判定讼争合同有效。

以上阐释看似无懈可击，实际上却存在致命的合法性缺陷，讼争合同应判定为无效合同，理由如下。

首先，东北石油大学不具备转让划拨土地使用权的缔约资格。根据《土地管理法》第58条第4项的规定，[2]高校迁址后，老校区划拨土地使用权应由政府无偿收回。《城镇国有土地使用权出让和转让暂行条例》（以下简称《土地使用权暂行条例》）第45

---

〔1〕《合同法》第52条规定："有下列情形之一的，合同无效……（四）损害社会公共利益……"

〔2〕《土地管理法》第58条规定："有下列情形之一的，由有关人民政府土地主管部门报经原批准用地的人民政府或者有批准权的人民政府批准，可以收回国有土地使用权……（四）因单位撤销、迁移等原因，停止使用原划拨的国有土地的……"

条第1项[1]亦明确将能够以补缴土地出让金方式转让划拨土地使用权和地上建筑物所有权的主体限定于"公司、企业、其他经济组织和个人"。作为事业单位的高校显然不属于以上主体范围,因此东北石油大学不具备转让划拨土地使用权的缔约资格,这属于权利能力欠缺问题,政府亦无权批准赋予,故讼争合同不能参照《最高人民法院关于审理买卖合同纠纷案件适用法律问题的解释》第3条规定的无权处分规则判定有效,[2]而只能判定为无效。其实,我国现行法亦不乏体现以上精神的规定,如《中华人民共和国担保法》(以下简称《担保法》)第9条即禁止以公益为目的的事业单位充当保证人,[3]《最高人民法院关于适用〈中华人民共和国担保法〉若干问题的解释》第3条更是明确规定事业单位缔结的担保合同无效,[4]事业单位提供担保尚且无效,直接转让土地使用权反而有效,逻辑上显然是说不通的。

其次,东北石油大学转让国有资产损害公共利益。《合同法》第52条第4项在本案充当着阻止错误结果的"最后一道防线",但最高人民法院却一笔带过:"不宜将东北石油大学管理的国有资产利益等同于《中华人民共和国合同法》第五十二条所称的国家利益或者社会公共利益。"既然如此,那么就意味着无论国有资产流失与否均不会因损害国家抑或公共利益致合同无效,那又何必强调"并无证据证明《会议纪要》的约定造成了国有资产流失"呢?况且,包括宪法在内的现行法律法规均规定国有资产由国家代表全民所有,尽管这种规制方式存在一系列难以自圆其说的私法逻辑缺陷,[5]但直接否定国有资产与公共利益关联恐怕只会带来更多的合法性疑问。

三、行政审批泛化裁判思维:个案表现、负面效应与应然取向

(一)行政审批泛化裁判思维的个案表现

我国经济体制改革的目标之一是要塑造全国统一的市场体系,实现资源要素在全

---

[1] 《土地使用权暂行条例》第45条规定:"符合下列条件的,经市、县人民政府土地管理部门和房产管理部门批准,其划拨土地使用权和地上建筑物,其他附着物所有权可以转让、出租、抵押:(一)土地使用者为公司、企业、其他经济组织和个人……"

[2] 《最高人民法院关于审理买卖合同纠纷案件适用法律问题的解释》第3条规定:"当事人一方以出卖人在缔约时对标的物没有所有权或者处分权为由主张合同无效的,人民法院不予支持。出卖人因未取得所有权或者处分权致使标的物所有权不能转移,买受人要求出卖人承担违约责任或者要求解除合同并主张损害赔偿的,人民法院应予支持。"

[3] 《担保法》第9条规定:"学校、幼儿园、医院等以公益为目的的事业单位、社会团体不得为保证人。"

[4] 《最高人民法院关于适用〈中华人民共和国担保法〉若干问题的解释》第3条规定:"国家机关和以公益为目的的事业单位、社会团体违反法律规定提供担保的,担保合同无效。"

[5] 参见张力:《国家所有权遁入私法:路径与实质》,载《法学研究》2016年第4期。

国范围内的高效流转,因此,旨在实施国家管制、抑制市场自由的行政审批只能由法律、行政法规设置,这正是《行政许可法》第14条、第16条和《最高人民法院关于适用〈中华人民共和国合同法〉若干问题的解释(一)》第9条分别将行政许可、行政审批的法源依据限定于法律、行政法规的法理依据。"陈某某案"之所以认定讼争合同为"应当办理批准手续的合同",乃是以《暂行条例》第23条和第24条规定为实定法依据,"东北石油大学案"之所以未将《会议纪要》作相同认定,乃是因一审法院援用作为裁判依据的《国有资产评估管理办法施行细则》《行政事业单位国有资产处置管理实施办法》《黑龙江省行政事业单位国有资产管理暂行办法》等文件均非法律、行政法规。

"陈某某案"固然呈现出浓厚的国家管制色彩,中烟总公司的批复直接决定了国有股转让合同的生死。"东北石油大学案"虽"幸免"于审批程序,但呈现的却是一种"非此即彼"的单向裁判思维:既然法律法规没有规定事业单位国有资产转让须经审批,那么未经审批的合同自然应认定为有效,至于作为合同缔结基础和前提的重要问题——东北石油大学是否具备缔约资格,则被过度强烈的行政审批思维所遮蔽而遭忽视。从这个意义上来说,"东北石油大学案"不过是行政审批泛化裁判思维的另一种表现形式,两案的裁判思路具有内在逻辑上的一致性。正如上文判例评释所言,行政审批在两案中其实是一个本不存在的"伪问题",完全是根深蒂固的行政审批泛化裁判思维蒙蔽了最高人民法院正确识别和适用法律的双眼。

(二)行政审批泛化裁判思维的负面效应

行政审批泛化裁判思维的实质是司法权在面对行政权之时的过度自我谦抑与无原则退让,致使司法审判沦为"背书""漂白"各种违规行为的工具,势必严重阻碍各项市场化改革部署的深入推进。

首先,"陈某某案"恐将制约民营资本参与国企混改的意愿。新一轮混改战略绝非沿袭以往单纯调整国企股权结构的老路,而是旨在以民营资本参与所带来的"鲶鱼效应",据以实现公司治理机制健全完善的前景。但预期改革目标能否实现,首先即取决于民营资本参与混改的意愿如何。尽管党的十八届三中全会早已作出"鼓励非公有制企业参与国有企业改革,鼓励发展非公有资本控股的混合所有制企业"的战略部署,[1]然而,当陈某某购买仅占云南白药12.32%的已发行股份,并未流露任何谋求取代国有股控股地位的动机之际,却遭遇重重障碍,若民营资本试图将取得控制权设定为参与混改的前提条件,那简直无异于"与虎谋皮"了。显然,如果无法突破国有资产转让传统思维以及体制机制的束缚,那么对既有利益格局冲击更加剧烈的国企混改战

[1] 参见《中共中央关于全面深化改革若干重大问题的决定》(2013年11月12日)。

略必将陷入举步维艰的境地。

其次,"东北石油大学案"可能会带来事业单位国有资产流失隐患。事实上,早在2007年10月至11月,教育部与国土资源部就曾就高校与开发商缔结划拨土地使用权转让合同是否合规爆发过激烈的"口水战"。[1] "东北石油大学案"的裁判结果无异于对以上违规行为的"漂白"和"背书",由此给国有资产安全带来隐患。依照前述规定,高校迁址后,老校区由政府无偿收回,政府再依据城市规划实施土地使用权出让。尽管《土地使用权暂行条例》第13条列举规定了合同、招标、拍卖三种出让方式,但各地方政府普遍要求用于商业开发项目的出让必须采用"招拍挂"形式,[2]旨在防范国有资产流失和权力寻租现象。"东北石油大学案"采取的则是省略"招拍挂"环节直接缔约的转让方式,甚至再以《会议纪要》变更付款条件,若东北石油大学此后未能为新世纪公司提供后续工程建设项目,第二期2500万元即无须支付,则新世纪公司最终将以4000万元的对价取得安达校区评估价值达7764万元的资产,错误裁判思路给国有资产安全造成的隐患由此可见一斑。

(三)国家管制与契约自由关系辨识

合同的效力评价属于价值判断,体现着合同法承载的公共选择,是规范当事人与国家间的关系以及在当事人之间分配利益与负担的核心技术机制。关于行政审批与合同效力的不同立场折射出平衡私人自治与国家管制的不同技术路线。[3] 一般认为,公法的规范对象是国家与私人之间的关系,私法的规范对象是私人之间的关系,公私法各有其规范领域,理念形成与概念发展脉络"泾渭分明",二者理应不会也不该有规范冲突问题。[4] 果真如此,则很容易就可得出行政审批与合同效力二者之间不存在任何逻辑关系的结论:行政权的行使遵循"法无授权即禁止"原则,在合同满足法律行为一般生效要件,亦不违反强制性规定,不损害国家社会公共利益的情况下,行政机关即没有理由不予批准,否则就构成权力滥用。反之,若合同存在以上无效事由,本就自始无效、绝对无效,又何须留待行政审批加以认定?故合同不可能因经过行政审批而绝

---

[1] 参见舒圣祥、毕诗成、盛大林:《高校土地置换到底合不合法》,载《中国改革报》2007年11月23日,第3版。

[2] 例如,《上海市土地使用权出让办法》第14条第2款规定:"用于商业、旅游、娱乐、金融、服务业、商品房等项目的土地使用权出让,应当通过招标、拍卖方式进行,但经市人民政府批准以合同方式出让土地使用权的特殊情形除外。"

[3] 参见蔡立东:《行政审批与权利转让合同的效力》,载《中国法学》2013年第1期。

[4] 参见苏永钦:《从动态法规范体系的角度看公私法的调和——以民法的转介条款和宪法的整合机制为中心》,载《月旦民商法杂志》特刊号2003年3月。

对有效，亦不可能因未经审批而绝对无效。

但是，现代社会已然呈现公私领域同时扩张的趋势，而非“此消彼长”式的“零和博弈”，遂形成越来越多的交错地带，应然面的法律体系也很自然地从公私法的二元变成多元：规范水平关系的民法在一定情形须以公法的决定或行政行为为基础，即以其为构成要件的一部分，或赋予公法上的效果；或者反过来，规范垂直关系的行政法，以一定的民事关系为其公权力行使的构成要件，或赋予一定的私法形成效力。[1] 资源配置方式从国家计划转向市场自由的进程必然伴随着制度理念的深刻变迁，行政审批与合同效力之间的关系亦当然呈现出多元化趋势。有学者指出，法律是社会中各种利益冲突的表现，是人们对各种冲突的利益进行评价后制定出来的，实际上是利益的安排和平衡。某一法律制度本身所追求的或者所凝固的制度利益是其核心价值，深刻地影响着该制度的生存与发展。[2] 因此，欲准确判定行政审批对合同效力的影响，就必须首先甄别法律法规设置审批的立法目的何在，是否为维护国家社会公共利益所必需，预测不经审批而径直履行的结果又如何？也就是说，司法审判必须首先完成利益权衡的先导性作业，而不能在行政审批泛化裁判思维的引导下，将任何未经审批的合同一概判定为“未生效”，否则无异于将司法权拱手让与行政机关。

事实上，最高人民法院以往并不缺乏辨别立法目的以确认合同效力的经验和意识，比如，尽管司法解释关于“效力性强制性规定”和“管理性强制性规定”的区辨颇遭学者诟病，[3]但至少已经意识到“强制性规定”与合同效力之间关系多样性的存在，那么未经行政审批的合同为什么就只能是唯一的效力状态呢？

四、国有资产监管模式反思：事前审批与事后监管的取舍

（一）“国有资产流失”顾虑与“陈某某案”裁判结果

“国有资产流失”顾虑在“陈某某案”中表现得尤为典型，中烟总公司即是以此为由否决了讼争股份交易。诚然，双方缔约之际约定的股份转让价款为22亿多元，至二审期间的2013年10月底，讼争股份已增值至80亿元，[4]中烟总公司“防止国有资产流失”的否决理由似乎并无不妥。但是，双方当事人缔约时间为2009年9月，中烟总公司批复时间为2012年1月，相隔时间长达28个月，讼争股份高达近4倍的溢价正是在逐

---

〔1〕 参见苏永钦：《寻找新民法》，北京大学出版社2012年版，第249～254页。

〔2〕 参见梁上上：《制度利益衡量的逻辑》，载《中国法学》2012年第4期。

〔3〕 参见黄忠：《违法合同的效力判定路径之辨识》，载《法学家》2010年第5期。

〔4〕 参见缪因之：《国有股转让合同审批要求对合同效力之影响——以“史上最大股权纠纷”为例》，载《中外法学》2015年第5期。

级请示与批准的过程中发生的。我们自然理解中烟总公司否决讼争交易的苦衷,毕竟“达摩克利斯之剑”足以震慑任何胆敢批准将价值80亿元的国有股以22亿元“贱卖”的单位或个人。如果说最高人民法院在“陈某某案”的审理中也存在与中烟总公司同样的不得已苦衷,我们假定前文“招商银行案”中作为保证人的大连振邦股份亦为国有控股公司,那么同样的担忧难道就不存在了吗?“陈某某案”的裁判日期是2014年7月,“招商银行案”的裁判日期虽然是2014年4月,但该案刊登于《最高人民法院公报》2015年第2期,故裁判思路“改进”或“完善”的辩解也是说不通的。

然而,理解中烟总公司和最高人民法院的以上“苦衷”却不等于可以使交易当事人陈某某的利益受损:坐视股份溢价却只能“望梅止渴”“画饼充饥”,他又何其无辜?股票涨跌均属资本市场常态,如果讼争股份市值跌破转让价,想必中烟总公司批复同意转让的可能性将因“国有资产流失”顾虑的消解而大大提高。但这样一来,讼争股份将因中烟总公司“运动员”与“裁判员”的双重身份而成为“旱涝保收”的“铁杆庄稼”,“政企分开”将随之沦为空洞的口号宣示。

如果只是将以上负面效应归咎于行政审批效率的低下,那就无疑陷入了“头疼医头脚疼医脚”的狭隘视野,如何塑造兼顾效率与安全的国资监管新模式才是该案更富价值的启示。尽管“陈某某案”与“东北石油大学案”转让的标的物均是国有资产,但二者在现行制度体系中的定性和规范依据却不尽相同,[1]学界一般将前者称作企业经营性资产,将后者称作事业单位非经营性资产,[2]下文即依照该分类分别论述。

(二)企业经营性国有资产

有学者发现,现有国资监管体制将传统国企监管措施与现代公司治理机制熔于一炉,针对管理者的监管措施之多、之严超过了任何一个私人公司,集中体现于有权监督公司管理者的部门和群众是如此之多:上级主管部门(党和国家机关)有权监督他们,本公司的监事会、审计部门、纪检部门和基层职工有权监督他们,检察机关和反贪机关也有权监督他们。国有公司负责人的任命通常需要党委和人事部门历时数月的层层筛选和考察,而其离任时则必须通过“离任审计”。[3] 但这些监管机制的运行效果并

---

[1] 《企业国有资产法》第2条规定:“本法所称企业国有资产(以下称国有资产),是指国家对企业各种形式的出资所形成的权益。”财政部《事业单位国有资产管理暂行办法》第3条规定:“本办法所称的事业单位国有资产,是指事业单位占有、使用的,依法确认为国家所有,能以货币计量的各种经济资源的总称,即事业单位的国有(公共)财产。”

[2] 参见孟勤国、黄莹:《论非经营性国有资产的制度改革》,载《社会科学战线》2012年第1期。

[3] 参见王军:《论国有企业所有权的内部约束机制》,载车丕照主编:《清华法学》(第8辑),清华大学出版社2006年版,第97页。

不理想,"上级监督太远,同级监督太软,下级监督不敢"的现象依旧普遍存在。[1] 学界公认,所有者缺位、代理链条过长导致的高代理成本是国企效率低下的主要成因,造成现有国企监督机制效果不彰的缘由亦然,[2]那么,将防止国有资产流失寄希望于行政审批的层层"把关",效果如何恐怕也可想而知。2003 年后,自国务院至地方各级政府均成立了专门的国资监管机构,以期破解国企出资人缺位问题,但实践中却出现诸多违法违规的监管"乱象",[3]而且各级国资委的权力是如此之大,但其身份属性却处于非行政机关,亦非事业单位、企业法人抑或社会团体的不明状态,以至于有学者发出"谁来监督国资委"的浩叹。[4] 可见,寄希望于国资监管机构履行国资转让合同行政审批职能不仅难免"政企不分"之嫌,而且亦会因未能彻底破解"委托—代理"链条过长的旧问题,从而直接影响国有资产的利用效率与运行安全。

党的十八届三中全会要求组建若干国有资本运营公司,国资监管要从"管资产"转向"管资本"。[5] 这意味着国资监管体制应坚持市场化导向,监管对象不再限定于具体资产,而是无差别的资本和股权,从而通过完善的公司治理结构和由此形成的决策机制,[6]依据公司法人逻辑实施国有资产的市场化运作。既然如此,无论国有独资、控股抑或参股公司,处置转让国有资产时,只需依据公司章程规定权限,由董事会或者股东会作出相关决议即可,至于公司法定代表人未经决议擅自缔结的合同,则依据《合同法》第 50 条[7]规定的越权代表规则处理,从而与前文"招商银行案"的裁判思路保持连续性。这就是说,国有资本运营公司应依托公司内部治理机制而非行政审批防范国有资产流失,董事会抑或股东会才是符合市场和法治逻辑的权利行使主体。至于公司

[1] 参见郑志刚:《对公司治理内涵的重新认识》,载《金融研究》2010 年第 8 期。

[2] 参见武常岐、张林:《国企改革中的所有权和控制权及企业绩效》,载《北京大学学报》(哲学社会科学版)2014 年第 5 期;剧锦文:《国有企业推进混合所有制改革的缔约分析》,载《天津社会科学》2016 年第 1 期。

[3] 例如,2010 年 3 月 18 日,国务院国资委违反《企业国有资产法》第 14 条第 2 款和《暂行条例》第 10 条规定权限,要求 78 家不以房地产为主业的央企在完成自有土地开发和已实施项目等阶段性工作后,要逐步退出房地产开发领域,最终却不了了之。

[4] 参见年志远、夏元琦:《完善对国有资产监督管理机构的监管研究》,载《经济体制改革》2016 年第 4 期。

[5] 参见 2013 年 11 月 12 日《中共中央关于全面深化改革若干重大问题的决定》。

[6] 参见廖红伟、张楠:《论新型国有资产的监管体制转型——基于"管资产"转向"管资本"的视角》,载《江汉论坛》2016 年第 3 期。

[7] 《合同法》第 50 条规定:"法人或者其他组织的法定代表人、负责人超越权限订立的合同,除相对人知道或者应当知道其超越权限的以外,该代表行为有效。"

高管越权擅自缔结国资转让合同致使国有资产流失的情形,现行法律法规编织的民事、行政、刑事责任网络已足够严密,严格依法依规处理即可。

据此,“管资产”转向“管资本”意味着国资监管应由“事前监管”转向“事后监管”,虽然尚无实证数据验证究竟何者更有利于防范国有资产流失,但数十年计划经济体制下资源配置利用的低效率与浪费早已是不争的事实,由此导致的资产“缩水”与流失并无本质区别。况且,以行政审批为代表的“事前监管”更可能沦为权力寻租的渊薮,[1]甚或异化为不法分子合谋私利的诱因。

(三)事业单位非经营性国有资产

“东北石油大学案”的发生源自于1999年国家实施高校扩招政策,以及随之而来的各高校纷纷以“土地置换”方式弥补财政拨款不足、缓解新校区建设债务压力的时代背景。所谓“土地置换”,是指通过土地功能布局调整、土地整理等各种过程和行为,而使不同权属之间、不同用途之间、不同区域之间的土地进行交换配置的情况。[2] 土地置换有效缓解了高校扩招后办学空间狭窄的问题。例如,河南省1999年在校生14.6万人,2005年达到85万人,在此期间,校舍面积亦由622万平方米增加到2300多万平方米,而同期省财政拨付的全省高校基建经费仅有3000万元。[3]

有学者经实证考察,梳理出当前各地高校实施土地置换主要采取两种方式:一是商业置换,就是由作为土地使用权人和地上建筑物所有权人的高校直接与开发商缔结合同,补缴土地出让金、变更土地用途后,办理登记过户手续。二是政府收储,就是把要置换的老校区土地、校舍交由当地土地储备中心,由地方政府用于城市统一规划和建设。[4] 如前所述,“东北石油大学案”采取的商业置换方式在我国现行法律法规体系内是违规的,有的高校之所以明知违规还“乐此不疲”,主要源于经济利益驱动,因为地方政府往往会将土地置换收益全额返还高校。例如,河南省人民政府办公厅于2005年9月28日就高校土地置换问题发出专门通知,要求“新校区建设留有缺口或贷款数额较大的,老校区土地置换收益全部用于学校新校区建设。各地政府要及时将高校老

---

〔1〕 参见王克稳:《行政审批(许可)权力清单构建中的法律问题》,载《中国法学》2017年第1期。

〔2〕 参见汪韬、文东茅:《高等学校土地置换研究——一个产权视角的案例分析》,载《国家教育行政学院学报》2005年第1期。

〔3〕 参见石玉:《高校土地置换风潮背后》,载《第一财经日报》2006年1月25日,A4版。

〔4〕 参见陈浩:《高校老校区土地置换问题研究》,厦门大学教育经济与管理专业2012年硕士学位论文,第15~18页。

校区土地出让所得资金按规定上交财政部分全额返还高校，用于新校区建设”。[1] 然而，商业置换模式“招拍挂”环节的缺失却严重威胁着国有资产安全，有的高校和有的地方政府的热衷和“追捧”很可能是以牺牲国家利益为代价的。

学者在论及国土资源管理部门成为腐败“重灾区”的成因时，普遍将之归咎于我国现行国有资源出让制度中以“审批 + 合同”为主要表现形式的“双轨制”，[2] 因此，防止国有资产流失的关键在于坚持市场化改革方向，彻底破除“双轨制”。[3] 关于事业单位除划拨土地使用权之外的其他非经营性国有资产转让方式，当前亦正是遵循市场化方向展开的，依据财政部《事业单位国有资产管理暂行办法》第 28 条第 2 款，若转让资产数量较多或价值较高，须通过拍卖等市场竞价方式公开处置。[4] 虽然“招拍挂”亦未必是杜绝权力寻租和国有资产流失现象的“灵丹妙药”，但较之以往寄希望于权力集中所形成的“事前监管”模式，市场导向的“事后监管”模式显然更有助于提升国有资产的安全性，这也正是转变政府职能的初衷所在。

五、结论

关于行政审批与合同效力关系的不同回答，折射出国家管制与契约自由两种理念的激烈交锋。行政审批种类繁多、设置目的各异的制度现实决定合同不可能只有唯一的效力选项，“未生效说”无法涵盖所有未经行政审批合同的效力状态。例如，根据财政部《事业单位国有资产管理暂行办法》第 25 条规定，事业单位转让国有资产应履行审批手续，[5] 但因现行法律法规并未限制事业单位转让划拨土地使用权之外其他国有资产的缔约资格，故未经审批的合同一般应判定有效。再如，若是符合《土地使用权暂行条例》第 45 条第 1 项限定的“公司、企业、其他经济组织和个人”缔结划拨土地使用权转让合同，依照无权处分规则和物权变动“区分原则”，当事人未补缴土地出让金并经审批前，合同应判定为有效，只是尚不能办理过户登记。至于市场资格准入、国有自

---

〔1〕 参见《河南省人民政府办公厅转发省教育厅等部门关于切实做好高等学校老校区土地置换工作意见的通知》（豫政办〔2005〕83 号）。

〔2〕 参见郄建荣：《国土资源部门已成为腐败易发高发领域，国土部：三年遏制腐败高发》，载《法制日报》2010 年 4 月 1 日，第 6 版。

〔3〕 参见王克稳：《论行政审批的分类改革与替代性制度建设》，载《中国法学》2015 年第 2 期。

〔4〕 《暂行办法》第 28 条第 2 款规定：“事业单位出售、出让、转让、变卖资产数量较多或者价值较高的，应当通过拍卖等市场竞价方式公开处理。”

〔5〕 《暂行办法》第 25 条规定：“事业单位处置国有资产，应当严格履行审批手续，未经审批不得自行处置。”

然资源配置、危险控制等属于行政许可的审批事项,亦应根据《行政许可法》的规定,仔细甄别每种审批的设置目的,以讼争合同是否有损国家、社会、公共利益为依据,分别判定其效力问题。

互联网金融宏观审慎管理的哲学辨思

王怀勇[*]　钟文财[**]

目　次

2018年5月由中国人民银行等九部委共同编制的《"十三五"现代金融体系规划》（以下简称《规划》）明确提出要探索将互联网金融等金融活动纳入宏观审慎政策框架，实现宏观审慎管理和金融监管对所有金融机构、业务、活动及其风险的全覆盖。这既意味着互联网金融在整个现代金融体系中的定位和作用更加明晰，业已成为新时代金融生态不可或缺的一部分，又预示着关于互联网金融的风险防范日趋必要和迫切。然而，遗憾的是，与以往关于互联网金融的合法性和合规性的火爆研究状况[1]相比，目前

* 西南政法大学中国农村经济法制创新研究中心研究员、教授、博士研究生导师，法学博士。

** 西南政法大学经济法学专业博士研究生。

基金项目：2015年教育部人文社科研究一般项目"互联网金融监管的思维变革与制度创新"（15YJA820030）、西南政法大学经济法学科"两江学者"团队课题资助。

〔1〕 笔者以"互联网金融"为关键词在中国知网上搜索，结果显示相关文章总数为42,647篇，其中2012年66篇，2013年2429篇，2014年8602篇，2015年10,973篇，2016年10,300篇，2017年7288篇，2018年2927篇。另外，以"第三方支付"为关键词搜索，结果显示相关文章总数为9525篇；以"股权众筹"为关键词搜索，结果显示相关文章总数为2541篇；以"网络借贷"为关键词搜索，结果显示相关文章总数为6427篇；最后搜索时间为2018年8月9日。

针对互联网金融宏观审慎管理[1]的研究仍属起步阶段,成果可谓少之又少。[2] 此外,既往互联网金融研究中暴露出的弊病在互联网金融宏观审慎管理的研究中也呈现出了强大的路径依赖。因此,本文立足哲学之维,旨在溯本清源,力图从本体论、认识论和价值论的层面厘清将互联网金融纳入宏观审慎政策框架应当避免的问题,以免重蹈"其说纷纷,其法匮匮"的覆辙,以期借助理论的深化推进现代金融监管体系的建立与金融风险防控处置体系的筑牢。

一、本体之维:概念的名实之争与理想类型

在哲学层面,本体论是对世界万物本原之探究与系统化的解释,该"求真"之努力首先体现在概念化的精确描述(explicit specification of a conceptualization),[3] 即对基本概念的追问。虽然恩格斯曾断言:"在科学上,一切定义都只有微小的价值",[4] 但对于本体论得以重新发展的信息科学领域[5]而言,将逐步迈向智能化的互联网金融纳入宏观审慎政策框架,需要使以逻辑概念为基础的宏观审慎框架更具涵摄力,并构建一个本体来描述互联网金融这一复杂系统。这时在逻辑上首先绕不开的问题就是"宏观审慎"和"互联网金融"的本质是什么,二者是否互洽? 换言之,明晰互联网金融与宏观审慎政策框架的内涵和外延,是应答互联网金融纳入宏观审慎管理的首要步骤。

(一)宏观审慎

目前,关于宏观审慎之本体的探讨大多以克罗基特(Crockett,2000年)和博里奥

---

〔1〕 学界对宏观审慎的研究主要是从其与微观审慎监管的区别而展开。然而,十九大报告已确认其与货币政策均属于宏观调控范畴,并且《"十三五"现代金融体系规划》和中国人民银行2009年第三季度货币政策执行报告、《中国金融稳定报告(2010)》等若干正式文件中均采用"宏观审慎管理"或"宏观审慎政策框架"的表述,而未采用"宏观审慎监管"的表述。在英文文献中也较少使用"Macro-prudential regulation",即使有,也是在广义金融监管的范畴。概言之,虽然宏观审慎管理是微观审慎监管的延伸和发展,两者均属于广义的金融监管范畴,并且在许多情况下只是工具适用上标准不同而已,但两者分属宏观调控和狭义的金融监管范畴,在价值诉求、操作目标、实施对象、内在逻辑、进路和所对治的风险类型和特征等方面均有显著差别,因此还是有必要作一定的区分。基于以上分析,本文采用"宏观审慎管理"或"宏观审慎政策框架"的表述。

〔2〕 以"互联网金融"和"宏观审慎"为关键词在中国知网搜索,得到以下四篇相关文章:张黎娜、千慧雄:《如何将互联网金融业务纳入宏观审慎管理框架——基于宏观审慎政策框架理论和实践的分析》,载《上海金融》2017年第11期;李斯文:《互联网金融系统性风险的宏观审慎监管研究》,载《金融经济》2016年第5期;刘志洋:《互联网金融监管"宏观—微观"协同框架研究》,载《金融经济学研究》2016年第2期等。

〔3〕 See Thomas R. Gruber, Toward Principles for the Design of Ontologies Used for Knowledge Sharing, Stanford University, Tech Rep: KS L-93-04, 1993, p. 1.

〔4〕 叶卫平:《反垄断法价值问题研究》,北京大学出版社2012年版,第9页。

〔5〕 参见李善平等:《本体论研究综述》,载《计算机研究与发展》2004年第7期。

(Borio,2003 年)的观点为蓝本,理论探讨和监管实践成果丰硕。不难发现,相关理论探讨更多的是以问题和目的为导向,在其与微观审慎监管[1]和传统货币政策[2]的区别和联系中把握宏观审慎的本质和内涵。而其中的首要问题便是往往将宏观审慎表述为“宏观审慎监管”。更为致命的便是普遍强调国际上关于宏观审慎管理分析式或统一的定义仍暂付阙如。其似乎期待通过概念发掘本质,运用逻辑演绎,一劳永逸地解决所有问题。

普遍达成共识的是,宏观审慎以金融安全为价值诉求,秉承“微观审慎性的总和不等于宏观审慎性”[3]的内在逻辑,以系统性金融风险的防范为核心。比如,国际货币基金组织(International Monetary Fund,IMF)、金融稳定委员会(Financial Stability Board,FSB)和国际清算银行(Bank for International Settlements,BIS)均将宏观审慎政策定义为对系统性金融风险的防范。[4] 简单来说,系统性金融风险是由内生影响因素引发的金融服务中断、使实体经济和福利受到负向溢出的潜在风险。[5] 也许,正是由于风险的本质就是一种不确定性和可能性,而在金融体系这一有着混沌效应的非线性复杂系统中,宏观层面的系统性风险则更是长着一张“普洛透斯”的脸,对其进行把握更像是“盲人摸象”。这也导致各国具体的分析系统和政策工具系统具有相当大的差异性和不确定性。因此,宏观审慎政策框架至今仍是一个颇具“地方性知识”特性和“动态发展的框架”。[6]

(二)互联网金融

互联网金融的本质也是一个众说纷纭的问题。从内容与形式的基本范畴来看,互

---

〔1〕 参见王力伟:《宏观审慎监管研究的最新进展:从理论基础到政策工具》,载《国际金融研究》2010 年第 11 期;史建平、高宇:《宏观审慎监管理论研究综述》,载《国际金融研究》2011 年第 8 期;邹传伟:《银行宏观审慎监管的基础理论研究》,中国人民银行金融研究所金融学专业 2013 年博士学位论文,第 1 页。

〔2〕 国际上有较多学者认为,宏观审慎的提出不仅与微观审慎相对应,更是弥补了持“物价稳定就能兼顾金融稳定”和“事后救助论”的传统货币政策在目标上对于金融稳定的关注不足。参见王晓、李佳:《金融稳定目标下货币政策与宏观审慎监管之间的关系:一个文献综述》,载《国际金融研究》2013 年第 4 期。

〔3〕 周小川:《金融政策对金融危机的响应——宏观审慎政策框架的形成背景、内在逻辑和主要内容》,载《金融研究》2011 年第 1 期。

〔4〕 See IMF-FSB-BIS, “Elements of Effective Macroprudential Policies: Lessons from International Experience”, Accessed August 9, 2018. https://www.imf.org/external/np/g20/pdf/2016/083116.pdf.

〔5〕 参见章秀:《我国系统性金融风险的计量研究》,吉林大学商学院数量经济学专业 2016 年博士学位论文,第 90 页。

〔6〕 周小川:《金融政策对金融危机的响应——宏观审慎政策框架的形成背景、内在逻辑和主要内容》,载《金融研究》2011 年第 1 期。

联网金融的本质必然是由“金融本质属性的不变性与金融形式可变性要求共同决定的”。[1] 被视为顶层设计的《关于促进互联网金融健康发展的指导意见》(以下简称《指导意见》)首先明确“互联网金融本质仍属于金融”。然而,这对于互联网金融这一概念的内涵和外延的确定似乎帮助并不大。确切地说,互联网金融并不是一个“法律概念”。[2] 学界对于“互联网金融”的本质探讨深受经济学功能主义方法的影响,主要分为以下两类:一类是“新业态说”,认为互联网金融不同于金融互联网化,[3] 是与商业银行和证券市场两种金融模式并列的第三种模式,需要用“充分的想象力来理解”。[4] 显然,这类观点过分拔高了长期金融抑制政策下互联网金融创新之意义,严重缺乏“现实感”。[5] 另一类是“延伸说”,认为互联网金融未改变金融交易的本质,其以互联网为工具,[6] 只改变了金融交易的范围、人数、金额和环境,并非真正意义上的“新金融”。[7] 而按照《指导意见》之定义,[8] 互联网金融的主要业务模式包含传统金融互联网化(泛渠道业务)、互联网企业金融化和传统金融机构与互联网金融企业融合发展三种模式。可见,面对均有局限的两种认识,当前监管当局把“新业态说”和“延伸说”强行统一在“互联网金融”的谱系概念下,使之几乎可以囊括互联网时代绝大部分的金融活动。但问题在于如此宽泛无边的定义与现实中所探讨的“第三方支付”“股权众筹”等具体类型的“小”业态形成强烈不对称,使“互联网金融”概念庸俗化,很难引导出有意义的统一制度建构结果。在“智能金融”被纳入《新一代人工智能发展规划》,并被视为互联网金融的未来之路和“2.0版本”情况下,更是如此。

如此一来,互联网金融也不是一个规范的国际用语,[9] 无法进行广泛而深入的国

[1] 李爱君:《互联网金融的本质与监管》,载《中国政法大学学报》2016年第2期。

[2] 彭岳:《互联网金融监管理论争议的方法论考察》,载《中外法学》2016年第6期。

[3] 参见马云:《金融行业需要搅局者》,载《人民日报》2013年6月21日,第10版;贾甫、冯科:《当金融互联网遇上互联网金融:替代还是融合》,载《上海金融》2014年第2期。

[4] 参见谢平:《互联网金融是第三种模式》,载《上海经济》2014年第7期;谢平、邹传伟:《互联网金融模式研究》,载《金融研究》2012年第12期。

[5] 关于“现实感”,参见[英]以赛亚·柏林:《现实感:观念及其历史研究》,潘荣荣、林茂译,译林出版社2011年版,第3839页。

[6] 参见邱冬阳、肖瑶:《互联网金融本质的理性思考》,载《新金融》2014年第3期。

[7] 陈志武:《互联网金融到底有多新》,载《新金融》2014年第4期。

[8] 互联网金融是传统金融机构与互联网企业(以下统称从业机构)利用互联网技术和信息通信技术实现资金融通、支付、投资和信息中介服务的新型金融业务模式。参见《指导意见》第1条。

[9] 参见王国刚、张扬:《互联网金融之辨析》,载《财贸经济》2015年第1期。

际交流。[1] 在互联网金融实践活动如火如荼,学界"其说纷纷""互联网金融"的表述登堂入室进入国务院部门规章,监管当局组建国家级中国互联网金融协会[2]的情况之下,英文类学术文献和各国的金融活动和监管实践中却难见"Internet Finance"的表述。[3] 其后,为"与国际接轨",监管机构又将互联网金融视为与国际上的"Fintech"(金融科技)等同。[4] 然而,作为话语输入的后者在本体上属科技范畴,其与金融结合产生的业务模式和监管问题属于第二层次的问题。更重要的是,其内在逻辑更强调技术对金融业务的辅助、支持和优化作用,强调对金融业务的内在规律和监管要求的遵循。[5]其次,从涵盖范围、交易主体范围、交易内容范围来看,互联网金融更接近国际普遍使用的"网络金融"(Network Finance)或"电子金融"(E-Finance)。[6] 相比之下,互联网金融却又是内涵最小的概念,是否属于具有独立特征、发挥独立功能的金融运作方式,尚存质疑。若强调"高度互联"的场景思维和网络效应,则"网络金融"或许更加贴切。[7]

然而,在互联网金融的概念、内涵和外延无法确定的情况下,学界多采用"和稀泥"和"让子弹再飞一会"的态度来回避这个纠缠不清的问题。学界大多认为,互联网金融是互联网与金融的现代有机结合,是金融形式在互联网情境下的具体呈现,是"互联网

---

〔1〕 参见武长海、涂晟:《互联网金融监管基础理论研究》,中国政法大学出版社2016年版,第11页。

〔2〕 该协会英文名称为National Internet Finance Association of China,参见《中国互联网金融协会章程》第1条。

〔3〕 笔者以"Internet Finance"为关键词在*Heinonline*, *Westlaw*, *Oxford Journals*, *LexisNexis*, *JSTOR*, *SAGE Journals Online*, *Kluwer Law Online Journals*, *Legal Source*等外文数据库搜索,除Legal Source数据库搜索结果显示的2篇和外文学术资源整合服务系统(Foreign Academic Resources Retrieval System, FARS)搜索结果显示的7篇研究中国互联网金融发展的相关英文文章(大部分为中国学者所作)外,只有德国特里尔大学(University of Trier)的法律经济学教授Lars Hornuf在介绍自己研究领域时笼统地使用了与中国互联网金融相对应的"Internet Finance"概念。

〔4〕 参见中国人民银行:《中国区域金融运行报告(2017)》,2017年8月4日,第60页。在国际上,Fintech(金融科技)同样面临分析式定义缺失、宽泛定义与理想类型化的情况。例如,2017年6月27日,金融稳定理事会(FSB)发布了《金融科技对金融稳定的影响》,将金融科技定义为:金融服务领域能够引发新的商业模式、应用、程序或产品,能够对金融服务之提供产生相关的重大影响的技术致能创新。See FSB, Financial Stability Implications from FinTech: Supervisory and Regulatory Issues that Merit Authorities' Attention, 27 June 2017, p. 7.

〔5〕 参见李文红、蒋则沈:《金融科技(FinTech)发展与监管:一个监管者的视角》,载《金融监管研究》2017年第3期。

〔6〕 参见殷剑锋:《互联网金融的神话与现实》,载《上海证券报》2014年4月22日,A01版。

〔7〕 参见王国刚、张扬:《互联网金融之辨析》,载《财贸经济》2015年第1期。

统一环境下金融业务的统合性定义"[1]和多层次的概念,是金融满足社会发展需要的一个历史阶段和历史范畴。[2] 然而,该做法和态度只对抑制以往过分强调互联网金融颠覆性作用的部分学术冲动和泡沫具有批判性意义,对当前将互联网金融纳入宏观审慎政策框架的现实实践却不具有建构性意义,缺乏法律实践价值,值得反思与检讨。

由此观之,宏观审慎和互联网金融仍处于变动不居的历史性范畴中。在这种情况下,"将互联网金融纳入宏观审慎政策框架"成了一个多面性的问题域,与影子银行议题也有颇多交叉。对于这一极具探索性的命题,马克思·韦伯用以解决概念唯实论与唯名论这个老问题的"理想类型"方法[3]也许是个不错的出路。当前的问题不在于"宏观审慎""微观审慎"和"货币政策"等广义金融监管中的类型和"互联网金融"这一金融活动是否如其他具体概念那么"真实"。紧迫的任务在于确定当前问题所适用的概念与相邻概念之间的特殊性程度,如互联网金融与智能金融的界分,并对相关具体实践进行持续的动态取舍。如此,便赋予了互联网金融和宏观审慎"发展的维度"。[4]

具言之,首先,不应当再对互联网金融和宏观审慎的本质或概念进行过多的拷问,以防止陷入本质主义的陷阱。由于"互联网金融"概念的宽泛性,理应进行科学的分解,对其进行理想类型的详细划分,使问题具体化,进而纳入现有金融体系的范畴之中。该思维已为FSB采纳用于构建"Fintech"的金融稳定分析框架,其强调,虽然"金融科技"的宽泛定义对描述广泛的创新有所裨益,但仍需根据具体的创新所提供的现有主要经济功能来做进一步的细划分。[5] 如此,既能厘清金融科技相较现存的市场结构而言对金融稳定所带来的特殊影响,又能将分析的焦点置于行为和结果,而非金融科技的服务提供者或背后的技术。[6] 其次,既然本质没变,一切或者几乎一切差别都只是程度问题。宏观审慎更多的也只是标准的问题。"将互联网金融纳入宏观审慎政策框架"更多的是涉及指标和阈值的立、改、废等调适问题。与其炒作概念,轻言设立子系统,不如深入研究宏观审慎评估体系(Macro Prudential Assessment,MPA)中资本和

---

〔1〕 李真:《互联网金融体系:本质、风险与法律监管进路》,载《经济与管理》2014年第5期。

〔2〕 参见武长海、涂晟:《互联网金融监管基础理论研究》,中国政法大学出版社2016年版,第11页。

〔3〕 参见[德]马克斯·韦伯:《经济与社会》,阎克文译,上海人民出版社2010年版,第12~13页。

〔4〕 同上书,第13页。

〔5〕 该分类进路业为部分学者所采纳,如从产品视角将金融科技服务分解为"信贷提供、支付处理、建议提供、资产管理、货币发行与合规辅助"。See Rory Van Loo,"Making Innovation More Competitive: The Case of Fintech",65 *UCLA L. Rev.* 232(2018),p. 238.

〔6〕 See FSB,"Financial Stability Implications from FinTech: Supervisory and Regulatory Issues that Merit Authorities' Attention",27 June 2017,p. 7. Accessed August 9,2018. http://www.fsb.org/wp-content/uploads/R270617.pdf.

杠杆情况、资产负债情况、流动性等具体指标的可适用性和阈值的合理性。再者,继续深入研究"宏观审慎""微观审慎"和"货币政策"之间的关系。其中颇为重要的,便是将具体的监管实践和现象进行动态取舍纳入对应的范畴之中。最后,尚需对这种归类进行持续的反思和检验,即以实践为面向的经验总结和理论塑造。

二、认识之维:解构的"证伪"与建构的"最佳推理说明"

认识论是一种试图回答"你如何知道"问题的努力,该努力的重点已逐渐由知识的定义问题转向关于"确证"(justification)的葛梯尔问题。[1] 在认识论之维,"将互联网金融纳入宏观审慎政策框架"这一探索性命题将面临三大问题:一是知识的来源——海量信息的处理问题,即如何确证现实为数据所真实反映;二是在相关关系重新刻画因果概念的大数据时代,[2]如何认识和把握互联网金融的系统性风险,即如何确证事件、指标与风险之间的因果关系;三是如何选择相关"有效"的政策工具,即何以确证政策工具的有效性。

(一)海量数据的统计与分析

互联网金融的宏观审慎首先面临的便是对海量信息的统计、处理和分析难题,而大数据被视为互联网时代认识世界的新方法论。近年来,主要发达国家金融监管当局均高度重视运用大数据理念和技术手段"从体量巨大、类型庞杂且彼此关联的微观金融数据中提取系统性风险信息"。[3] 大数据的"4V"[4]特征及其特有的"着眼于全体数据而非随机样本、拥抱混杂性而非精确性以及注重相关关系甚于因果关系"等思维,[5]似乎能恰洽互联网金融内在的"混沌效应"。其中,试图将隐性知识显性化,实现对海量信息的自动化提取金融数据标准的统一以及基于语义建模技术的"金融业务本体"(FIBO)方案都被寄予了厚望。当前人民银行主导建立的百行征信,完善金融体系基础设施建设,并抓紧以标准化、全覆盖、直接交易对手方和多维结构化数据为理念制定资管产品统计制度,如建立标准统一的产品代码、构建"机构全覆盖 + 产品为中心

---

〔1〕 参见陈莹:《证据与确证:证据主义的认识论重构》,浙江大学人文学院2012年博士学位论文,第IV,第1~5页。

〔2〕 参见王天思:《大数据中的因果关系及其哲学内涵》,载《中国社会科学》2016年第5期。

〔3〕 王达:《宏观审慎监管的大数据方法:背景、原理及美国的实践》,载《国际金融研究》2015年第9期。

〔4〕 即规模性(Volume)、多样性(Varity)、高速性(Velocity)和价值性(Value)。

〔5〕 参见[英]维克托·迈尔·舍恩伯格、尼思·库克耶:《大数据时代》,盛杨燕、周涛译,浙江人民出版社2013年版,第15页、第23页、第33页。

的整个资金链条”等措施,亦直在其中。

然而,大数据的认识论方法也遭遇了重大的障碍。首先是大数据带来了未知领域的扩大。芝诺曾言:“你知道的越多,你就会发现自己不知道的更多。”大数据方法使信息量呈指数级增长的同时,也扩大了其间信息归纳中叙述谬误和沉默证据的影响。〔1〕其次是语言障碍。暂且假定技术手段能够真正实现隐性知识的显性化,基于自然语义识别的情节提取技术更多针对英文语言,而对中文的可适用性往往大打折扣,这也是我国参与全球统一的微观金融数据标准制定中掌握话语权的重大劣势。

(二)如何认识和把握互联网金融的系统性风险

在掌握了海量的信息后,监管者如何认识和把握互联网金融的系统性金融风险,就成为接下来的重大难题。如前所述,宏观审慎乃是以有限理性去把握无限世界的努力,如“盲人摸象”。因而,当前学界对于互联网金融领域的系统性风险的认识和把握也是相当具有主观性色彩,以“黑天鹅”为代表的怀疑主义就显得特别有市场。

由于以往监管层面未正式界分宏观审慎与微观审慎,学界对互联网金融领域系统性金融风险的把握也往往是“眉毛胡子一把抓”,宏观微观混着谈。总体而言,学界在原因分析和对策建议方面均偏微观。在互联网高度互联的场景和网络效应得到普遍认可的情况下,学界大有秉持“黑天鹅”的内在逻辑,将各类风险纳入宏观审慎范畴之势。例如,有学者将第三方支付的系统性风险归因于技术风险,认为应“根据客户群的长尾分布特征来构建专门的对系统重要性贡献的指标”,〔2〕更有学者将互联网金融的系统性风险归因于资金账户管理的资金挪用、技术性的操作风险和分业监管的法律风险,因而泛泛而谈的第三方资金托管、重构监管模式等相关对策也毋宁说是宏观审慎的政策工具。〔3〕有学者在分析股权众筹领域系统性金融风险时依循了“积累—爆发—传染”的分析逻辑,对该领域的系统性金融风险衍生逻辑颇有洞见。可惜在对策上又诉诸股权众筹平台的市场准入、信息披露、投资者适当性、交易与退出和创新纠纷解决机制等传统微观层面。〔4〕

在互联网系统性金融风险的揭示和分析方面,可能是采用了“理想类型”方法之最佳代表——“模型建构”方法,金融经济学者似乎比法律学者更具洞见和说服力。总体

---

〔1〕 参见[美]塔勒布:《黑天鹅:如何应对不可预知的未来》,万丹、刘宁译,中信出版社2011年版,第63～86页、第103～124页。

〔2〕 张黎娜、千慧雄:《如何将互联网金融业务纳入宏观审慎管理框架——基于宏观审慎政策框架理论和实践的分析》,载《上海金融》2017年第11期。

〔3〕 参见李斯文:《互联网金融系统性风险的宏观审慎监管研究》,载《金融经济》2016年第5期。

〔4〕 参见程清:《股权众筹的系统性风险及其防范》,载《中国注册会计师》2017年第10期。

而言，其呈现出两个特点：其一，现实中量化系统性风险的方法繁多，而大多秉承“理论驱动数据”的传统范式。即预先对系统性风险的发生、传导机制进行理论假定，而后据此设计模型、拟合数据并进行预测。[1] 其中，仅美国财政部金融研究办公室从监管、研究和数据三个层面系统总结归纳的量化系统性风险的方法就有 31 种。[2] 在该范式下，国内学者们在模型和方法上也“各显神通”，均预先针对互联网金融的特性在指标选取、标准设立方面和研究方法进行调整。如运用 SCCA 模型和逐步回归法、Eview 统计软件中的 Chow 检验方法和虚拟变量法、结构向量自回归模型（SVAR）及层次分析法（AHP）、突变分析和 SVAR 模型等计量方法，在参数、半参数和非参数的 VaR 方法下讨论和建立 Pareto 极值分布模型和历史模拟法模型及运用 CVaR 模型量度余额宝的风险价值等。[3] 其中也有学者认为，相比 VaR 模型，CVaR 模型能更有效地度量互联网风险，其不仅可以很好地度量现有的风险水平，还对风险具有预测性。[4]

其二，结论方面基本趋同，认为互联网金融因网络效应和混业经营对金融体系的系统性风险带来不利影响。并认为互联网金融使得风险具有更高的传染性，其出现后金融机构的信用风险增大，并出现了显著的结构性嬗变，[5] 其中，银行业系统性风险有较大幅度的波动性，未来风险仍会走高；[6] 互联网金融系统性风险处于正向累积阶段，

---

[1] 参见王达：《宏观审慎监管的大数据方法：背景、原理及美国的实践》，载《国际金融研究》2015 年第 9 期。

[2] 这些方法可分为宏观经济度量法、微观组织与网络度量法、前瞻性风险度量法、压力测试度量法、部门交叉度量法以及流动性与清偿危机度量法六大类。参见王达：《宏观审慎监管的大数据方法：背景、原理及美国的实践》，载《国际金融研究》2015 年第 9 期。

[3] 参见朱辰华、桂宏：《互联网金融对中国银行业系统性风险的影响——基于 SCCA 模型及逐步回归法的实证研究》，载《经济金融学研究》2018 年第 2 期；李明选、孟赞：《互联网金融对我国金融机构信用风险影响的实证研究》，载《企业经济》2014 年第 11 期；贾楠：《中国互联网金融对银行业风险影响及其系统性风险度量研究》，载《经济问题探索》2018 年第 4 期；邹静、王洪卫：《互联网金融对中国商业银行系统性风险的影响——基于 SVAR 模型的实证研究》，载《财经理论与实践》2017 年第 1 期；欧阳资生、莫廷程：《互联网金融风险度量与评估研究》，载《湖南科技大学学报》（社会科学版）2016 年第 3 期；卫泽鹏、褚慧：《互联网金融的系统性风险研究——基于余额宝的实证分析》，载《哈尔滨金融学院学报》2015 年第 6 期等。

[4] 参见宋光辉、吴超、吴栩：《互联网金融风险度量模型选择研究》，载《金融改革》2014 年第 12 期。

[5] 李明选、孟赞：《互联网金融对我国金融机构信用风险影响的实证研究》，载《企业经济》2014 年第 11 期。

[6] 参见朱辰华、桂宏：《互联网金融对中国银行业系统性风险的影响——基于 SCCA 模型及逐步回归法的实证研究》，载《经济金融学研究》2018 年第 2 期。

目前正处于中高水平。[1] 当然,也有学者持相左意见,认为从中长期来看,互联网金融"对我国银行系统性风险的影响并不大,两者完全可作为互利共生的事物共同发展"。[2] 就现有文献研究来看,尚未发现有学者强有力地证明现有宏观审慎分析体系在互联网金融领域的无效性。

(三)如何确证宏观审慎工具的有效性

有效性意味着工具对需求的满足及满足程度,意味着措施与结果之间的因果关系。目前关于宏观审慎的有效性的研究不多,尚未发现有针对互联网金融宏观审慎有效性的研究。现有文献中,有观点认为中国宏观审慎政策工具的调节是有效的;[3] 有观点认为宏观审慎与货币政策和微观审慎政策存在一定程度的"政策抵消"和"政策超调";[4] 也有观点认为宏观审慎具有中立性特征,不影响经济体的总体运行结构,在传统和非传统冲击下均不会对货币政策的目标起到负面影响。[5] 总体而言,我国学界对于整体的宏观审慎政策的传导机制及其影响缺乏全面系统的研究。[6]

在大数据时代,数据物化和物数据化使因果关系量化为变量之间的相关关系,即因果派生关系,重塑了因果关系内在的必然性和方向性,[7] 使至今未解的休谟难题更加扑朔迷离。在这种情况下,宏观审慎政策工具与调控结果之间的因果关系也就难以确定,有效性的评价标准也就难以设定。因此,很难在"无限的因果网络"中确证相关政策工具是否或者会在多大程度上起作用。这也就解释了为何从各国实践来看,均无法确证哪一类指标或评估方法是完全有效或无效的。

综上所述,在认识论范畴中,将互联网金融纳入宏观审慎政策框架在知识来源、风险识判以及工具有效性等方面面临诸多障碍。理论上来讲,全数据、定量的因素分析

---

[1] 参见贾楠:《中国互联网金融对银行业风险影响及其系统性风险度量研究》,载《经济问题探索》2018年第4期;卫泽鹏、褚慧:《互联网金融的系统性风险研究——基于余额宝的实证分析》,载《哈尔滨金融学院学报》2015年第6期。

[2] 邹静、王洪卫:《互联网金融对中国商业银行系统性风险的影响——基于SVAR模型的实证研究》,载《财经理论与实践》2017年第1期。

[3] 参见梁琪、李政、卜林:《中国宏观审慎政策工具有效性研究》,载《经济科学》2015年第2期;方意:《宏观审慎政策有效性研究》,载《世界经济》2016年第8期。

[4] 廖岷、林学冠、寇宏:《中国宏观审慎监管工具和政策协调的有效性研究》,载《金融监管研究》2014年第12期。

[5] 参见梁璐璐、赵胜民、田昕明、罗金峰:《宏观审慎政策及货币政策效果探讨:基于DSGE框架的分析》,载《财经研究》2014年第3期。

[6] 参见杭品厚:《宏观审慎政策的有效性文献综述》,载《财会通讯》2018年第15期。

[7] 参见王天思:《大数据中的因果关系及其哲学内涵》,载《中国社会科学》2016年第5期。

将是研究宏观审慎政策和系统性风险传导机制及其影响的主要进路,并将逐步成为监管当局识判和治理系统性风险的认识论方法。但监管当局不是神也不是“超人”,历史上实用主义已经开出了药方——赋予有限理性的宏观审慎机构相应的独立性和相机抉择的自主裁量权。按照波普尔的证伪主义的科学发现的逻辑,学界的上述观点似乎都是一个个“猜想”,论证过程也偏显“选择性证实”之色彩。然而,理论不能证实只能证伪。众说纷纭、雌雄难辨之下,依照科学发现和制度演进的历时性逻辑,学界应将精力更多放在证伪性工作上,即关注现有宏观审慎体系的分析系统和工具系统中具体构成要素无法或不应当适用在某些互联网金融领域的情形。具言之,既然互联网金融的等金融本质属性和存、贷、汇等基本业务未变,系统性风险“累积—爆发—传染”的演进逻辑未变,互联网金融对系统性金融风险的影响总是通过影响现有的银行、证券和保险等金融市场来实现的。比如,其对商业银行系统性风险的影响就依循了“互联网金融—商业银行的资产负债结构—商业银行的成本收入比—商业银行的系统性风险”的路径。[1] 这一思路在狭义的互联网金融占整体金融资产总量的比例不高的当下,更具现实可行性和科学性。

如此一来,对监管当局而言,对于互联网金融系统性风险的识判和相关政策工具的有效性判断和选用,相关的证据和确证应当由外在主义转向内在主义的证据主义,即转向内嵌民主程序要求的“最佳推理说明”。[2] 具言之,在尚未有优势证据证明宏观审慎体系不适用于互联网金融业态时,监管者不应轻言创构互联网金融的子系统或专用指标;而应先求同,将互联网金融机构和产品纳入现有的宏观审慎体系中,针对其对“关联性”和尾部向异性的程度差异等调整指标类型和阀值。而后用波普尔“证伪”之方式,不断将经检验不适宜的现有指标和工具排除适用。面对众说纷纭的建议,应当择其“最佳推理说明”之建言;面对相关指标的建立或措施的出台,也应当进行“最佳推理说明”,尽最大可能说明相关行动的必要性、合理性和科学性,尤其是对其区别于其他备选方案的优越性和局限性的阐述。其中,“最佳推理说明”所内嵌的民主程序使视域融合、合理交往、利益协调和价值澄明等达成共识之进路成为可能,既能扩大知识的来源,又能降低知识获得的成本。如此方能不断接近对互联网金融领域系统性金融风险的有效防范。

---

〔1〕 邹静、王洪卫:《互联网金融对中国商业银行系统性风险的影响——基于 SVAR 模型的实证研究》,载《财经理论与实践》2017 年第 1 期。

〔2〕 参见陈莹:《证据与确证:证据主义的认识论重构》,浙江大学人文学院 2012 年博士学位论文,第 IV 页、第 1 ~ 5 页。

三、价值之维:多元目标与单一选择

价值论作为对“应然”和“目的”的求索,是哲学最古老的问题之一,确实足够复杂。[1] 在终极存在和绝对真理不可求的情况下,价值俨然已是人类社会安身立命之根本和众多社会科学的假设前提和检验标准。由于社会关系的复杂性和人的主观性,在价值多元、差异的条件下,如何摆脱“怎么都行”的状态,达致价值共识并确定其评价标准就成为价值论研究的难点。[2]

在金融法领域,金融监管在安全、效率和公平良性互动的“三足定理”[3]中,在“稳中求进”的工作总基调中,金融监管承受了太多复合的价值期待,尤其是安全与效率这两大极具张力的价值诉求。然而,通过把握宏观审慎的产生背景及其与货币政策、微观审慎的关系,可见其追求金融体系整体的安全价值。在将互联网金融纳入宏观审慎政策框架这一问题上,更多体现为对金融安全的单一价值追求,多元价值冲突与度的把握之难题似乎并不存在。这将使公理推演方法在学界研究中更具市场。借助“安全”(更确切地说是“整体安全”)这一预设的、宰制的、几乎不容置疑的良善价值,学界似乎找到了确定的演绎公理,借助“黑天鹅”的风险逻辑,几乎可证成一切建议。然而,通过价值预设和抽象公理演绎出来的政策建议往往忽略了现有法律框架的约束。更何况,“安全”作为极具“观念性”品格的概念,“不可能存在于任何感性直观中,不可能通过对事实的‘抽象’而被把握”,[4]因而相关建议也总能自证其实。这也是目前学界关于互联网金融系统性风险防范“其说纷纷、泛泛而谈”的原因之一。

在价值论层面,互联网金融系统性风险防范所面临的价值难题更多地体现在“安全”这一价值的构成、标准和评价方面。如前所述,囿于当前对互联网金融的监管仍属微观制度构建和完善阶段,学界对互联网金融系统性风险防范的探讨深受“防微杜渐”的微观审慎路径影响。而互联网金融的宏观审慎管理所面临的价值冲突更多表现为“整体安全”与“局部安全”或“个别安全”之间辩证关系的科学处理,过多地将微观审慎不完备之弊病上升至宏观审慎政策层面,只会徒增宏观审慎的复杂性。

考虑到宏观审慎与微观审慎两者在工具选择上有所重叠和交叉,而主要差别在于

---

〔1〕 参见冯平:《重建价值哲学》,载《哲学研究》2002年第5期。

〔2〕 参见沈湘平:《价值共识是否及如何可能》,载《哲学研究》2007年第2期。

〔3〕 参见冯果:《金融法的“三足定理”及中国金融法制的变革》,载《法学》2011年第9期。

〔4〕 彭岳:《互联网金融监管理论争议的方法论考察》,载《中外法学》2016年第6期。

"影响经济的方式和实现的目标不同",[1]即"监管目标和经济功能概念"。[2] 因而,互联网金融的宏观审慎应当更加专注于"整体安全"的价值追求。具言之,一是要在政府职能扩大、行政法向关注行政目标实现的功能主义发展[3]的历史趋势下,尽力摆脱对"效率"和"公平"等价值的过多考虑,特别是在《指导意见》已在其总体要求中强调"鼓励创新"的当下。二是尽力在其与微观审慎的"防范风险"分工上凸显其作为宏观调控的"宏观性"和"整体性"。即在宏观层面应"专注于互联网金融对整体金融体系的影响,关注风险的传染性",[4]关注系统性金融风险的特征、影响因素和生成演化机制,关注其对传统货币市场与资本市场等市场间尾部相依性和关联性的影响等。换言之,宏观审慎既然针对的是系统性风险,就应当秉持整体主义的视角关注"灰犀牛"。即便是对"黑天鹅"事件的防治也应当从整体主义的视角展开,即系统分析其对现有银行、证券、保险等市场的风险传染机制,在此基础上进行对治。

四、余论:互联网金融宏观审慎管理的可能出路

综上所述,从本体论、认识论和价值论层面分析,将互联网金融纳入宏观审慎政策框架中将面临诸多问题。在本体论层面,"宏观审慎""系统性风险""互联网金融"的内涵和外延都呈现"变动不居"的特征,致使对于互联网金融系统性金融风险的防范在认识论层面呈现出"盲人摸象""其说纷纷"和"真假难辨"的状况。在价值论层面,"稳中求进"的工作总基调和《指导意见》"鼓励创新"的要求,都可能使该领域的宏观审慎承受效率和公平的过度价值期待。在微观审慎尚未完善的情况下,互联网金融系统性风险的防范也面临着价值论层面"整体安全"和"局部安全"的价值冲突。

在将互联网金融纳入宏观审慎政策框架迫在眉睫的当下,学界的研究应当更具实践价值。因而在本体论层面,法社会学者韦伯的"理想类型"方法可能有利于解决各种"变动不居"概念的名实之争。以目的和问题为导向,通过对宏观审慎与货币政策和微观审慎等相关概念的关系中进行动态的取舍,通过对互联网金融进行"理想类型"的进一步细化,进而纳入现有的制度体系中,应该可以实际地解决本体论层面的学术纷争和现实困惑。在认识论层面,在否定现有评价指标和政策工具的"破旧"方面应坚持

---

〔1〕 See Andrew Crockett. "Marring the Micro-and Macroprudential Dimensions of Financial Stability", Accessed August 9,2018. https://www.bis.org/speeches/sp000921.htm.

〔2〕 邹传伟:《银行宏观审慎监管的基础理论研究》,中国人民银行金融研究所金融学专业2013年博士学位论文,第2页。

〔3〕 参见谭宗泽、杨靖文:《面向行政的行政法及其展开》,载《南京社会科学》2017年第1期。

〔4〕 刘志洋:《互联网金融监管"宏观—微观"协同框架研究》,载《金融经济学研究》2016年第2期。

“证伪”的方法论;而在建构性地出台新的分析方法或政策措施之时,应坚持“最佳推理说明”的方法。在此之前,“试点”的办法可能更具可行性和科学性。在价值论层面,互联网金融的宏观审慎应当更多关注安全价值。在微观审慎监管尚未健全的情况下,更应重点关注“整体安全”,坚持整体主义的方法论。

本文意在互联网金融宏观审慎成为学术热点的当下,指出以往对互联网金融监管的研究当中在本体论、认识论和价值论之维度所显示的弊病,以免重蹈覆辙。当然,批评总比建设容易,囿于互联网金融的复杂与笔者有限的学识能力,这一尝试仍有诸多不足,权作抛砖引玉,期冀更多学者的参与。

离岸金融机构内部治理之治

赵　以*

目　　次

一、引言

国际金融业对全球经济发展发挥的作用是非常明显的。在过去的自由经济时代，由于金融机构准入门槛较低、业务监管宽松，使国际融资活动十分便利。其后受世界性经济危机的影响，各国为了保护本国经济安全，纷纷采取限制金融机构准入和业务，提高金融交易税收等手段加强管制，使全球金融市场上的融资活动成本增加，融资渠道受到了一定的阻碍，特别是对于外汇短缺，急需国际资金以发展本国经济的发展中国家而言，直接从金融市场上融资的难度增加。为了规避金融政策管制，扩展资金融通渠道，降低金融交易成本，提高资本配置效率，离岸金融应运而生。

离岸金融缩短了各国金融市场的时空距离，降低了金融交易的时间和成本，便利了资金在全球范围内融通，传播了先进的金融科技和管理理念，提高了资金融通效益，

* 武汉大学国际法研究所博士研究生。

西南大学2017年度“党的十九大精神”研究重大科研专项“构建新时代中国特色对外投资法律制度研究”（SWU1709733）、重庆市社会科学规划项目2017年度“研究阐释党的十九大精神”项目“构建新时代中国特色对外投资法律制度研究”（40601488）。

为相关国家的国民经济提供了新的增长动力。党的十九大报告明确指出,“开放带来进步,封闭必然落后”。由此可以预见,中国将以更大的开放深化金融改革。自2018年“两会”以来,金融业全面开放政策得到了进一步细化与推进,既降低了境外金融机构的准入门槛,又放宽了其业务范围限制,有力地促进了离岸金融在我国的发展。然而,剑有双刃,万物皆有利弊。离岸金融不仅带来了丰厚的经济效益,也冲击了现有金融市场的秩序,给国内金融增加了潜在的风险。因此,在全面深化金融开放改革的同时,更应健全金融监管体系,守住不发生系统性金融风险的底线。在各国愈加放松对离岸金融机构准入和业务监管的时代背景下,对离岸金融机构内部治理加以必要的干预,从根源上预防国际金融给国内金融带来的潜在风险,维护全球金融市场的稳定,是当前国际金融监管中不可忽视的问题。

二、离岸金融机构内部治理局限之内因

自20世纪90年代至今,离岸金融机构屡屡发生各种丑闻,包括财务造假、欺诈、洗钱等金融犯罪,给全球金融稳定和经济安全造成了极大威胁。深究此类金融风险之成因,乃是由离岸金融机构内部治理的国际性、自由性与隐秘性特征,以及以单边治理理论为指导的“董事会中心主义”内部治理模式之局限性所致。“董事会中心主义”模式存在自身难以克服的缺陷,若运用于高度国际化的离岸金融机构内部治理,则极易带来金融风险。

(一)离岸金融机构内部治理之特性

“离岸金融”(offshore finance)被国际货币基金组织(International Monetary Fund, IMF)定义为“银行及其他机构吸收非居民的资金向非居民提供的各种金融服务活动”。[1] 我国学者罗国强教授认为,离岸金融是“不具有金融市场所在国国籍的当事人在金融市场上从事的货币或者证券交易行为”。[2] 笔者对“离岸金融”的理解是,其是指不具有金融市场所在国国籍的当事人(一般意义上的“非居民”[3]),以不受所在国家或地区境内金融法规管制的金融机构为媒介,使用游离于所在国货币流通体系之

---

〔1〕 韩龙:《离岸金融的法律研究》,法律出版社2001年版,第5页。

〔2〕 罗国强:《离岸金融法研究》,法律出版社2010年版,第9页。

〔3〕 对“非居民”的理解,按照《离岸银行业务管理办法》的规定,是指在境外(含港、澳、台地区)的自然人、法人(含在境外注册的中国境外投资企业)、政府机构、国际组织及其他经济组织,包括中资金融机构的海外分支机构,但不包括境内机构的境外代表机构和办事机构。在离岸金融市场中,“居民”与“非居民”的划分一般以市场所在国家或地区的“境内”与“境外”为标准,例如,中国香港特别行政区相对于内地属于“境外”,内地居民以“非香港居民”的身份在香港特别行政区从事离岸金融活动。

外的货币从事的资金融通活动。离岸金融机构是设立在离岸金融市场上,其业务仅限于与境外非居民的往来,而不允许在国内市场经营业务的银行及其他金融组织的统称。几乎所有的离岸金融交易活动,都是通过离岸金融机构这一媒介进行的。由于离岸金融机构能带来巨大的经济效益,发达国家和地区与新兴经济体国家和地区纷纷建立或筹建自己的离岸金融市场,并为离岸金融市场的发展制定各种豁免性与例外性规定,如降低离岸金融机构准入门槛,扩大金融业务许可,给予税收减免优惠,放宽存款准备金、利率上限以及外汇管制等,以吸引离岸金融机构入驻并开办业务。[1]

作为具有公司属性的离岸金融机构,其内部治理似乎应当遵循公司自治原则,由其自主设置股东会、董事会、监事会、经理等内部组织机构,在各机构之间安排决策权、执行权和监督权,配置股东、董事、监事和经理等高级管理人员的权利、义务和责任,即以公司治理结构为基础自主配置权、责、利,并通过公司参与人的行为相互影响,建立离岸金融机构内部各种权力相互制约、相互监督的制衡机制,协调内部利益相关者的利益关系,以适应离岸金融机构所有权和控制权分离。离岸金融机构通过构建内部职能机构的制衡关系保障其良性发展,防止"一切有权力的人都容易滥用权力"[2]现象发生,通过建立健全民主、监督和激励机制,使离岸金融机构内部利益相关者各得其所、上下一心,最终保证离岸金融机构的可持续发展。

离岸金融机构与在岸金融机构虽然同属金融业服务类公司,同样包括银行、信托公司、保险公司以及其他非银行金融机构,各自的内部治理结构与管理模式也基本一致,但较之于在岸金融机构的内部治理,离岸金融机构的内部治理仍然具有其特殊性。一是内部治理的国际性。离岸金融机构的股东、董事和职员可以是任何国家的公民,并且可以居住在任何地区,其机构档案、管理部门和业务部门也可以位于不同的地方。[3] 二是内部治理的自由性。离岸金融机构召开股东大会与董事会的时间和地点

---

〔1〕 国际货币基金组织 2014 年 11 月 20 日的《离岸金融中心评估报告》称,截至 2014 年年底,全球近 100 个国家和地区建立了离岸金融市场。See Offshore Financial Centers (OFCs): IMF Staff Assessments (OFCA), International Monetary Fund. Accessed July 1, 2017, http://www.imf.org/external/np/ofca/OFCA.aspx? sort = cty#CA.

〔2〕 [法]孟德斯鸠:《论法的精神》(上),张雁深译,商务印书馆 1961 年版,第 154 页。

〔3〕 如百慕大群岛 2006 年修订版《公司法》(Bermuda Companies Act 2006 Revision)、英属维尔京群岛 1984 年《国际商业公司法》(BVI International Business Companies Act 1984,已于 2007 年废止)和 2015 年修订版《商业公司法》(BVI Business Companies Act 2015 Revision)、开曼群岛 2013 年修订版《公司法》(Cayman Islands Companies Law 2013 Revision)均规定,在当地注册设立的国际商务公司、海外公司和豁免公司的股东、董事、高级管理人员、代表等无国籍限制。

可以由股东和董事选择，股东会与董事会的召集、出席与表决程序简单灵活，自由性强。[1] 三是内部治理的隐秘性。离岸金融中心为包括金融机构在内的离岸公司的公司信息，以及股东、董事等档案信息均严格保密，目前尚无要求离岸金融机构进行信息披露的强制性规定。[2] 离岸金融机构有别于在岸金融机构的上述内部治理特征，虽然极大地降低了管理成本，提高了经营效率，但其国际化、自由化与隐秘化的内部治理特点，也给金融业带来了潜在的也是不容忽视的风险，这些风险极有可能通过离岸金融机构的外部性效应，影响到离岸金融市场的稳定，甚至还可能在离岸市场与在岸市场的联动中威胁在岸金融市场的安全。[3] 可见，在全球性离岸金融市场网络已经形成的今天，离岸金融机构实现内部良性治理，是一个事关全球经济良性发展的重大问题，理应受到高度关注。

(二)单边治理理论下离岸金融机构内部治理之缺陷

单边治理理论源自英美公司法的公司契约理论(contractarian theory)。该理论认为，公司治理实质是“股东中心主义”治理，由股东组成的股东会，对公司的决策、监督和经营拥有最高决定权，其他的利害相关者如债权人、职工、客户与国家等都不应参与公司的治理。[4] 随着现代公司所有权与控制权的两权分离，以及公司社会参股带来的股权分散化，使“股东中心主义”治理模式难以维系，因此，股东会将公司的控制权让与董事会，由董事会直接管理和控制公司，由此形成了“董事会中心主义”治理模式。[5] 董事会与股东会为“代理与被代理”关系，对股东的财产负有信托义务，而董事会的首

---

〔1〕 例如，英属维尔京群岛2015年修订版《商业公司法》规定，股东会议和董事会议不必在英属维尔京群岛召开，会议时间、地点人数既可依据公司大纲或章程，也可由多数股东或董事书面同意决定。百慕大群岛2006年修订版《公司法》规定，股东会议和董事会议不必在百慕大群岛举行，股东和董事可以在适当时间在全球任何地点召开会议。开曼群岛2013年修订版《公司法》取消了必须在开曼群岛召开股东和董事周年会议的规定，允许股东和董事依据公司章程自主安排。

〔2〕 例如，开曼群岛2013年修订版《公司法》、英属维尔京群岛2015年修订版《商业公司法》、百慕大群岛2006年《公司法》均要求在当地注册设立的国际商务公司、海外公司和豁免公司必须向政府部门提交公司信息、股东名册、董事名册和高级管理人员名册等材料，而政府必须对公司档案信息予以严格保密。

〔3〕 参见李扬:《离岸与在岸市场的联动关系》，载《中国金融》2014年第21期。

〔4〕 参见冯果、李安安:《金融创新视域下公司治理理论的法律重释》，载《法制与社会发展》2013年第6期。

〔5〕 See Stephen M. Bainbridge, "The Board of Directors as Nexus of Contracts", *Iowa Law Review* 88, 2002, pp. 1 - 34.

要目的和任务是实现股东利益的最大化。[1] "董事会中心主义"实质上是"股东中心主义"的外延,是单边治理理论的发展结果。

受单边治理理论的影响,离岸金融市场监管当局一直着眼于对离岸金融机构准入和业务的监管,而对离岸金融机构的内部治理,只是在离岸金融机构注册落地时,针对其董事会结构以及义务作出一定的规定,并以此作为颁发营业执照和离岸业务许可证的条件。至于离岸金融机构在经营过程中的内部治理,则主要依靠离岸金融机构的自律,即根据公司法和公司章程,自主安排内部组织结构,配置各部门权责,监管当局并不加以干预。离岸金融机构作为离岸公司的一种,由于注册地与经营地相分离,股东与股权的高度国际化与分散化,其内部治理已经偏离了传统意义上股东会直接控制金融机构的"股东中心主义"模式,而更偏重于由董事会代理股东会实际控制的"董事会中心主义"模式。一般而言,全球离岸金融市场所在地的法律大多隶属于普通法系,这些地区的公司法往往只承认一元制的公司治理模式,即公司只设股东会与董事会,后者由前者产生并向前者负责。股东会虽是最高权力机关,但其权力受限于公司法与公司章程明文规定的部分,未予列举的权力全部由董事会行使。由此,董事会事实上处于核心地位,直接掌握着公司重大事项的决策权、高级管理人员的任免权以及各种审计委员会的设置权等。离岸金融机构为了便于市场准入,降低运营成本,其内部治理模式上的"董事会中心主义"色彩往往更加浓厚,只设立董事会,不设立监事会。无论是"股东中心主义"模式还是"董事会中心主义"模式,都是建立在单边治理理论下的,其核心目标始终是为了实现控股股东的最大化。这种理论有利于提高经营效率,却不利于对中小股东、债权人、职工、客户和国家利益的保护。

20世纪90年代发生的国际信贷商业银行(Bank of Credit and Commerce International,BCCI)欺诈案、巴林银行倒闭案、21世纪初发生的法国兴业银行违规交易案,以及2013年曝光的离岸金融机构欺诈、洗钱和秘密交易内幕等丑闻,严重扰乱了国际金融市场的正常秩序,这些问题表面上看似是以董事会为主体的管理层的欺诈、舞弊、渎职行为所致,但问题症结却在于单边治理理论指导下的"董事会中心主义"治理模式。1991年在卢森堡注册的国际信贷商业银行因欺诈和洗钱事件而破产,原因在于该离岸金融机构的董事与高级主管身为银行账户托管人,非但未尽到管理的责任,反而直接或间接参与账户造假、欺诈和洗钱活动,导致8万多储户的惨重损失,最终12名

---

[1] See Margaret M. Blair, Lynn A. Stout, "A Team Production Theory of Corporate Law", *Virginia Law Review* 85, 1999, pp. 247 – 328.

董事与高管身陷囹圄。[1] 为了防止董事"监守自盗"的情况发生,离岸金融机构一般会另外聘请非执行董事,使其独立于金融机构之外,作为一种外部监督手段。但在1995年巴林银行倒闭事件中,本应对管理层进行监控的非执行董事风险意识缺乏,竟对身为高管的交易员李某的违规操作行为视而不见,银行主管对资产负债表造假行为同样置之不理。[2] 如此严重的失职行为,不仅导致200多年的老牌银行轰然倒塌,也暴露出即便在离岸金融机构自律的情况下,非执行董事也不能完全起到其应有的作用等问题。与在岸金融机构相比,离岸金融机构高度的国际性和分散性特征,导致其内部监控机制因为信息不对称等因素而漏洞百出,不能及时发现和排查问题。2008年法国兴业银行因交易员违规交易导致全球金融动荡的教训可以看出,片面强调离岸金融机构内部治理特别是内控机制的独立性,忽视通过法律等手段进行干预,难以使离岸金融机构通过自律,自觉改进和完善内部治理。[3]

从上述事件所暴露出的问题可见,在单边治理理论的指引下,以实现股东利益最大化为目标,忽视社会责任的离岸金融机构"董事会中心主义"治理模式,确实存在其自身无法克服的缺陷,这些缺陷会随着离岸金融的发展愈加显现,一旦超过可控范围,金融风险的出现就是不可避免的。离岸金融机构的高度国际化特征,使利害相关者遍及世界各国和各地区,一旦发生金融风险,势必损害其权益,甚至激化国际上民间乃至政府间的矛盾与冲突。因此,摒弃单边治理理论指导,通过外力优化离岸金融机构内部治理,无疑具有合理性、必要性与迫切性。

三、离岸金融机构内部治理缺陷之外因

实践证明,离岸金融机构要想实现良性的内部治理,如果缺乏外部约束,单靠其自律是难以做到的。然而,现实中,因离岸金融机构监管主体缺位,相关制度供给不足,加上国际金融软法无力等因素,导致离岸金融机构内部治理游离于当局监管视野之外,离岸金融监管当局难以通过外部干预手段实现对离岸金融机构的良性内部治理。

(一)多头松散:离岸金融机构内部治理监管主体缺位

与在岸金融机构相比,离岸金融机构具有高度的国际化特征,这使其经营环境更

---

〔1〕 See David T. Llewellyn, "Some Lessons for Regulation from Recent Bank Crises' ", in P. Savona ed., *The New Architecture of the International Monetary System*, Boston, Springer, Boston, MA, 2000, pp. 69 – 109.

〔2〕 See Mark Stein, "The Risk Taker as Shadow: A Psychoanalytic View of the Collapse of Barings Bank", *Journal of Management Studies* 37, 2000, pp. 1215 – 1230.

〔3〕 参见罗国强:《跨国银行风险监管中的法律问题——评"法国兴业银行交易员违规交易案"》,载《法学》2008年第3期。

加宽松和自由,但这并不意味着离岸金融机构可以游离于法律监管之外,相反,根据国家属地管辖权理论,[1]离岸金融市场所在地应当属于主权国家领土以内,所在国有权对离岸金融机构制定法律规则予以监管。当然,根据国家属人管辖权理论,[2]离岸金融机构作为公司法人,其母国同样也有权用国内法对其进行监管,机构股东、董事以及高级管理人员的国籍国也享有属人管辖权。同时,根据国际协议,一些国际金融监管组织,如巴塞尔银行监管委员会(Basel Committee on Banking Supervision)等,[3]其金融监管规则对离岸金融机构也可起到监管作用。

从表面上来看,离岸金融机构不仅要接受离岸金融市场所在国的监管,还需接受离岸货币发行国、离岸金融交易当事人母国、离岸金融机构母国和国际金融组织等多重主体的监管。正如黎四奇教授所言:"所有国际银行集团都应受到有能力实施并表监管的母国监管当局的监管、任何跨境分支机构的设立均须经东道国与母国当局的双重许可、母国监管当局有权从银行的跨境分支机构获取信息、东道国当局可对不符合最低标准的外国银行机构采取禁止或限制措施。"[4]事实上,由于各个监管主体在监管制度设计以及监管宽严度等方面上存在时间、空间和技术等层面上的差异性,使其监管主体在监管离岸金融机构的过程中产生激烈碰撞,导致诸多法律规则交织重叠,权责划分不清晰,这就可能导致对离岸金融机构监管的主体多头松散,均不到位的现象。

历次世界性金融危机使人们意识到,离岸金融机构不应仅以国别为区分加以监管,更须国际协调与合作。目前,国际金融中心监事会(Group of International Finance Centre Supervisors,GIFCS)、[5]金融稳定理事会(Financial Stability Board,FSB)[6]等国际金

---

[1] 参见[德]拉萨·奥本海:《奥本海国际法》(第1卷第1分册),[英]詹宁斯·瓦茨修订,王铁崖译,中国大百科全书出版社1995年版,第328页。

[2] 同上书,第298页。

[3] 参见巴曙松、郭云钊:《离岸金融市场发展研究》,北京大学出版社2008年版,第146~148页。

[4] 黎四奇:《离岸银行业务对巴塞尔银行监管体系的挑战与反思》,载《法学评论》2006年第5期。

[5] 前身为成立于1980年的离岸银行业监管集团(Off-shore Group of Banking Supervisors),2014年改革并更名为"国际金融中心监事会"。该组织以"提高离岸市场的监管标准,增进对跨国银行的有效监管"为宗旨,积极与巴塞尔银行监管委员会、反洗钱金融行动特别工作组(Financial Action Task Force on Money Laundering,FATF)、金融稳定理事会等国际金融监管组织合作,致力于协调各国监管当局在分享金融警报、稳定金融市场等方面的合作。

[6] 前身为1999年成立的金融稳定论坛(Financial Stability Forum,FSF)。2008年全球金融危机后,随着各国加强金融监管国际合作的呼声高涨,该论坛于2009年被改组成金融稳定理事会,致力于强化透明度和有责性,加强良好监管,提升金融市场的诚实度,以及增强国际合作。

融监管组织,都围绕离岸金融机构监管进行着广泛的合作,但这并不能改变东道国、母国以及各大离岸金融中心间存在激烈甚至恶性监管竞争的现实。为了尽可能实现自己的宗旨和目标,东道国与母国在并表监管离岸金融机构时,往往会在监管模式、监管规则、合作形式等问题上互不相让,加之东道国坚持执行为离岸金融机构严格保密的法律制度,拒绝向其母国提供相关资料,使监管所需的信息之采集与共享、机构之合作与协调均难以实现。为了最大限度吸引离岸资金流入,争取更多离岸金融机构入驻,各离岸金融中心间的竞争远大于合作,难以发挥监管主体应有的作用。多头松散的监管主体,竞争而非合作的监管模式,造成了离岸金融机构内部治理的监管出现了事实上的"主体缺位"状态。离岸金融机构往往利用各国法律体系与法律制度的差异,以及东道国、母国与国际金融监管组织在竞争中的矛盾而从中套利。[1]

(二)无章可循:离岸金融机构内部治理制度供给不足

从理论上来看,为了确保离岸金融机构构建良性的内部治理结构,监管当局应当制定相应的法律法规对其进行必要的干预。然而,在现实中,针对离岸金融机构内部治理的干预规则,一直被离岸金融机构所秉承的公司自治原则所抵触。在普遍奉行"任何政府干预经济的形式,都是在酝酿经济危机"[2]为圭臬的普通法系国家和地区,公司自治原则更是被视为神圣不可侵犯的原则,政府只应该作为"守夜人"而存在,不能也不应该干预包括金融机构在内的公司的内部治理,无论是采取法律的还是行政的手段。[3] 世界主流离岸金融市场所在地,大部分都是过去的英国殖民地,现在依旧是英国的海外属地或英联邦成员国,他们大多坚持包括离岸金融机构在内的离岸公司自治原则,将外部干预金融机构的内部治理视为对公司自治的侵犯,这也是当地监管立法偏重市场准入与业务运营的原因。

综观世界主要离岸金融中心对离岸金融机构内部治理管制情况,相关国家一般是在准入条件上作出一些基本要求,而对离岸金融机构如何安排内部治理结构,配置组织机构权责等内容则几乎没有涉及,只依靠离岸金融机构的自我监督和行业自律。就我国而言,现行的相关法律法规对离岸金融内部治理均无明确而有效的规定。国家外汇局在1997年和1998年分别制定的《离岸银行业务管理办法》和《离岸银行业务管理

〔1〕 参见[美]J.奥林·戈来比:《国际金融市场》,刘曼红等译,中国人民大学出版社1998年版,第52页。

〔2〕 [英]弗里德里希·奥古斯特·冯·哈耶克:《通往奴役之路》,王明毅,冯兴元译,社会科学出版社1997年版,第41~54页。

〔3〕 参见汪青松、赵万一:《股份公司内部权力配置的结构性变革——以股东"同质化"假定到"异质化"现实的演进为视角》,载《现代法学》2011年第3期。

办法实施细则》,其中并无离岸金融机构内部治理相关要求,且这两个规定自制定至今已有20年,明显不能适应当前离岸金融市场的发展。离岸金融法制建设的严重滞后,已成为离岸金融机构内部治理缺乏有效法律规制的重要原因。

(三)软法无力:离岸金融机构内部治理国际规则约束力不强

由于各国监管当局缺少内国法律干预离岸金融机构内部治理,因此,在全球范围内,能够对其发挥一定监管作用的,主要是国际金融标准制定机构(standard-setting bodies)为全球金融监管共同体制定的国际金融"软法",且监管制度内容聚焦在议程和标准上,如巴塞尔银行监管委员会制定的《巴塞尔银行治理规则》等。[1] 此类机构制定的包括标准、守则、指南等文件,是目前全球金融监管的主要国际规则。

与国际强行法不同的是,国际金融监管组织的参与主体往往并非相关国家的中央政府,而是由其中央银行、财政部门等监管机构参与,这些组织目前缺少相应的国际条约作为其成立和组织的依据,而主要是通过协商或约束力不强的章程运作,因而其制定的金融监管规则通常并不具有法律上的强制力,仅供成员国监管机构采纳和遵循。[2] 尽管当前诸如巴塞尔银行监管委员会、经济发展与合作组织、金融稳定理事会等金融监管组织,都开始认识到了对包括离岸金融机构在内的离岸公司内部治理监管的重要性,也强调其监管规则对离岸金融机构同样适用,但在现实中,这些国际金融监管规则对离岸金融机构始终难以起到真正的约束作用。究其原因,一方面,离岸金融机构内部治理的特殊性,尤其是对股东和董事的高度保密,使现行监管规则中的信息披露规则在缺少国家强制力支撑情形下很难落实;另一方面,离岸金融中心为了保持业务的繁荣,吸引更多的离岸金融机构和离岸资本,往往不愿意接受金融监管规则的束缚,而更愿意用自己的规则组织运行。国际金融软法在离岸金融机构内部治理监管上缺乏强制力,离岸金融监管部门也少有利用金融软法监管离岸金融机构,致使离岸金融机构内部治理缺少国际规则的真正监管。

四、优化离岸金融机构内部治理之对策

为克服离岸金融机构内部治理之不足,需改变以"单边治理理论"为指导的内部治理模式,运用"共同治理理论",以外部监管优化内部治理。针对离岸金融机构监管主体多头松散的状况,各国须改变监管竞争理念,重视和加强国际合作,建立协调机制;

---

〔1〕 See Chris Brummer, "Why Soft Law Dominates International Finance-And not Trade", *Journal of International Economic Law* 13, 2010, pp. 623 – 643.

〔2〕 参见廖凡:《论软法在全球金融治理中的地位和作用》,载《社会科学文摘》2016年第5期。

针对无章可循的问题,可通过转化国际惯例为内国法,系统构建离岸金融中心内部治理规则体系;针对软法无力的问题,可通过为离岸金融机构内部治理划定边界,强化国际金融规则的效力。

（一）借鉴“共同治理理论”,优化离岸金融机构内部治理结构

公司内部治理的水平不仅会影响股东的利益,还会影响债权人、消费者、职工的权益,甚至会影响国家的经济安全。在公司经营业务范围越来越广,对国家政治和经济的影响力越来越大的发展趋势下,以为股东利益服务为宗旨的单边治理理论不足以解决公司治理的所有问题。“共同治理理论”即利益相关者中心主义理论,倡导公司的内部治理不能仅以维护控股股东和大股东的利益为目的,还需兼顾中小股东、债权人和职工的权益,更不能损害国内社会甚至国际社会的利益。换言之,股东、债权人、消费者、职工乃至国家以及国际社会都是公司的利害相关者。[1] 公司作为承担社会责任的企业组织,其内部治理的目标应当是维护所有利害相关者的权益。

在“共同治理理论”指导下,离岸金融机构不仅应当构建一套科学的内部治理结构,合理配置内部各部门的权力与职责,还需要来自外部的监管以确保离岸金融机构内部各部门管理人员各负其责、协调运转、有效制衡,如公司法、金融法、监管委员会和社会舆论等,以此防止因离岸金融机构内部治理不善导致的外部性风险对社会经济秩序造成的负面影响。目前,世界主要经济合作组织以及金融监管组织,普遍重视包括金融机构在内的公司治理从“单边治理理论”向“共同治理理论”的转型。例如,经济合作与发展组织《OECD公司治理原则》强调,公司内部治理要重视利益相关者的作用,利益相关者特别是政府必要时应该起到外部监管作用。[2] 巴塞尔银行监管委员会《有效银行监管核心原则》呼吁,各国金融监管当局应当要求并督促金融机构建立良好的内部治理结构。[3]

就我国而言,当今我国正致力于推动人民币国际化,扩大人民币在全球的流通与支付范围,提升人民币的世界影响力。为此,发展离岸金融业,建立人民币离岸金融市场,便成为促进人民币国际化的重要路径。目前,我国在与我国香港特别行政区、新加坡、伦敦、纽约等大型离岸金融中心合作建立人民币离岸市场的同时,也正在以上海自

---

〔1〕 参见张瑞萍:《公司权力论:公司的本质与行为边界》,社会科学文献出版社2006年版,第134～145页。

〔2〕 参见鲁桐:《G20/OECD公司治理原则(2015)修订内容及其影响》,载《国际经济评论》2016年第6期。

〔3〕 参见巴塞尔银行监管委员会,中国银监会办公厅:《加强银行公司治理的原则》,中国银监会办公厅译,中国金融出版社2011年版,第44～46页。

由贸易试验区为依托进行试点,努力打造内地的离岸金融中心和人民币离岸市场。此外,随着我国对南海诸岛实际控制能力的加强,南海岛礁建设如火如荼,将南海诸岛打造成类似百慕大群岛、加勒比地区的虚拟业务型离岸金融中心[1]的研究论证也在进行。[2] 按照这一发展趋势,在不久的未来,内外业务分离型(上海)、内外业务混合型(香港)和虚拟业务型(南海)三种离岸金融市场将在我国共存,这无疑将增大我国金融监管部门的监管压力。同时,我国正在打造的内外分离型离岸金融市场也不同于美日模式,而更类似于新、马、泰的分离渗透性市场,即允许资金在离岸账户与在岸账户之间双向流动。[3] 这种模式虽然更适合我国的基本国情,但在金融机构内部治理出现异常的情况下,资金在离岸账户与在岸账户的双向流动中极易引发严重风险。在我国逐渐放宽外汇管制,降低外资金融机构准入门槛,扩大业务经营范围,促进人民币的自由兑换和跨境流通,全面开放金融服务业,打造内地离岸金融中心和离岸人民币交易中心的政策背景下,需要高度关注包括国家在内的利益相关者的正当利益的保护。可见,运用"利益相关者中心主义"这一共同治理理论,优化离岸金融机构内部治理结构,无疑能够弥补单边治理理论下离岸金融机构内部治理之局限。

(二)加强国际合作,建立离岸金融机构内部治理国际协调机制

在离岸金融机构内部治理的国际监管中,离岸金融市场所在国、金融机构母国、交易货币发行国、筹资者母国、资金提供者母国,乃至股东、董事、高级管理人员母国等都可以发挥作用。在经济全球化的今日,大多数国家对金融业的发展均十分重视协调发展、合作共赢,而非"你死我活"的残酷竞争。离岸金融机构相关国家、地区与国际金融监管组织应当转变现有的监管思路,改变片面维护本国利益的监管竞争理念,既不能仅仅以维护本国经济主权和金融安全为由竞相加强监管,也不能仅仅为了吸引离岸金

---

[1] 部分学者及其专著如刘振芳的《离岸金融市场》、韩龙的《离岸金融的法律问题研究》、左连村和王洪良的《国际离岸金融市场理论与实践》、巴曙松和郭云钊的《离岸金融市场发展研究》等,一般将"虚拟业务型离岸金融市场"模式称作"避税港型离岸金融市场模式"。笔者支持罗国强教授在《离岸金融法研究》中的观点,将此类模式称为"虚拟业务型离岸金融市场"。

[2] 参见范健、朱华友:《南海离岸金融中心构建模式选择与法律监管机制研究》,载《南京大学学报》(哲学·人文科学·社会科学版)2014年第1期。

[3] 根据分离程度的不同,内外业务分离型离岸金融市场又可以分为两种模式:一种是内外业务严格分离型模式,如美国国际银行业设施(International Banking Facility,IBF)、日本离岸金融市场(Japan Offshore Market,JOM)等,该模式要求在岸账户及业务同离岸账户与业务隔离,严禁资金在离岸账户与在岸账户间流动;另一种是内外业务分离渗透型模式,如新加坡离岸金融市场、马来西亚纳闽离岸金融市场等,该模式在账户业务分离前提下,允许资金在在岸账户与离岸账户之间进行一定程度上的渗透。目前我国正在建设的自贸区离岸金融市场采用的是第二种模式。

融机构入驻以增加财政收入而争相放松监管。而应该建立在维护全球金融秩序的目标基础上,使离岸金融机构相关国家、地区和国际组织加强协调合作,确保离岸金融机构的良性治理,维护离岸金融市场的稳定。鉴于此,世界各国和各地区政府有必要与国际金融监管组织加强合作,通过相互比较分析各国和各地区金融监管立法状况和金融发展实际情况,取长补短,拾遗补阙,构建以各国国内和地区内金融立法经验、立法技术、法律规则等为主要内容的交流沟通机制,使各国和各地区在参与国际金融监管规则的创制中更容易达成共识。

同时,随着全球新兴经济体金融业的发展壮大,对其基本权益的保障也需得到高度关注。尤其是在构建离岸金融机构内部治理国际监管协调机制时,需使新兴经济体在全球金融监管合作、创制国际统一监管规则过程中的地位和话语权得到一定保障,以防止全球金融监管合作机制沦为老牌发达国家的“一言堂”。我国作为世界主要新兴经济体之一,作为一个负责任的大国,不能一味成为国际规则的简单遵循者,而应当通过在积极参与相关国际监管规则的创制过程中,加强国际金融的监管合作。为此,我国一方面应当在继续承认并遵守国际通行的离岸金融机构监管规则的同时,可以借鉴域外的成功经验,构建本国的离岸金融机构内部治理法律监管制度;另一方面,我国在相应的制度建设中,应当做世界其他国家的表率,尽力使制度设计走在世界最前沿,唯有如此,我国才能在创制离岸金融机构内部治理国际监管规则中赢得主导地位,争取更多的话语权。

(三)转化国际惯例,完善离岸金融机构内部治理内国法

实现有效的离岸金融机构内部治理法律监管,不仅需要加强国际合作,还需要相关国家积极完善内国法律制度,将国际规则转化为国内法律。以我国为例,根据维护金融秩序的需要,适度转化合理进步的国际金融规则为国内法相关规定,必将增强我国对离岸金融机构内部治理的监管效力。

我国目前尚无针对离岸金融机构监管的法律规则,能对离岸金融机构发挥一定监管作用的,主要是国家外汇局1997年制定的《离岸银行业务管理办法》和1998年《离岸银行业务管理办法实施细则》。[1] 随着离岸金融业务的进一步扩大,越来越多的外资银行纷纷在自贸区开设离岸分行,从事离岸金融业务也不再仅限于外汇交易。从我国目前的政策走向来看,对离岸金融机构业务范围还将有所放宽,而现行监管规则已经不能适应离岸金融发展的需要,我们应当寻求新的突破,根据国际离岸金融中心通行的监管惯例,结合我国事实情况,制定符合离岸金融业整体发展需求的离岸金融监

---

〔1〕　参见刘冰:《我国离岸金融监管法律制度存在的问题与对策》,载《金融发展研究》2009年第1期。

管规则，对离岸金融机构的准入、业务、税收乃至离岸金融机构的内部治理进行监管。

从国际经验来看，目前针对离岸金融机构的内部治理结构的监管立法主要有两种，一种是针对获准从事离岸金融业务的金融机构，给予其国民待遇，使其与从事在岸金融业务的金融机构一样，一并接受国内公司法的监管，美国、日本等国即采用此种方式；[1]另一种是针对采用离岸公司形式的金融机构，专门制定离岸公司法或离岸银行法等进行相应的监管，马来西亚、加勒比诸岛等均采用此种手段。[2] 从未来我国将建设内外分离型离岸金融市场，南海诸岛将建设虚拟业务型离岸金融市场的发展趋势来看，有必要"两条腿走路"，同时借鉴两种国际立法经验，兼顾对两种离岸金融机构内部治理的监管，即给予获准进入国内从事离岸业务的金融机构以国民待遇，使其同样受公司法的监管，对来华注册的虚拟型离岸金融机构，可以参考马来西亚纳闽《离岸公司法》的规定，在《公司法》中增加"离岸公司"一章，并进一步增加并细化股东会、董事会以及高级管理人员的权责分配、决策机制、监督机制、问责机制以及内部风险防范措施等境外法律未规定的内容，规范离岸金融机构的内部治理。

在规范离岸金融内部治理机构与权责的同时，还需完善离岸金融机构与利害相关者之间的纠纷救济制度，作为金融风险的事后补救措施。由于离岸金融活动的国际性和私密性，离岸金融机构与利害关系人之间的纠纷更倾向于通过仲裁途径解决。我国在打造离岸金融中心的同时，也在建设国际争端解决中心，因此，构建离岸金融仲裁制度也是一项不可忽视的重要任务。纠纷救济制度主要由冲突法规则、国际统一实体法、国内实体法与纠纷解决机构及规则等构成。为此，我国可以转换国际金融惯例为国内法规则，明确离岸金融纠纷的冲突规范与管辖权规则。仲裁机构也需与时俱进，将离岸金融纠纷纳入仲裁解决范围。目前，国际商事诉讼与仲裁呈现出融合趋势，国际商事法庭的出现便是诉讼与仲裁有机衔接的结果。我国也可以借鉴新加坡国际商事法庭（Singapore International Commercial Court，SICC）的模式，构建我国的国际商事法庭，专为离岸纠纷解决提供服务，以吸引离岸金融纠纷在我国境内解决，提升我国在国际法领域的影响力。

（四）强化软法效力，为离岸金融机构内部治理划定边界

综观国际金融监管机制，由部分国家中央银行和银行业监管部门组成的诸如巴塞尔委员会等国际金融监管组织是国际银行业标准制定机构，而并非严格意义上的政府间国际组织，因此，其所制定和发布的监管规则对金融机构仅仅具有指引和参考作用，

---

〔1〕 参见伍巧芳：《美国金融监管改革及其借鉴》，北京大学出版社2013年版，第179～187页。

〔2〕 参见商世文：《岛国发展离岸金融市场的启示》，载《国际金融研究》1995年第6期。

缺少法律上的约束力和强制力,也缺乏有效的监督和执行效力,这些问题均使当前国际金融软法效力难以得到较好发挥。所幸的是,随着离岸金融越发得到世界各国政府的普遍重视,金融监管规则的制定、发布与执行程序逐步开始正规化与透明化,这对国际金融软法的效力起到了一定的强化作用。正如国际法学者韦斯所认为的那样,随着时间的推移,软法或被转化为条约内容,或演变为国际惯例,或为国内法所吸收。[1]

在反思全球金融危机的同时,世界各国以及国际金融监管组织应当对其监管规则的有效性和正当性作出必要的检讨。为了增强监管的有效性,国际金融组织应当从制定议程的层面,上升到制定章程以明确离岸金融机构具体内部运行规则的高度。同时,国际金融组织还应当在国际层面,积极协调各国主管机关和国际标准制定机构,合作解决影响离岸金融机构内部治理有效性的诸多问题,促进离岸金融机构实现良性治理。同时,可以通过建立"黑名单"制度,用全球发布的方式,对那些不遵守相关规则、不参与监管合作的机构、国家或地区(non-cooperative jurisdiction)施加压力,促使其遵守规则,参与合作。[2] 为了使全球监管具有正当性,各国政府都在积极推动全球金融治理中发挥主导作用,积极参与整合相关国际机构,努力协调相关各方立场,以重塑国际金融治理新规。同时,各国政府而非金融部门应当合作制定针对离岸金融机构内部治理的监管规则,使其具备法之为法所需要的正当性和强制性,成为真正意义上的"全球金融法"。

当然,强化国际金融软法的效力,并不是要求离岸金融机构必须严格按照国际规则的规定进行内部治理,因为这有悖于公司自治的基本原则。但是,离岸金融机构的内部治理并非法外之地,不能为了内部股东与董事的利益而损害各国利益相关者的利益。强化金融软法的目的在于为离岸金融机构划定必要的边界,在不违反相关国家法律,不损害相关人员利益的前提下,离岸金融机构可以自由选择内部治理模式,安排内部机构权责。

五、结论

离岸金融机构与在岸金融机构虽然同属金融业服务类公司,具有相似的内部治理结构与管理模式,但因离岸金融机构内部治理存在高度的国际性、自由性与隐秘性特

---

〔1〕 See E. B. Weiss, "Conclusions: Understanding Compliance with Soft Law", in D. L. Shelton, ed., *Commitment and Compliance: The Role of Non-Binding Norms in the International Legal System*, Oxford, Oxford University Press, 2000, pp. 535 – 553.

〔2〕 参见廖凡:《论软法在全球金融治理中的地位和作用》,载《厦门大学学报》(哲学社会科学版)2016年第2期。

征,使离岸金融机构内部治理相较在岸金融机构更加简便与宽松。尽管通过离岸金融机构内部治理自治可以降低运营成本,提高经营效率,但在各离岸金融中心放宽对离岸金融机构准入与业务的监管这一历史背景下,这种治理模式不利于对利益相关者的保护,甚至可能因离岸金融机构自身强大的外部性效应而影响离岸金融市场稳定,联动威胁在岸金融市场安全,导致金融风险。由于离岸金融机构单凭自身力量不能构建良性的内部治理,所以需要在多边治理理论指导下,通过内生动力和外部监管的协同,构建其良性的内部治理结构。加强对离岸金融机构内部治理的规制,需在理念上摒弃单边治理理论下的公司高度自治路径依赖,树立通过外部干预内部治理的多边治理理念。同时,针对离岸金融机构内部治理监管存在的多头松散、无章可循和软法无力问题,在国际合作方面,需建立离岸金融机构内部治理监管国际协调机制;在完善国内立法方面,可通过转化离岸金融机构内部治理国际监管惯例为内国法;在增强国际金融软法效力方面,可通过加强政府间国际合作,为离岸金融机构的内部治理划定边界。

财政社会学研究与中国税收法治发展：理论述评与制度建构

王婷婷*

目　　次

一、问题的提出：财政社会学研究的重要性与紧迫性

在中共十八届三中全会通过的《中共中央关于全面深化改革若干重大问题的决定》（以下简称《决定》）提出"财政是国家治理的基础和重要支柱"的重要论断后，党的十九大报告再次强调，"要更好发挥财政在国家治理中的基础和重要支柱作用"，财政之于国家治理的重要性被提升国家战略高度。在财政与国家治理的重大命题中，税收作为财政的核心支柱，既是连接政治、经济和社会三大系统的媒介和重要环节，也是我们理解财税法治发展的一种重要方式。然而，随着各国经济社会的发展，当我们尝试从经济学、财政学、政治学等立场对税收与国家治理的关系进行阐释时，不难发现，学者们在研究税收的经济效率、财政效用等问题时，并未对税收的行为效用、社会治理功

---

* 西南政法大学经济法学院讲师，中国财税法治研究院研究员、中国金融法治研究院研究员，法学博士。
基金项目：2016 国家社会科学基金"中国离境退税法律制度完善研究"（16CFX059）。

能进行充分考量,税收民主、税收公平以及税收合法性的问题也未得到根本解答。[1] 而基于法学研究的视角,如果继续秉持单一法学视角探讨税收债权债务关系等问题,将忽视对税收制度设计基础、税收法治形成逻辑等问题的探讨,也易带来法学研究的"内卷化"。[2] 因此,如何从更高站位、更系统视角来理解国家治理与税收法治建设的关系,仍需从方法论上予以破冰。

"一旦税收成为事实,它就好像一柄把手,社会力量可以抓住它从而改变社会结构",[3]财政社会学理论认为,税收在塑造国家形态的同时,也塑造了人民,塑造了一种特定的国家与社会关系,借由税收来理解国家和社会已成为一项重要研究范式。当前,随着20世纪70年代以来财政社会学在西方理论界的复兴,其所倡导的历史研究和利益分析的方法正显示出强大的生命力。具体到税法领域,财政社会学主张将法律制度与政治、经济和社会系统进行衔接,以对税收决定、税收影响和税制改革的分析为线索,[4]揭示各国税制变迁中的税收公平性、合理性或合法性问题。[5] 基于此,笔者拟借助财政社会学在洞悉社会经济发展规律、解构一国税法制度构造中的阐释力,分析我国税收法治的发展过程及制约因素,为我国当下正在推进的财税体制改革和财税法治发展提供理论支持。

二、国内外财政社会学的发展脉络和理论述评

(一)国外财政社会学理论的梳理与评介

1. 源起:财政社会学的理论确立

在国外,自孔德提出"社会学"概念以来,[6]迄今已有近170多年的历史。但有关"财政社会学"的概念却要追溯到20世纪初葛德雪与熊彼特关于奥地利财政危机的一场论辩。在《国家社会主义与国家资本主义》中,葛德雪指出,"缺乏财政社会学理论或者公共财政学没有社会学基础是整个学科最为重大的缺陷",[7]纯粹化的经济学和技

---

[1] 参见张克、高波:《中国税收政策过程研究:范式、结构与展望》,载《甘肃行政学院学报》2014年第3期。

[2] 王婷婷:《范式与路径:中国财政治理法治化研究》,载《财经法学》2016年第1期。

[3] Joseph A. Schumpeter, "The Crisis of the Tax State", in Richard Swedberg eds., *The Economics and Sociology of Capitalism*. Princeton, Princeton University Press, 1991, pp. 99 - 140.

[4] 参见朱进:《国外财政社会学面面观》,载《国外社会科学》2008年第2期。

[5] 参见张守文:《税制变迁与税收法治现代化》,载《中国社会科学》2015年第2期。

[6] See Auguste Conte, *System of Positive Policy* (*Vol.* 2), New York: Burl Franklin Press, 1875, pp. 217 - 238.

[7] Rudolf Goldsheid, A Sociological Approach to Problems of Public Finance, in Richard A. Musgrave and Alan T. Peacock, *Classics in the Theory of Public Finance*, London, Palgrave Macmillan Press, 1958, pp. 202 - 213.

术化的财政学无法为当时奥地利的财政状况提出合理解释和应对之策,因此,他率先主张引入财政社会学的分析方法。尽管熊彼特与葛德雪在财政危机的处理路径上意见相左,但他却认同葛德雪关于创立财政社会学的思想。在《税收国的危机》中,熊彼特不仅高度认可了葛德雪在财政社会学建设中的贡献,并对作为特殊研究方法和新兴研究领域的财政社会学寄予厚望。[1]

然而,在财政社会学提出之后,该研究范式在当时并未得到广泛应用。在沉寂了将近半个世纪后,财政社会学才因为20世纪70年代的另一场论辩——奥康纳和马斯葛雷夫关于美国财政危机的辩论得以重生。[2] 在对美国财政危机的讨论中,奥康纳和马斯葛雷夫分别继承了葛德雪和熊彼特倡导的历史研究和利益分析方法,将财政置于宏观历史叙事中加以研究,自此,财政社会学开启复兴之路。此后,财政社会学开始作为显学在对社会规则的解释、国家预算决策的形成、税收政策的综合影响、政府收入来源以及国家形成方式等领域崭露头角,[3]并展示出强劲的理论解释力。

总体上,西方财政社会学理论的产生和发展是围绕着"社会转折点—原有财政政策危机"来展开的,研究领域覆盖了国家制度、政府决策和财政改革的方方面面。而在税收与民主法治关系问题上,财政社会学的研究总结了三种不同的国家形态,即"征税→代议制模式,税金→国家自主模式,税收讨价还价→政治民主模式",依此路径,当政府面对财政压力或危机时,可以选择不同的财政收入来源来应对危机,每一种财政收入来源对应的产权结构不同,所带来的利益格局有区别,呈现的税收法治样态也各有差异。[4]

2. 发展:财政社会学的视野拓展

由于财政社会学的研究领域颇为广泛,有学者认为,财政社会学的理论运用不应"画地为牢",而应重视财政社会学所研究和关注的问题的阐释和解答。[5] 从20世纪末以来学者们关于财政问题的研究可见,他们的研究高度重视综合财政社会学理论和其他研究方法来交叉研究问题。例如,经济学家诺思认为,统治者的财政需要决定了

---

〔1〕 Joseph A. Schumpeter, "The Crisis of the Tax State", in Richard Swedberg eds., *The Economics and Sociology of Capitalism*. Princeton, Princeton University Press, 1991, pp. 99 – 140.

〔2〕 面对美国的财政危机,奥康纳主张对非生产性的社会支出进行削减,用一些社会主义的体制来代替发达资本主义;马斯葛雷夫则认为是预算结构的不平衡带来了美国的财政危机,二者观点延续了葛德雪与熊彼特的争论。参见顾海良:《奥康纳和他的"国家财政危机理论"》,载《世界经济》1990年第7期;Musgrave R., *Theories of Fiscal Crisis: An Essay in Fiscal Sociology*, Washington, Brookings Institution, 1980, pp. 361 – 390。

〔3〕 参见刘志广:《财政社会学研究述评》,载《经济学动态》2005年第5期。

〔4〕 参见史锦华:《基于财政社会学中"中国困惑"的深度思考——兼论中国财政学的构建》,载《地方财政研究》2016年第3期。

〔5〕 参见李炜光、任晓兰:《财政社会学源流与我国当代财政学的发展》,载《财政研究》2013年第7期。

能否建立一项合理的产权制度,为应付财政危机而创建的产权形式构成了经济增长史的主线。[1] 政治思想家霍布森提出了著名的"税收关系"模式,它以由税收社会关系和税收能力两部分组成的税收模式为依托,解释了英国通过所得税来筹集财源的社会动因。[2] 制度经济学家布坎南也主张不同的财税规则对公权力的制约作用不同,应通过现代宪法来强化对政府财政权的约束,保护个人合法权利。[3] 可见,在发展后期,财政社会学的研究已经超出了早期所设定的"财政收入结构—社会模式",不仅力图去"解释那些根植于社会的经济行为",而且更为重视解释不同社会背景下的财政制度是如何塑造市场,并型构出不同社会制度的。发展至今,财政社会学正逐步与历史学、经济学、政治学乃至法学之间发生融合,并形成了"新财政社会学"的解释体系。在西方国家,以"社会"的视角来解构经济发展、政府行为和制度的变迁,推动新财政社会学的研究与经济发展理论的整合正成为新的方向。[4]

(二)国内财政社会学理论的梳理与评价

由于学术交流的便利,我国台湾地区较早引入了财政社会学的研究方法。从台湾地区学者关于租税政策、[5]财政改革、[6]财政赤字、[7]社会福利国家[8]等问题的研究中可知,财政社会学已成为学者们研究财政问题的重要方法。反观我国大陆,随着我国财税体制改革的推进,学者们在对西方财政社会学的借鉴过程中开展了下述研究:一是结合财政社会学对中国国家形态的分析。王绍光、马骏的研究指出,随着中国从自产国家向税收国家的转型,国家与社会关系开始被重构,纳税人意识的成长和财

〔1〕 参见[美]诺思:《经济史中的结构与变迁》,陈郁、罗华平等译,上海三联书店、上海人民出版社1994年版,第45页。

〔2〕 See Hobson, John M., *The Wealth of States: A Comparative Sociology ofInternational Economic and Political Change*, Cambridge, Cambridge University Press, 1997, p. 179.

〔3〕 参见[美]布伦南:《宪政经济学——征税权》,冯克利等译,中国社会科学出版社2004年版,第217页。

〔4〕 参见刘志广:《新财政社会学研究》,上海人民出版社2012年版,第57~60页。

〔5〕 参见葛克昌:《租税国危机及其宪法课题》,载葛克昌:《国家学与国家法》,台北,月旦出版社1997年版,第118~127页。

〔6〕 参见赖清祺:《近十年来台湾财政的问题、特质与改革内涵》,载于宗先、孙克难主编:《财政平衡与财政改革:台湾经验的评价》,台北,财团法人"中华经济研究院"编印1999年版,第109~166页。

〔7〕 参见张嘉仁:《财政社会学观点下之国家赤字》,载《政策研究学报》2011年第11期。

〔8〕 参见吕建德:《从福利国家到竞争式国家:全球化与福利国家的危机》,载《台湾社会学》2001年第2期。

政民主观念的形成要求国家治理予以回应。[1] 二是结合财政社会学对财政制度与经济发展、政治制度的关系进行研究。刘志广探讨了中国社会经济转型的实质以及现代国家的构建等问题,试图以财政制度、分工与经济增长之间的内在逻辑为基础构建财政社会学的理论框架。[2] 刘守刚研究了不同类型的财政对现代国家构建的影响,尤其是税收型财政对代议制民主的推动作用。[3] 三是结合财政社会学揭示税收国家的法治构造。丛中笑通过分析税收国家的法治构造过程,指出中国税收法治的终极目标不单纯是建构法治国家,而是最终形成与现代社会相适应的现代法治社会。[4] 李文彬、张龙平指出,我国税收国家的成长具有非典型性特征,为克服自产国家的历史危机和税收国家的现实危机,应当通过预算法治推进财政民主改革。[5] 四是关于财政制度社会治理功能的研究。党的十八届三中全会召开以后,学者们认识到以往对财政与社会治理关系的研究不足,并对财税制度的社会功能予以了倚重。吕冰洋、尹音频分别提出了财政社会治理的"两功能说"[6]和"三功能说"[7]理论。刘剑文从政治、社会和经济等三个角度研究了财税法的功能,并从宏观视角探讨了三者之间的关系,[8]张守文则结合我国历次税改的目标与路径区别,分析了我国税制结构和功能的发展变化,并结合法学视角审视税制变迁所涉及的核心问题,借此完善税制的价值、结构和功能。[9]

综上所述,国内不少学者在借鉴财政社会学进行研究的过程中,已跳出单一的经济学研究和法学研究视角,注重结合财政社会学理论揭示财政对于国家建构和社会变迁的影响。但囿于研究视野和思路局限,这些研究的焦点主要集中于对税收国家法治构造的"解释学"层面,而对中国财税法治问题的"建构性"研究依旧不足,难以有效破解中国社会发展中的困惑和问题。[10] 也正因如此,近年来财税法学界正持续推进具有

---

〔1〕 参见王绍光、马骏:《走向预算国家——财政转型与国家建设》,载《公共行政评论》2008年第1期。

〔2〕 参见刘志广:《财政制度改革与社会经济发展》,载《上海行政学院学报》2005年第6期。

〔3〕 参见刘守刚:《财政类型与现代国家的构建——一项基于文献的研究》,载《公共行政评论》2008年第1期。

〔4〕 参见丛中笑:《税收国家及其法治构造》,载《法学家》2009年第5期。

〔5〕 参见李文彬、张龙平:《非典型税收国家:当代中国的表现与陷阱》,载《广东行政学院学报》2012年第4期。

〔6〕 吕冰洋:《大国财政与社会治理》,载《财政监督》2015年第15期。

〔7〕 尹音频:《公共财政的社会职能探讨》,载《云南财贸学院学报》2004年第5期。

〔8〕 参见刘剑文:《财税法功能的定位及其当代变迁》,载《中国法学》2015年第4期。

〔9〕 参见张守文:《税制变迁与税收法治现代化》,载《中国社会科学》2015年第2期。

〔10〕 如中国经济发展如何避免陷入"中等收入国家陷阱",中国财税法如何有效化解社会矛盾、增强公平正义,如何实现财政权力法定和公共预算的透明等问题。

交叉性的领域法学,以此推动"问题导向式"的研究。[1] 这就要求我们更加重视财政社会学的研究,发挥其对财政问题解释和建构的价值。

三、财政社会学视角下的税收法治建设初窥

(一)基于财政社会学视角的西方税收法治构造逻辑

随着西方财政社会学者对政治与社会发展规律的认识日渐清晰,各国财政制度的发展模式也随之被揭示。近现代时期,西方国家逐步转向以税收为主要收入的税收国家,国家对私人部门的依赖性逐渐增强,在此基础上,税收成为现代民主制度兴起的先决条件,税收法治秩序由此生成,并形成了四个维度的法治框架。

1. 税收法治的前提:国家对私人产权的充分保障

所谓税收国家,是指政府不直接经营,营利事业全交由社会来进行,政府的收入全部来源于税收的国家。[2] 西方财政社会学的分析认为,税收国家之建构逻辑在于国家无产而市场有产,因此,要保障私人部门的自由决策和生产效率,国家必定不能与民争利,国民也应履行法定纳税义务来换取国家福利供给。这就要求:第一,征税应以保障纳税人的私有财产为前提,私人对财产的占有、使用和处分的权利神圣不可侵犯,基于税收契约的要求,这项权利应在宪法中得以确立。第二,由于国家运行和提供公共服务所需经费必须依靠税收来充实,纳税人要获取公共产品和服务,就应当以纳税方式承担社会义务,将私有财产的一部分让渡给国家。第三,纳税人的权利让渡应该是有限的,为了保障社会的私人营利空间,立法者虽可根据宪法限制人民基本权利,但这种限制应该受到"限制的限制"。根据"绞杀禁止"的设税原理,国家课税不能绞杀财产权具有的私人用益价值,必须维持人民进行生活生产的动力。[3]

2. 税收法治的进路:政府与市场的充分议价

财政社会学认为,"国家对社会的依赖越大,民主化的社会要求就越强烈"。[4] 由于税收来自私人部门,私人与国家之间不存在行政隶属关系,因此,国家征税需依赖广泛的纳税遵从。倘若不能引发私人部门对国家课税的正当性和合理性的认同,恐难以有效保障国家收入的来源和根基。因此,西方国家在税收国家建构过程中,强调通过

[1] 参见刘剑文:《论领域法学:一种立足新兴交叉领域的法学研究范式》,载《政法论丛》2016 年第 5 期;熊伟:《问题导向、规范集成与领域法学之精神》,载《政法论丛》2016 年第 6 期。

[2] 参见高军:《税收国家的宪政逻辑》,载《团结》2013 年第 1 期。

[3] 参见黄士洲:《税课禁区与纳税人权利保障》,载《月旦财经法杂志》2010 年第 23 期。

[4] 马骏:《治国与理财》,生活 · 读书 · 新知三联书店出版社 2011 年版,第 17 页。

“征税—代议制”机制保障课税权力的合法运行。[1] 在此过程中,国家课税必须遵循“征求纳税人同意”的议事原则,由国家与民众以议会制度为媒介就是否征税、征多少税以及征税对象、税率、纳税环节、纳税期限和地点、减免税等核心要素进行讨价还价,最大限度地听取利益相关者意见,使征税事项获得合法性和正当性。

3. 税收法治的目的:公共福祉的有效提升

财政社会学理论主张,国家对公共服务的提供应该具有针对性和效率性,如果税收国家的财政支出没有常规的税收收入来支应,则可能引发“过度举债”危机。因此,西方国家要求高度税收依赖下的公共财政遵循严格的预算法定:第一,从征税目的来看,“取之于民、用之于民”是基本要求,政府征税应以向社会公众提供公共产品和服务为要件,且税的使用必须对公众福利的提升有所助益。第二,由于税收是国家和社会共同决策的结果,因此,政府是否能够依约履行义务需要接受严格的法律约束,政府应当依法编制预算、执行预算,未经法定程序不得随意变更。第三,税收要真正地提升公民福祉仍需接受严格的社会监督,这就要求通过频繁的参与预算制度和严格的财政责任约束控制政府的鲁莽举债和违法支出行为。

4. 税收法治的保障:财政风险的有效防控

财政社会学理论指出,税收国家虽使民主政治基础上的利益集团能够以公开、合法且和平的方式争取权力,但也带来了利益分歧。观察西方近年来的财政政策制定可知,不同利益集团的诉求不同,有的要求减少税收维护财政稳定,有的要求增加税收扩大公共支出,有的两者兼有,如果这些利益冲突无法协调,则必将对税收国家的秩序带来冲击。[2] 反映在福利国家后期,随着社会公共支出的增加,国家的债务风险也呈风靡之势,大部分西方国家都发生了从“税收国家”向“债务国家”的变异。以美国总统里根和布什推行的减税政策为例,“减税并非免费午餐”,政府在推行减税的同时也增加了联邦政府的财政赤字。如果公共预算支出得不到严格控制,减税最终须通过未来的财政收入来进行平衡,[3] 国家与国民在税收国家中达成的“社会契约”将因此遭受损坏。基于此,布坎南等学者为西方国家税制改革提出了“财政立宪”方案,主张对政府财政收入的总税额与财政支出的开支额进行双向限制,并主张对政府的决策程序进行限制,通过实施多数标准和预算平衡来规范现代政府的财政权力。[4]

---

〔1〕 参见马骏:《中国财政国家转型:走向税收国家》,载《吉林大学社会科学学报》2011年第1期。

〔2〕 参见雷玉琼、余斌:《公共支出增长的利益集团研究》,载《当代财经》2004年第12期。

〔3〕 参见姚路、朱邦宁:《美国经济中的“死穴”——美国巨额财政赤字问题分析》,载《新视野》2012年第5期。

〔4〕 参见刘守刚:《西方财政立宪主义理论及其对中国的启示》,载《财经研究》2003年第7期。

(二)基于财政社会学视角的我国税收法治现状审视

1. 我国税收法治之发展与进步

按照我国财政社会学研究的最新成果,我国财政制度在"政府、市场和社会"的三维视阈下可划分为全能型财政时期(1949~1978年)、干预型财政的第一阶段(1978~1998年)、干预型财政的第二阶段(1998~2013年)、治理型财政的建设(2013年~至今)的四个发展阶段。[1] 经过近40年的发展,我国正逐步完成一个自产国家向税收国家的蜕变,税收收入占整个财政收入的比重取得稳步提升并占据主导地位。在此过程中,国家对社会的依赖程度增加推动了政治民主的形成,并使我国财税法治的发展取得了阶段性进步。

第一,国家与社会的互动日趋频繁。财政社会学认为,公民意识和公民权利是在围绕征税的国家与社会的互动中形成的。[2] 当前,我国纳税人借助税收为纽带,在国家征税事项中的意见表达权和公共事务参与权利不断增强。反映为一方面,随着20世纪90年代后期我国加强对个人所得税的征收力度并推行个人所得税的申报制度,纳税人对税负的感知越来越直接,纳税意识逐步觉醒,纳税人提起税务行政复议和行政诉讼案件的主动性不断增强。另一方面,在个人所得税法、车船税法、环境税法等各项立法活动中,纳税人参与税收立法的积极性也得以增强。据报道,近期我国个人所得税法修正案草案就在1个月内征到逾13万条意见,体现出立法与民意的积极互动。[3] 与此同时,从双向互动角度观测,政府对纳税人行为和诉求的反馈频率也日益增强。其一,在政府预算的监督层面,2008年以来,逐渐增强的预算公开运动推动我国广州乃至中央部委开启了公开部门预算的行动,给国家和政府行为形成巨大的压力,政府对社会期待的回应日趋增强。[4] 其二,我国政府借助税收手段对公众行为的调控不断增强。当前政府正在借助纳税信用评价机制,将纳税人的诚信(欺瞒)纳税行为与信用等级直接挂钩,通过税收的激励(惩罚)机制来调整纳税行为。其三,我国政府服务观念发生了较大改观,在征纳税法律关系中,政府不再是高高在上的"自我服务"公权机构,而是化作"企业经营管理人员"的身份,以"顾客"为导向为纳税人提供便利。此外,政府还强化了公众对公共服务的"点菜"模式,增强对社会公众诉求的回应。

---

〔1〕 参见崔潮:《治理型财政:中国财政现代化建设的新阶段》,载《地方财政研究》2016年第10期。

〔2〕 See I. W. Martin. et al., *The Thunder of History: The Origins and Development of the New Fiscal Sociology*, Social Science Electronic Publishing 33, 2009, pp. 120–124.

〔3〕 参见何鼎鼎:《在利益平衡中推进个税改革》,载《人民日报》2018年8月1日,第5版。

〔4〕 参见财政部:《回应社会期待 推动中央部门预算公开再上新台阶》,载中华人民共和国中央人民政府网:http://www.gov.cn/zhengce/2017-06/01/content_5198873.htm,最后访问日期:2018年7月1日。

第二,税收的合法基础逐步确立。倘若所有的事情都是为了人民,但却没有事先经过人民的评论,很难确立治理的合法性。随着我国市场经济的兴起和税收逐渐成为国家财政收入的重要组成来源,国家认识到要巩固统治的正当性,就必须承认私人主体的合法地位,增加其讨价还价的能力,增进公众对财税制度合法性的认可。其一,为确保国家征税前提合法,我国于2004年启动了宪法修订,明确对个人财产予以保护,此后又于2007年通过了物权法,使私有财产进一步合法化,私人财产权尤其是民营经济的重要地位得以确认。其二,在国家征税的事项合法层面,为避免政府对私人财产恣意"侵夺",我国加强了税收法定步伐,目前已实现了个人所得税法、车船税法、企业所得税法、烟叶税法、船舶吨位税法的"税收法定",并着手推动其他领域税种从"条例"向"法律"的转变,使税收成为基于人民同意的法定义务。其三,在国家征税的程序合法层面,为确保政府依照合法程序征税,我国已制定相对完备的税收征收管理法,并着手完善相关法律制度,为纳税人征税提供程序法基础。

第三,政府财政权力开始受到有效约束。长期以来,由于法制的不健全,我国政府诸多财政行为徘徊在财税法治的规制之外,给税法实施的权威性和公平性带来了影响。基于此,近年来我国逐步推行法治改革,将公共财政收支行为纳入法律规定范畴。一是通过2015年预算法的修改,将政府全部收支项目纳入预算法调整范围,通过建立规范政府财政收入支出的程序,实现"税收国家"向"预算国家"的转型,推动政府用税权力的规范化。二是强化政府用税的透明度和可问责性,尤其是在新预算法中将地方政府债务纳入预算规范范畴,强调政府在举借债务中的可问责性,增强对政府权力的约束。三是增强政府财政支出行为的绩效性,将重视财政活动的机构、过程和程序逐步转向重视项目、结果和绩效,更加关注财政活动的产出和结果,重视公共服务的效率和质量的提升。

2. 我国税收法治之挑战与问题

尽管我国在财政收入的类型上已经实现了税收主导,但在税收之外,国有企业的利润、政府债务、政府规费仍然占据较大比例,从而使我国不是一个纯粹的税收国家,带有明显的非典型性特点,[1]而这又在一定程度上使我国财税法治发展面临诸多制约和挑战。

第一,税收民主意识尚未充分发展。根据税收国家的法治架构,正是国家对私人

〔1〕 学者分析认为,由于我国对自产国家体制的路径依赖,财政收入对于国有经济的依赖状态没有发生实质改变,我国税收国家的成长呈现出非典型的特点。参见李文彬、张龙平:《非典型税收国家:当代中国的表现与陷阱》,载《广东行政学院学报》2012年第4期。

部门的依赖推进了税收的民主化。我国是“自上而下”的政府市场关系路径,加上受制于我国特殊国情的限制,国有企业利润以及土地租金仍然在相当长的时间内成为我国财政收入的重要组成部分,这在一定程度上制约了我国纳税人民主意识的成长。以国有企业利润为例,根据国家统计局的数据,截至2013年,我国国有及国有控股工业企业户数占全国工业企业的10%左右,而实现利润和上缴税金分别占到了45%和57%,中央企业上缴的税金占全国税收近1/5。与此同时,国家还在收取国有企业巨额税收的同时,通过财政投资、补贴、留利等形式实施多种税收返还、扶持或交换,这使与国家从私人主体处获取税收的“强制性”“无偿性”不同,国有企业总是或多或少地享受国家的特殊关照。相比之下,民营企业的税负居高不下,民营企业在经济力量上与国有企业尚有差距。此外,我国参与式预算的法律依据缺失、试点范围狭窄使纳税人对涉税事项的参与相对不足,政府预算公开的被动〔1〕以及预算知识的专业性也使纳税人对预算事项的参与深度不足,国家与纳税人的双向互动秩序尚未形成。

第二,纳税人权利未得到有效保障。尽管我国目前的财政收入大部分来源于税收,但纳税人的基本权利并未得到应有的尊重和保护。反映为我国《宪法》第56条仅规定了“中华人民共和国公民有依照法律纳税的义务”,却没有相应地对纳税人的基本权利予以确立。目前我国纳税人权利的规定主要见之于税收征收管理法这一程序性法律规定以及《关于纳税人权利与义务的公告》这一规范性文件中,被狭隘地固定在了“税款的征纳领域”,这在一定程度上带来了纳税人与国家在税收事项上的脱节:一方面,由于纳税人的权利保护仅限定于税收的征纳环节,纳税人在政府的收支事项上没有“决定”权利,约束和监督权利也“流于形式”,这使在我国税收法治构建中,向政府交纳税收的市场经济主体只能是“税款的缴纳者”,而非真正意义上的“纳税人”;另一方面,由于纳税人不能通过代议机构对税款的征收和使用进行决定和监督,难以形成对“税收用于满足公共需要”的税收依据的认同感,容易诱发纳税人对税收的厌恶、排斥心理,甚至扭曲纳税行为,导致偷税、逃税甚至抗税等税收不遵从问题的发生。〔2〕数据显示,近年来,虽然税收流失总额占税收实征总额的比例在下降,但税收流失总额绝对数一直在增长,〔3〕与发达国家80%以上的税收遵从度相比存在较大差距。

---

〔1〕 例如,“两会”期间,媒体针对土地出让金、民航发展基金、住宅维修基金、公交卡押金等10余项行政事性收费或政府基金的去向进行追问,但政府部门却未给与直接回应。参见《新华社炮打有关部门:钱去哪啦?敢不敢给百姓一个交代?》,载知乎网:https://zhuanlan.zhihu.com/p/33806491,最后访问日期:2018年3月5日。

〔2〕 参见王玮:《纳税人权利与我国税收遵从度的提升》,载《税务研究》2008年第4期。

〔3〕 参见贾绍华:《我国税收流失的测算分析与治理对策探讨》,载《会计之友》2016年第13期。

第三,地方违法举债行为尚未全面规范。财政社会学的研究认为,国家公共开支扩张带来的财政立法秩序失衡将对税收国家的法治秩序带来冲击,“国家债务失去控制的事实将宣告租税国危机之来临”。[1] 近年来,在我国非典型的税收国家结构中,地方政府从土地上获取的土地出让金是支撑地方政府债务的重要内容。地方政府开始大量举借债务。针对这些非理性、非正当的财政收入扩张行为,我国预算法的修改实施虽然加强了对地方政府举债行为的约束,但仍无法有效规制实践中频繁发生的隐性违法负债行为。不容忽视的是,当前一些地方政府正在变通性地借助政府与社会资本合作(Public Private Partnership,PPP)、政府投资基金、政府购买服务等新型交易模式,突破了既定的地方政府负债规则,使我国区域性系统性的财政金融风险显著推升。[2] 因此,为合理构建我国税收法治秩序,必须有效防范地方政府债务风险。

四、基于财政社会学视角的我国税收法治完善

财政社会学的分析表明,受到不同政治、经济、社会问题的影响,税收法治总是处于动态发展之中。我国,鉴于财税改革与政治经济发展的交互影响,我国正处于建构税收国家的法治秩序和防范法治危机的“结合点”上,[3] 税收法治在日臻完善的过程中仍然存在税法依据不够稳固、纳税人权利保障不够周到、国家纳税人互信机制不尽完善以及债务风险的法律规制不足等问题。笔者认为,我们越是注重财政的国家治理功能,越是需要回归财政社会学的视野,并应从以下方面回应当前制约我国税收法治发展的问题,提升税收法治体系的系统性和完整性,构建合理的税法体系。

(一)取予适法:税收决策的民主参与

按照税收国家的基本秩序,公民的同意是财政权力合法性的基础,无论是国家的“取”或“予”都应当遵循法治国家的基本权及法治原理拘束。但诚如上述分析,我国无论是在税收的“取”的层面还是“予”的层面,既未给纳税人提供充分的法律支撑,也未对纳税人的民主决策权利给予充分保障。鉴于纳税人在涉税事项决定权利中的缺失,笔者建议,应在法律上明确纳税人的“赞同征税权”,要求国家课税以及课征规模的大小经过作为纳税人的社会公众的同意。目前,由于我国征税依据仍主要由政府控制而非人大主导,因此,我国应加快税收法定的实施步伐,通过完善人民代表大会机制保障税法制定的科学性。与此同时,为确保纳税人提出的建议能够得到有效采纳,应优化

---

〔1〕 葛克昌:《租税国的危机》,厦门大学出版社2016年版,第3页。

〔2〕 参见周哲、王延春:《地方政府购买服务项目迎整改:转换为PPP或代建模式》,载搜狐网:https://www.sohu.com/a/154652129_532149,最后访问日期:2018年8月1日。

〔3〕 参见王婷婷:《反思型税法的理论构建及对现代税法危机的破解》,载《法学》2017年第5期。

纳税人立法参与的反馈和意见甄选机制,加大对合理意见的采纳比例,提升纳税人对税法的认同。而针对纳税人在公共服务获取中的决定权缺失问题,还应赋予纳税人的"政府服务权",要求政府定期向社会公众公布预算和决算情况,就重大财政收支事项进行解释说明,使纳税人对公共服务的利益诉求得到及时反馈和回应,确保政府提供何种、多大规模的公共服务以及怎样提供公共服务能够最大限度地尊重纳税人意志。

(二)张弛有度:税收利益的适度平衡

"征税是一项事关毁灭的权力",征税在带来国家财政收入的同时,也必然给纳税人权利带来减损,且对纳税人带来的福利减损效应并不一致。因此,在权益保障之外,国家征税仍须实现税负公平和利益平衡。对比,笔者建议,首先,国家应对纳税人的经济能力和负担水平进行准确评估,征税时要充分考虑低收入群体的生存利益,在此方面宜确立"课税禁区"规则,以设立税收底线的方式维护纳税人的生存权,确保最低生活费不课税。[1] 其次,国家征税要充分尊重纳税人的发展权利,不因过度课税而使纳税人丧失生产和经营的动力。这就要求国家坚持"最小税收"原则为基本公共服务的供给创设衡量基准,在征税尺度上,我国可借鉴德国税收司法实践中确立的"半数法则",使国家获取的税收利益不超过纳税人获取利益的"一半",确保纳税人有充分的空间来实现营业自由和职业自由。[2] 最后,国家应切分好不同纳税人之间的利益蛋糕,在此方面,我国应遵循实质公平原则,进一步推动高低收入群体之间、一般纳税人和小规模纳税人之间、大企业和小企业之间的税负公平,通过适度的税额差别来实现税收国家的实质法治。

(三)征纳互动:税征关系的良性发展

税收法定不仅是政府履行社会契约义务的基本要求,亦是纳税人履行社会契约的主要依据。但是,当前我国纳税人税收遵从程度不高、重大税收违法案件层出不穷的现实正凸显出我国在征纳税领域存在较大的信任危机,国家与社会之间的互信机制尚不健全。对此,笔者建议,一是要强化涉税信息共享机制建设,在税收征收管理法中将税务机关获取涉税信息的法定权力、纳税人及第三人的协税、护税法律义务予以明确,通过完善信息制度打破税收征管领域的信息不对称,保障税款有序征收。二是要推动纳税信用的动态调整,对于信用违法严重、信用评级偏低的纳税人,应严格实行黑名单制度,通过加重违法成本督促其及时履行纳税义务;而对于仅存在信用瑕疵、轻微纳税

---

〔1〕 参见王婷婷:《课税禁区的范畴、机理与建构路径》,载李昌麒、岳彩申主编:《经济法论坛》(第12卷),法律出版社2014年版,第232页。

〔2〕 参见黄源浩:《从"绞杀禁止"到"半数原则"——比例原则在税法领域中之适用》,载《财税研究》2004年第1期。

违法行为的主体,则应通过适当的"赦免"或"矫正"机制,使其能够正常地履行纳税义务。[1] 三是要有效规范征税权力建设,使税务机关改变"权力本位"和"应收尽收"的观念,把政府与公众在税收领域的"命令服从"的对抗关系转换为"服务合作"的信任关系。四是要不断完善税务诉讼法律制度,让纳税人既可以针对不法的财税收入行为提起诉讼,又能够对违宪和违法的政府财税支出行为诉诸法院,如此,纳税人的合法权益方能得到有效救济。

(四)全面约束:财政风险的有效防范

财政社会学的研究发现,在税收国家的发展后期,一些国家在应对财政危机的过程中不断偏移税收国家所预设的法治轨道,并对原有法治秩序造成冲击。因此,笔者建议,未来我国财税体制建设不应单兵突进,而应与政治、经济、社会诸多领域的改革相互衔接,为税收法治建设做好外围保障。一是要将税收、利润、公债、预算等各项制度同时纳入宪法控制领域,使税收之外的财政事项造成的法治漏洞在宪法约束下无处遁形。二是要重点抓好国有企业体制改革,增强竞争以消除国有企业在市场领域中的特权优势和垄断地位,尤其是应打破石油、电网、能源、资源等方面的国企垄断,推动国有企业经营机制的"市场化"运行,使私营企业能够平等进入市场并与国有企业公平竞争。三是要完善地方税收制度建设,使地方政府减少利用土地来获取财政收入的投机性,保障地方政府提供公共服务的财政资源,减少政府举债动机。四是要廓清地方政府隐性债务的范围,建立法治化的"举债—用债—还债—追责"机制,使地方政府举债行为受到预算法的全面约束,减少税收国家的公共债务风险。

五、结语

在财政社会学系统的理论和现象学的分析框架下,税收作为一个社会功能的子系统不断作用于一国经济发展、法治建立和国家治理,各国以税收为主要收入来源,借由国家与国民在涉税事项中的充分议价形成的税收法治秩序也不断得以完善。当下,我国财政社会学理论发展滞缓,结合中国财政制度发展的社会因素对不同历史阶段的财政样态、法治目标、法制结构和功能进行考察的理论研究也不多见,这既制约了我们对中国语境下的税收法治问题进行深度诠释,也无法有效解答当前国家治理面临的现实难题。因此,随着财政之于国家治理的作用日趋显要,我国应当回归财政社会学视野,通过税收决策的民主参与,税收利益的适度平衡,征纳关系的良性发展和财政风险的有效防范来为我国税收法治建设护航。

---

〔1〕 参见胡元聪、闫晴:《纳税信用修复制度的理论解析与优化路径》,载《现代法学》2018年第1期。

事先裁定制度在 GAAR 中的立法构造与运行

——以“儿童投资主基金案”为切入点

褚睿刚 *

目　　次

一、问题意向：一般反避税“第一案”背后的税法难题

自我国《企业所得税法》(2008 年)第 47 条确立一般反避税规则(General Anti-Avoidance Rule, GAAR)以来，启动该条款进行一般反避税调查的案件逐渐增多。其中，儿童投资主基金(The Children's Investment Master Fund, TCI)诉杭州市西湖区国家税务局税务征收案(以下简称“儿童投资主基金案”)被列入“最高人民法院行政审判十大典型案例”，堪称“GAAR 第一案”，案件判决背后内含的深层逻辑极具研究价值。仔细研读案情和判决书可以发现，由于案件证据问题导致事实认定不够清晰，加之双

* 厦门大学法学院财税法学专业博士研究生。

基金项目：国家社科基金 2014 年重点项目“应对 BEPS 背景下完善中国反避税法律体系研究”(14AZD153)、中央高校 2016 年基本科研业务费专项资金资助项目“法学维度下我国财税体制和制度改革研究”(20720161080)。

方力争焦点存有偏差,法院也并未提炼出争议焦点引导双方对抗,导致对反避税立法及相关标准界定缺乏充分的辩论,结果是任何一方的观点都不具有充分说服力。然而,一审、二审和再审法院在案件裁判时均完全采信税务机关的观点,"一边倒"的判决TCI公司败诉。平心而论,本案中行使司法审判权和监督权的法院没有秉持公平、中立的审判立场,在判决书中未能对法律规范命题和事实命题作出明确、清晰的认定,而是站在"国库主义"立场作出了不利于纳税人的判决。导致本案出现争议极大的司法判决的原因有以下两点:一是法制缺陷,我国引入一般反避税条款的时间较短,尚未形成内部逻辑严密、法律适用明确的规则体系,外加反避税司法实践经验的匮乏,司法机关的案件判决很大程度上依赖于税务机关对案件事实的认定;二是政治诱因,国际反避税浪潮下,案件的判决结果事关国家打击跨国公司避税行为的决心,保护国家税基免受避税侵蚀。〔1〕

税收执法的公正性、税法使用的一致性和税收后果的确定性是一国吸引外国投资的有力保障。〔2〕 税法规则的模糊性使纳税人无法预先判定其经济行为带来何种税收后果,在一定程度上违背了税收法定原则,同时也将给予税务机关较大的自由裁量空间,易导致公权滥用。确定性缺失的法制环境不仅不利于吸引国外资本进入本土市场,导致国家税源流失和经济衰退,也会带来纳税人之间的税负不公,违背量能课税原则。因此,为保障纳税人权利,约束和限制税务机关的自由裁量权,税法应尽可能地详尽和明确。〔3〕 立足于现有税法语境,如何具化出一般反避税规则的运行轨迹,提升个案的税法确定性,约束税收行政权,营造公平、公正的税收环境,是本案背后蕴含的深层税法难题。尤其是在税务诉讼中司法行政化现象严重,司法审判权无法发挥"看门人"角色,在交易事后难以有效制约行政权的情形下,这种思考尤为必要。笔者认为,将税收事先裁定制度引入一般反避税规则中,以在交易之前告知纳税人其未来的特定事项如何适用税法,产生何种税收结果的前置约束方式是弱化和缓解上述困境的有效途径。

二、事先裁定制度与GAAR的制度耦合

"各国民应当完纳的赋税必须是确定的,不得随意变更",当纳税人甚至不清楚自

---

〔1〕 本案中最高人民法院的再审判决即为政治因素的明证,判决中最后一段论及"本案事关税收法律法规和政策的把握,事关如何看待中华人民共和国税务机关处理类似问题的基本规则和标准,事关中国政府涉外经贸管理声誉和外国公司与中国公司合法权益的平等保护……"

〔2〕 参见刘磊、熊晓青、周妍:《事先裁定制度研究》,载《税务研究》2012年第9期。

〔3〕 参见廖益新、褚睿刚:《转让定价文档规则正当性研究——兼议纳税人协力义务》,载《现代法学》2018年第2期。

己应当缴纳的税额多寡及如何缴税时，纳税人“多少不免为税吏的权力所左右”，从而导致税吏的腐败和专横。[1] 确定性是赋税的最基本特征，在给予纳税人明确的税收期待的同时，约束和限制征税权的恣意妄为。囿于原则性条款和规则性条款的双重法律属性，一般反避税的运行规则具有先天的不确定性。事先裁定与一般反避税规则存在极强的税制耦合性，其预先性、适用性等特质能够弥补反避税的先天缺陷，提高税法规范的确定性和安定性。

（一）不确定性：GAAR 的先天缺陷

避税行为乃是利用税法未预料之异常或不相当的法律形式，意图减少税收负担之行为。[2] 既是法律未能预料的脱法行为，政府如果要求纳税人对脱法行为承担纳税责任，就必须引入对应的反避税规则，方能契合税收法定的法治精神。反避税规则包括：(1)特别反避税规则（“鸟枪方法”），旨在运用特定方式阻止特定范围内的避税活动；(2)一般反避税规则（“行政方法”），通过运用一般方法阻止不特定的避税行为。[3] 受控外国公司规则、资本弱化规则等特别反避税规则的特点在于“一杆枪对着一只鸟”，反避税条款是针对相对应的避税行为量身定做的，税法设计上相对具有针对性和确定性。然而，伴随经济全球化和国际贸易一体化步伐，纳税人频繁利用各国税制的差异、漏洞进行复杂多变的避税设计，特别反避税立法难以跟上避税行为的多样化演化步伐。GAAR 是对反避税的共性问题作出一般的、基础性的、原则性的规定，能够普遍适用于各种反避税问题。[4] 税法中引入一般反避税条款，为税务人员提供了打击避税行为的一把“锋刃”，使日益多样化的避税安排无所遁形。

如此说来，作为反避税措施的兜底性规则，普适性是一般反避税最有力的武器，但在规则普遍适用的同时带来了适用的不确定性问题。为弱化《企业所得税法》第 47 条的不确定性，我国在《企业所得税法实施条例》、《一般反避税管理办法（施行）》、《特别纳税调整实施办法（试行）》、《关于加强非居民企业股权转让所得税管理的通知》（国税函〔2009〕698 号）、《关于非居民企业间接转让财产企业所得税若干问题的公告》（国税〔2015〕7 号）等税法规范中进一步明确和细化一般反避税条款的运行规则。即便如此，一般反避税系列条款中仍存在诸多模糊点，且法规之间存有交叉和冲突，导致在实践运用中产生诸多争议。例如，我国在一般反避税规则中引入了合理商业目的原则和

〔1〕 参见[英]亚当·斯密：《国富论》，郭大力、王亚南译，商务印书馆 2015 年版，第 792 页。

〔2〕 参见陈清秀：《税法总论》，台北，元照出版公司 2012 年版，第 214 页。

〔3〕 参见[美]罗伊·罗哈吉：《国际税收基础》，林海宁、范文祥译，北京大学出版社 2006 年版，第 372 页。

〔4〕 参见刘开锐、宋兴义：《中国一般反避税立法框架研究》，载《扬州大学税务学院学报》2010 年第 3 期。

实质重于形式原则,但原则的适用条件、相互之间的位阶关系等问题仍不明确;“合理商业目的”“滥用组织形式”“主要目的”等概念无法准确界定。随着税法的规则完善和实践的经验积累,我国GAAR的运行轨迹必将越发清晰,但其先天具有的不确定性缺陷始终无法根治,导致“争议依然无法避免,依然需要对具体问题作出具体分析”。[1]

正因如此,考虑到地方税务机关往往无法准确把握一般反避税中法律适用和事实认定的标准,我国在一般反避税中推行层报核准制。层报核准制管控一般反避税的立案和结案两端,地方税务机关认为企业存在避税嫌疑的,层报省局复核同意,报国家税务总局申请立案,结案时同样需要层报省局复核同意,报国家税务总局审核处理。[2]层报核准制在形式上属于内部行政行为,仅在上下级税务机关之间产生权责关系,但在实践中,其层报的过程和结果不仅为纳税人所知悉,更在整个行政程序中发挥了决定性作用,对行政相对人产生了实际的法律效果。[3] 在“儿童投资主基金案”中,国家税务总局根据个案申请做出的批复对内是履行依照层报核准制行使上下级税务机关的反避税管理职责,对外则履行了法律法规所赋予的反避税调整权,客观上影响了地方税务机关和司法机关的反避税认定。考虑到层报核准制中上级税务机关的个案批复对税收案件的“越权”影响,国家税务总局发布《关于进一步规范税收个案批复类文件办理工作的通知》(税总办发〔2015〕184号),从中可以看出,加强批复的监督约束、控制批复使用的范围和数量是制度的发展趋势。

不难看出,一般反避税的规则运行与个案批复的变革趋势之间存有矛盾。就本土税法语境而言,层报核准制是一般反避税程序的必要组成部分,因为一般反避税案件通常专业性较强,涉税金额巨大,社会影响力较大,需要国家税务总局承担“看门人”的角色,以个案批复的形式维持反避税工作的统一性。另外,由于个案批复的滥用和随意性,上级税务机关已对下级税务机关、纳税人甚至司法机关产生“实际约束力”,妨碍司法审判独立和侵害纳税人权利,严格管控和减少个案批复是该制度的发展方向。随着一般反避税案件的增多,税制矛盾也将逐渐加剧。如何应对和缓解这一矛盾也是一般反避税制度完善过程中不得不考虑的重要议题。

(二)事先裁定制度:一般反避税的后天补强工具

不少学者和研究资料都尝试阐明事先裁定(advance ruling)的定义,总体而言大同小异。通俗地讲,事先裁定是纳税人在进行具体交易之前,可以通过该程序性制度,得

---

〔1〕 参见王宗涛、陈涛:《试析我国避税认定标准与方法》,载《国际税收》2014年第6期。

〔2〕 参见《一般反避税管理办法(试行)》(国家税务总局令2014年第32号)第7~9条。

〔3〕 参见陈晴、陈莘:《非居民企业间接股权转让反避税诉讼的困境与反思——以儿童投资主基金诉杭州西湖区国税局案为例》,载熊伟主编:《税法解释与判例评注》(第7卷),法律出版社2016年版,第35页。

到税务机关对与交易相关的税收后果的正式确认。[1] 归纳起来,事先裁定制度具有几项基本特征:事先性,即事先裁定针对的是纳税人期望发生而并未发生的未来交易或活动,因此,事先裁定不具有可复议性和可诉性;特定性,事先裁定是裁定主体针对某一或某一类纳税人的特定事项作出的具体行政行为,不具有普适性,对其他纳税人无效;确定性,纳税人事先通过该制度明确其特定的交易或活动在现有税法框架下的税收结果。在进行税收筹划时,企业提前就相关交易事项提请事先裁定,确认该交易行为是否因违背反避税规则而承担纳税责任,进而根据裁定结果做出应对措施,降低税务风险。同时,裁定的认定结果通常对税务机关具有约束力,如果纳税人的交易行为与裁定申请的相符,税务机关不能采用与原税收裁定结果不一致的立场,至少不能因为裁定结果对纳税人有利而变更。[2]

由此可见,事先裁定不仅能够减少未来涉税交易中反避税规则适用的不确定性,提升纳税人税法的遵从意愿,同时在一定程度上限制了税务机关的自由裁量权,符合纳税人权利保护的税法精神,为诸多国家青睐。[3] 在印度的“ARDEX 毛里求斯案”中,纳税人向事先裁定机构做出裁定申请,裁定认为该案件应适用印度与毛里求斯签订的税收协定,印度税务机关无权征税。[4] 在2015 年 G20 峰会上,提高税收透明度是防止 BEPS(全称为“税基侵蚀与利润转移”)重点推动的内容之一,其中,落实事先裁定制度是反避税工作的重要组成部分。[5] 在一般反避税中落实事先裁定制度,提高反避税确定性,建立和完善与国际税收制度相适应的现代化征管体系是时势所趋。

如果说事先裁定能够提高一般反避税运行规则的确定性体现的是税制之间的内在耦合性,那么它与个案批复存在的交叉性和可替代性则展现了外在的程序耦合性。税收个案批复指涉税务机关针对特定税务行政相对人的特定事项如何适用税收法律、法规、规章或规范性文件所做的批复。[6] 它与事先裁定都是由税务机关对税法适用的

---

〔1〕 参见 IBFD:《国际税收辞汇(IBFD)》,《IBFD 国际税收辞汇》翻译组译,中国税务出版社 2019 年版,第 10 页。

〔2〕 参见樊勇、韩文达:《我国税收事先裁定制度之完善》,载《国际税收》2016 年第 4 期。

〔3〕 根据 OECD(Organization for Economic Co - operation and Development,经济合作组织)报告,34 个成员中 33 个规定了事先裁定制度,在选取的 22 个非 OECD 成员中,有 19 个规定了该制度。See OECD (2015), Tax Administration 2015: Comparative Information on OECD and other Advanced and Emerging Economies, OECD Publishing, Paris, Published on August 11, 2015, p. 289.

〔4〕 “Recent AAR Ruling—Indirect Transfer of Shares: The Controversy Continues”, *The Chartered Accountant*, 2012(1), pp. 1058 - 1064.

〔5〕 参见王明世:《税收预约裁定制度:路径与方法选择》,中国税务出版社 2016 年版,第 120 页。

〔6〕 参见《税收个案批复工作规程(试行)》(国税发〔2012〕14 号)。

不确定性问题作出的说明,但具体内容差异性较大:个案批复是在案件发生之后税务部门之间的内部行政活动,是在上下级税务机关权力的制约监督和沟通协调,纳税人无法参与其中;事先裁定是在交易发生之前由纳税人启动适用的,内在机理是促进纳税遵从。相比个案批复,事先裁定的优越性在于它在交易发生之前告知纳税人税收结果,提高税法确定性的同时给予纳税人充分的选择空间,助力纳税人权利保护;它旨在鼓励征纳双方共同参与税收征管与而非税务机关单独推动,为双方搭建了沟通桥梁,有助于构建和谐征纳关系。

如此说来,税法的不确定性是一般反避税规则的先天缺陷且难以根除,引入事先裁定制度作为配套制度,可以在后天提升税法的确定性,契合一般反避税规则完善的法治逻辑,同时能够有效限制和减少个案批复的使用,暗合限缩和制约个案批复制度的本土语境。

三、事先裁定主体的选取及其解释权限度

根据纳税人的裁定申请,税务机关向其发出的关于未来交易税法属性的陈述、信息或建议,实质上是属于行政机关解释税法的过程,且解释的是法律的适用,而非事实问题。[1] 一般反避税中可能适用的税法既包括由全国人大制定的法律《企业所得税法》,也包括国务院制定的行政法规《企业所得税法实施条例》及国家税务总局制定的《一般反避税管理办法(施行)》《特别纳税调整实施办法(试行)》等部门规章。裁定主体不得不对上述税法适用作出解释。由此产生的问题是,何者才是裁定中税法解释的适格主体,以及相应解释过程中的合理权限。

(一)裁定主体选取:省级以上税务机关抑或国家税务总局?

我国《税收征收管理法(征求意见稿)》(以下简称《征求意见稿》)中将税收事先裁定的主体暂定为省级以上税务机关。如此设定的原因有二:其一,地方税务机关距离交易事项发生地更接近,便于涉税调查和与纳税人沟通;其二,事先裁定的数量较多,且涉及的交易事项通常较复杂,可充分发挥省级税务机关的人员优势,提高行政效率。但笔者认为该规定有待商榷。引入事先裁定制度的根本目的在于“保证税法适用的统一性和连贯性,帮助纳税人防控税务风险的同时促进深度的纳税遵从、优化税收征纳关系,而非增加一个税法解释程序来重复性地完成一般纳税服务或税收个案批复制度就能完成的工作”。[2] 我国引入一般反避税规则的时间较晚,税收立法尚不完备,实

---

〔1〕 参见聂淼、熊伟:《预先裁定制度与纳税人权利保护》,载《国际税收》2016年第1期。

〔2〕 朱大旗、姜姿含:《税收事先裁定制度的理论基础与本土构建》,载《法学家》2016年第6期。

践经验匮乏,导致其事先裁定更具自身特色。以儿童投资主基金案为例,案件中涉及的税收交易事项覆盖境内外多家企业,影响力巨大,无论是行政还是司法机关都对税法的适用和事实的认定含糊其辞。不难看出,一般反避税案件多为大型复杂疑难税务案件,跨省甚至跨国乃常有之事,省级税务机关难以给予纳税人恰当、准确的裁定结果,且不同地域的执法水平和服务水平上下不一,难以确保一般反避税规则在全国范围内得到统一的税法解释。

或许是考虑到上述情由,现有税法规则通过层报核准制度将一般反避税案件的立案权和结案权收归国家税务总局统一行使,省级税务机关仅有复核权而无批准权。国务院严格管控反避税个案的批复层级,限制解释主体,以降低税法解释的随意性,保证反避税解释的统一性。由此及彼,如果以现有《征求意见稿》的架构,将一般反避税相关的裁定权限下放到省一级税务机关,则意味着税法解释权的分散,与税法原有的立法初衷相违背,危害税法适用的统一性。如此可见,将事先裁定的主体限定在国家税务总局一级就显得合情合理。接下来需要考虑的问题是,税务交易的天平两端分属纳税人代表的公民私人财产权和税务机关代表的国家征税权。即便是国家税务总局作为裁定主体,也无法改变在税法解释中税务机关“既是运动员又是裁判员”的局面,极易导致解释权的恣意滥用,侵损纳税人权利。国家税务总局的解释权应有必要限度。

(二)国家税务总局的解释权限度

“在中国,法律解释是包括立法机关在内的国家各职能部门‘齐抓共管’的领域。”[1]基于公权制约理念,我国的法律解释体系形成立法解释、司法解释和行政解释并立的局面。[2] 在税法解释领域,除了立法机关在法律层面行使解释权之外,司法机关无法独立实际行使司法解释权,国家税务总局实质上主导了税务行政领域的税法解释权。[3] “儿童投资主基金案”中法律论证过程即为明证,法院并未对法律适用和案件事实作出清晰的解释和认定,而是完全依照税务机关的解释立场。

不难看出,税法中的三种解释权之间,国家税务总局的行政解释权“一家独大”,立法解释权和司法解释权无法从外部对其进行必要的约束和限制。在不论及当前国内划定的法律解释体系是否合理的宏观法治问题的前提下,从内部约束行政解释权范围,进一步确定合理限度是限制和约束国家税务总局税法解释权,维护纳税人权利的最佳途径。依据《宪法》和 1981 年《全国人民代表大会常委会关于加强法律解释工作

〔1〕 张志铭:《法律解释学》,中国人民大学出版社 2015 年版,第 155 页。

〔2〕 参见丁戊:《法律解释体系问题研究》,载《法学》2004 年第 2 期。

〔3〕 参见叶金育:《国家税务总局解释权的证成与运行保障》,载《法学家》2016 年第 4 期。

的决议》(以下简称“1981年决议”)的规定,国家税务总局获得行政解释权的合法依据有两种:一是“不属于审判和检察工作中的其他法律、法令如何具体应用的问题”,由国务院及主管部门行使解释权;[1]二是国务院各部委可根据法律和国务院行政法规、决定、命令,有权“在本部门的权限内,发布命令、指示和规章”。[2]

“1981年决议”赋予国务院及主管部门解释“不属于审判和检查工作中的其他法律、法令”的权利是一种不完全的解释权,即仅对上述法律、法令的“如何具体应用的问题”行使解释权。国家税务总局的税法解释权是一种应用性解释权,仅应在法律、法令赋予的职权范围内解释税法,不能通过税法解释创设解释本身之外的立法功能。[3] 这种应用性体现在一般反避税裁定中的解释根本上是以执行、适用《企业所得税法》第47条和《企业所得税法实施条例》中相应的一般反避税条款,而不是超越原有的法律、法规的立法范围作出立法解释。

同时,目前国家税务总局的应用性解释分为三种:第一种是应具体税务机关的请示,针对税收执法过程中的税收法律、法规、规章而作出的具有法律效力,但无普遍约束力的解释;第二种是国家税务总局主动作出的针对具体的税收法律、法规、规章的适用问题的解释,该解释具有普遍指导意义;第三种是就普遍应用而非具体应用税收法律、法规、规章问题作出系统的规范性解释。[4] 引入事先裁定后,国家税务总局在裁定中作出的解释并非现有的三种解释中的任何一种,而是一种类似于第一种解释的全新解释类型,即应纳税人的事先裁定请求,针对未来发生的、有重要经济利益的特定复杂事项如何适用税法作出的具有法律效力的解释,该解释仅针对当事人有效,而不具有普遍约束力。

四、反避税事先裁定中的基本立场:国库主义抑或纳税人主义

事先裁定既然被定位为税务机关在交易之前的一种行政解释行为,那么裁定中就必然要面对税法解释中的基本立场选择问题。国家税务总局在选择一般反避税中的裁定立场时,既要遵循税法解释基本规律的税之共性,又要兼顾一般反避税规则运行的税法特性。

---

[1] 参见“1981年决议”第3条。

[2] 参见我国《宪法》(2004年修正)第89条第1款、第90条第2款。

[3] 参见张翔:《功能适当原则与宪法解释模式的选择——从美国“禁止咨询意见”原则开始》,载《学习与探索》2007年第1期。

[4] 参见叶金育:《国家税务总局解释权的证成与运行保障》,载《法学家》2016年第4期。

(一)事先裁定解释立场的税法叙说

不同部门法的立法价值、理念及法律规定的方式等不同,会对法律解释的立场提出不同的要求。[1] 从本质上来讲,税收是将纳税人私人财产无偿转化为国家财政的国家暴力,税法解释就在这转换的博弈中确立了具有税法特色的解释立场。在个案处理中必然产生纳税人的财产减少、国家财政增加或者纳税人无须纳税、国家财政相对减少的税收结果。事先裁定虽然针对的是尚未发生的涉税交易事项,但裁定的结果是否符合纳税人的税收期待将左右纳税人的具体交易行为,进而影响税收结果。特别是在全球经济走入巨大的经济困境的当下,陷入财政危机的OECD国家积极推动BEPS行动计划应对逃避税问题。[2] 税务机关极有可能受此影响,就一般反避税事项作出不利于纳税人或不具有说服力的事先裁定,架空税制本有的立法初衷,突破公平、公正的税收法治精神。

税法解释问题归根结底是在实定法范围内作出有利于纳税人还是不利于纳税人的解释问题。[3] 以此为界分依据,税法解释的立场就可以区分为"对纳税人有利"和"对国家财政有利",分别对应纳税人主义和国库主义。国库主义是指在税法解释时,解释主体有意或无意地站在国家财政筹集的立场,以国库收入作为优先考虑的事项,作出的解释常常有利于税务机关征税。纳税人主义恰恰相反,其解释的立场是有利于纳税人,解释结果往往是纳税人不纳税或少纳税。[4] 当然,两种解释看似对立冲突,实则并非泾渭分明。税法解释实践中难以完全站在其中一个立场而对另一个立场弃之不顾,只是会基于解释主体的立场和主观认知而对某一立场有所偏向。例如,如果纳税人有权解释税法,自然站在纳税人主义立场认定其税收安排符合税法精神,不属于避税安排;立法机关解释税法则会根据立法的原旨和具体的法条规定作出选择,税收优惠条款的解释往往更有利于纳税人,反避税条款的解释往往更有利于国库收入;税务机关作为征税机关,基于自身职能要求和税收任务的完成需要,表现出极强的财政筹集冲动,[5] 解释税法时也往往站在国库主义立场。

---

〔1〕 参见郭晓红:《从刑法的特征看刑法解释的立场》,载《河北法学》2009年第2期。

〔2〕 参见曹明星:《BEPS方略:新威权主义重构国际税收秩序的集结号?》,载《国际税收》2014年第7期。

〔3〕 参见[日]北野弘久:《税法学原论》(第4版),陈刚、杨建广等译,中国检察出版社2001年版,第69页。

〔4〕 参见叶金育:《税法解释中纳税人主义研究》,武汉大学经济法2015年博士学位论文,第26页。

〔5〕 参见褚睿刚:《税收任务溯源:形成、异化与展望》,载《太原理工大学学报》(社会科学版)2016年第5期。

对一般反避税相关事项作出事先裁定,影响裁定中解释立场的因素主要有三:其一,以本文立场,作出解释的主体是行政机关,即国家税务总局而不是立法机关、司法机关等中立机关;其二,裁定的事项是一般反避税规则的适用,就立法目的而言,规范设立的本有目的在于打击纳税人滥用税法漏洞的避税行为;其三,世界范围内坚决打击避税行为成为各国政府的基本立场,且随着跨国避税所诱发的BEPS问题越发严重,全球合作反避税成为未来各国税收征管和税务合作的焦点话题。[1] 上述三因素无一例外地将纳税人置于不利境地,相较纳税人,税务机关在税法解释中处在享有话语权的优势地位,极易站在国库主义立场。正因如此,在"儿童投资基金案"中,法院的司法解释在实质上已等同于税务机关的行政解释,其判决带有浓重的国库主义立场,例如,二审判决中税务机关提及"本案上诉人诉请与国家税收主权能否维护直接相关",判决维持原判;再审判决书中论及"本案事关税收法律法规和政策的把握,事关如何看待中华人民共和国税务机关处理类似问题的基本规则和标准,事关中国政府涉外经贸管理声誉和外国公司与中国公司合法权益的平等保护"。

(二)纳税人主义:对税收法定原则的回归

"避税与反避税,涉及到税法形式法治与实质法治的对立与协调。"[2]税法形式法治对应税收法定原则,实质法治与量能课税原则相呼应。税收法定原则是税法建制原则中的"帝王条款",包括税收要素法定、课税内容明确和税收程序法定。税收要素法定要求有关纳税主体、课税对象、归属关系、课税标准、缴纳程序等基本要素,应当由法律进行规定;课税内容明确即要求税收要素在法律中的规定应尽可能明确,避免出现歧义和漏洞;税收程序法定要求税务机关应严格依法征税,不允许随意减征、停征或免征,更不能超出税法规定范围加征。[3] 量能课税原则要求不同税收负担能力的人应依照其实际税负能力缴纳税款,负担能力高的多纳税,负担能力弱的少纳税。[4] 从形式法治出发,既然纳税人的特定交易行为并不满足纳税构成要素,在税法适用解释中,解释机关不能对税法作出超出文义的目的解释或漏洞补充,纳税人的避税行为并不违反税法文义,而是纳税人财产自由权衍生出的合法税收筹划行为。但从实质法治出发,纳税人的避税行为导致相同纳税能力的人不纳税或缴较少的税,违背公平原则,侵损

---

〔1〕 参见王宗涛:《一般反避税条款研究》,法律出版社2016年版,第16页。

〔2〕 同上书,第24页。

〔3〕 参见刘剑文、熊伟:《税法基础理论》,北京大学出版社2004年版,第105页;刘剑文、耿颖:《税收法定原则的完整内涵及现实意义》,载财新网:http://topics.caixin.com/2015-03-11/100790118.html,最后访问日期:2018年8月26日。

〔4〕 参见熊伟:《法治视野下清理规范税收优惠政策研究》,载《中国法学》2014年第6期。

国家税基,应对避税予以规制。一般反避税条款的出现并在各国(地)普遍适用,昭示着量能课税原则在“两虎相争”中占据主导地位。

不难看出,税收法定原则偏重“对纳税人有利”,量能课税原则通常“对国库有利”。一般反避税规则本身就是立法者站在国库主义立场对税收法定原则的立法妥协,先天具有不利于纳税人的税法特征。当然,受制于税收法定原则的约束,立法者也在不断细化一般反避税规则,尽可能明确和细化避税的构成要素。例如,澳大利亚税制中规定避税行为满足四项基本要件,如果不满足则无须纳税;〔1〕借鉴于澳大利亚的立法经验,我国香港特别行政区在《税务条例》中进一步明确判断“唯一或者主要目的”的7项客观因素,税务机关将根据这7项因素综合分析是否属于避税行为。〔2〕概言之,如果纳税人的交易行为符合一般反避税规定的要素条件则属于避税行为,需要承担纳税责任,反之无须纳税。需要考虑的是,若纳税人的交易行为无法确认是否符合一般反避税条款的规定,如何认定是否构成避税呢?毋庸置疑,以国库主义立场观测,上述情况多被认定为避税行为,纳税人需要缴纳税款。这就意味着一般反避税的运行是基于双重国库主义进行的,也就是对税收法定原则的双重背离,其立法正当性和法律解释正当性都将受到质疑甚至荡然无存。相反地,税务机关在裁定中如能站在纳税人主义立场解释税法,当无法确认纳税人行为是否属于避税行为时“疑税从无”,不仅是对税收法定原则的回归,更是对税收公平和纳税人权利保护的税法至高宗旨的有力贯彻。事先裁定如能如此推行,提升税法的确定性和纳税遵从,体现纳税服务精神、改善征纳关系等税制建构初衷便可期待。

当然,国库主义在事先裁定中并非完全没有适用空间。如果纳税人所提交的未来事项符合一般反避税条款规定,税务机关理应作出客观的裁定结果,前提是在裁定中清晰、明确地列出认定依据和判断逻辑,以便纳税人作出是否适用裁定的选择,避免出现“儿童投资主基金案”中难以令人信服的法律论证逻辑和裁判结果。

五、余论

事先裁定的行政解释属性是弥补一般反避税规则先天不确定性的极佳工具,对一般反避税的税法体系完善和实践指导具有深远影响。当然,事先裁定在税收领域具有广泛的适用空间而不局限于一般反避税,例如,我国在2008年着手在大企业涉税诉求

---

〔1〕 参见张军立、李霞:《新〈企业所得税法〉的一般反避税条款再审视》,载《河北法学》2010年第9期。

〔2〕 参见许炎:《香港一般反避税规则简述》,载《国际税收》2013年第4期。

中推出事先裁定,提高了大企业税法遵从度和税收征管质量;[1] 2012 年国家税务总局大企业税收管理司与部分企业签订税收遵从协议,对大企业的税收不确定事项提供纳税指导,增强税收政策的确定性和执行统一性;[2] 预约定价安排也具有事先裁定的影子。

可喜的是,我国在《征求意见稿》第 46 条首次引入了税收事先裁定制度,开启了事先裁定立法的中国进程。目前国内已有不少研究关注税收事先裁定的相关问题,多是以理论基础、域外借鉴、整体制度设计等宏观视角切入,笔者更倾向于在具体税制中探究事先裁定的相关理论和制度建构。税收事先裁定本质上是税务机关解释税法如何适用的税收服务,最基本的功能在于提升税法确定性。[3] 一般反避税的税法特质注定了其与事先裁定制度存在极强的耦合性,以之为样本探讨事先裁定相关政策取向更具代表性。文中关于事先裁定的主体应限定为国家税务总局、裁定中行政解释权的行使要有必要限度、纳税人主义作为裁定中税法解释的基本立场等关键问题的讨论意在为税收事先裁定的制度构建提供方向性指引,至于裁定程序、裁定时限、裁定公开等制度细节,囿于篇幅限制,在此不再泛泛展开。

---

〔1〕 参见何坤明:《事先裁定:防范税务风险的重要制度安排》,载《中国税务报》2012 年 2 月 20 日,第 5 版。

〔2〕 参见祝樱:《事先裁定:纳税人的"定心丸"》,载《中国税务报》2015 年 2 月 6 日,B02 版。

〔3〕 See OECD(2015), Tax Administration 2015: Comparative Information on OECD and other Advanced and Emerging Economies, OECD Publishing, Paris, Published on August 11, 2015.

避税行为构成理论的反思与改造

——从“儿童投资主基金案”说起

余鹏峰*

目　　次

一、问题的缘起

2016年9月8日最高人民法院就“儿童投资主基金(The Children's Investment Master Fund,TCI)案”作出再审行政裁定,驳回了TCI的再审申请。至此,历经行政复议,行政诉讼一审、二审,以及再审申请程序的TCI案终于落下帷幕。[1] 但是关于TCI转让Chinese Future Corporation(CFC)股权的交易是否构成避税之争议仍未“尘埃落定”,尤其是以我国《企业所得税法》第47条为中心建构的一般反避税规则及其适用。

---

* 厦门大学法学院财税法学专业博士研究生、厦门大学财税金融法治研究中心研究助理。

基金项目:国家社会科学基金重点项目“应对BEPS背景下完善中国反避税法律体系研究”(14AZD153)、福建省社会科学规划青年项目“海峡两岸反避税法律制度比较与借鉴研究”(FJ2016C006)、中央高校基本科研业务费专项资金资助项目“法学维度下我国财税体制和制度改革研究”(20720161080)。

〔1〕 参见中华人民共和国浙江省杭州市中级人民法院行政判决书(2015)浙杭行初字第4号、中华人民共和国浙江省杭州市高级人民法院行政判决书(2015)浙行终字第441号和中华人民共和国最高人民法院行政裁定书(2016)最高法申1867号。

但问题在于:(1)“合理商业目的”和“实质重于形式”关系不明确,避税行为构成要素之间逻辑关系混乱易导致税法适用的恣意;(2)“合理商业目的”“实质重于形式”属于不确定概念,削弱了税法的可预测性与安定性,无法为纳税人判断其从事的经济交易是否构成避税行为提供指引;(3)实践中往往以“合理商业目的”的主观标准,根据维护国家征税权之需要而进行反避税调整,易使国民经济自由面临受侵害的危险。

实则,“反避税的关键在于对避税安排(行为)的正确理解与精准识别”。[1] 在逻辑上,避税行为是避税的内涵和外延的结合体。而内涵是事物特有属性的反映,为同其他对象区别的构成要件,外延是指具有该概念内涵方面构成要件的那些对象,[2]因此,避税行为的识别意在探寻避税的构成要件。

但就文献综述而言,国内学者在避税的外延方面倾注大量笔墨,甄别避税行为与节税、逃漏税及虚伪行为,而对内涵方面的构成要件挖掘不深。现有成果大多是沿袭德国学者布鲁门修坦因的三要件说[3]和蒂普克(Tipke)的四要件说。[4] 之外,虽有客观二要件说[5]和主客观相统一的四要件说,[6]但不外乎是滥用法律形成可能、获得税收利益和具有避税意图三个要素在主客观方面的排列与增减。这种构成理论固然把握了避税的基本特征和行为状态,但不是对避税进行纯粹法律事实层面的判断,而是掺杂了“滥用”“意图”等法律价值层面的判断,难以理顺客观与主观的关系,不能确保从客观到主观认定避税,无法平衡国家征税权与纳税人权利。

诉诸法学体系内,刑法学中有关构成要件理论的研究十分丰富且较完善,同时信奉税收法定原则的税法与遵循罪刑法定主义的刑法旨趣一致,认定避税行为与犯罪行为的条件在方法论上具有共性,因此有必要借鉴犯罪构成要件理论对避税构成要件理论进行检视与完善。

---

[1] 余鹏峰:《海峡两岸反避税的分野与合流——基于法律规则的比较分析》,载《福建师范大学学报》(哲学社会科学版)2017年第4期。

[2] 参见[美]欧文·M.柯匹、卡尔·科恩:《逻辑学导论》(第11版),张建军等译,中国人民大学出版社2007年版,第134页。

[3] 参见葛克昌:《租税规避之研究》,台湾大学法律系1978年硕士学位论文,第195页;杨小强:《税法总论》,湖南人民出版社2002年版,第217~219页;张晓婷:《税行为研究》,北京师范大学出版社2010年版,第258页。

[4] 参见陈清秀:《税法总论》(第7版),台北,元照出版公司2010年版,第220页。

[5] 参见刘剑文、丁一:《避税之法理新探》(上),载《涉外税务》2003年第8期。

[6] 参见周序中:《避税行为特征之新证》,载葛克昌、刘剑文、吴德丰主编:《两岸避税防杜法制之研析》,台北,元照出版公司2010年版,第146~149页;王宗涛:《反避税法律制度研究》,武汉大学法学院2013年博士学位论文,第45~55页。

二、传统避税行为构成理论的缺陷

从文献发展来看,关于避税行为构成理论的阐释多源自德国学者布鲁门修坦因和蒂普克的论述。布鲁门修坦因提出,避税构成要件包括主观要素、客观要素及效果要素三方面,主观因素是指存在避税的意图,客观因素是指存在交易形式或处置的异常性,效果因素是指达到税收负担减轻的效果。[1] 此谓之“三要件说”。蒂普克认为,避税行为构成要件包括为把握某一个经济上事实关系,税法与法的形成可能性相连接,法的形成可能之滥用,税法之规避以及规避意图。[2] 学界称为“四要件说”。三要件之客观要素和四要件之法的形成可能之滥用都对纳税人主观意图进行了考量,因而没有必要将避税意图单独作为避税行为构成要件的要素。借此,刘剑文和丁一将避税行为构成要件简化为行为要素和效果要素,即滥用法律的形成可能性和规避税负的经济效果。[3] 有学者将此归纳为“两要件说”。[4]

根据构成要件要素多少来区分避税行为构成要件理论的差异是没有意义的,因为要素形式上的多少并不能反映要素内容上的异同。实际上,避税行为构成的二要件、三要件和四要件之要素内容具有同一性。就二要件说、三要件说而言,两者要件要素内容上并没有本质区别,因为滥用法律形成之自由就包括外在交易形式或处置的异常性和内在避税意图的判断。就三要件说、四要件说而言,两者都包括主观、客观和效果要素,唯一区别的是四要件中多一个要素,即把握某一个经济上事实关系,税法与法的形成可能性相连接。然而,此要素并非避税行为特有属性的反映,而是税法当中一个普遍性的规律——“税法的规定往往是以私人性的交易法为前提并以此为基础的。”[5] 换言之,税法与法的形成可能性相连接是个常态,二要件说、三要件说都暗含了这样的逻辑前提。如此,上述避税行为构成要件即可统一为涵盖主观、客观和效果三要素的理论,也可大致得出构成要素的逻辑关系是,“基于纳税人的主观规避意图——采用滥用法律的形成自由的手段——结果达成减轻税法义务的目的,即体现意图的手段表现形式异常,且必须事实上实现了纳税人减轻税收负担(或获取税收利益)

---

〔1〕 参见杨小强:《税法总论》,湖南人民出版社2002年版,第217~219页。

〔2〕 Tipke, in Tipke/Kruse, AO, § 42 Tz. 10 ff.; Tipke/Lang, Steuerrecht, S. 122 ff. 转引自陈清秀:《税法总论》(第7版),台北,元照出版公司2010年版,第220页。

〔3〕 参见刘剑文、丁一:《避税之法理新探》(上),载《涉外税务》2003年第8期。

〔4〕 张晓婷:《税行为研究》,北京师范大学出版社2011年版,第257页。

〔5〕 [日]金子宏:《日本税法》,战宪斌译,法律出版社2004年版,第28页。

的目的”。[1] 应当说,以“滥用法律形成的可能性”或“不相当的法律形式”为避税行为构成核心要素的理论,把握了避税的基本特性和行为状态,但是在适用的过程中仍然存在诸多困境。

首先,“滥用”和“不相当”均属于不确定法律概念,其具体内涵为何,尚待进一步讨论,更遑论作为实践中避税行为认定的标准,徒增税法适用的不确定性。以此作为避税行为构成核心要素有违税收法定原则之嫌。“虽说法律的建构离不开不确定概念,但在其拟通过不确定概念质疑纳税义务人之契约类型自由时,其难度是可以想见的。”[2]其次,避税行为遵循“意图—手段—结果”的认定逻辑体现在思维上是“主观评价—主客观评价—客观评价”。此理论下,避税行为构成之客观与主观的关系是不清的,难以保障从客观到主观认定避税。而“滥用”之法律价值层面的评价,导致由故意决定行为性质,进而导致从主观到客观认定避税,必然使国民经济自由面临受侵害的危险。最后,这种思维逻辑不符合严谨法学方法——客观判断先于主观判断的要求,而且与判断法律行为构成要件的基本观念——从客观到主观相背离,以致纳税人和税务机关都无法根据法律行为构成要件的一般方法和观念对避税行为进行判断,成为聚讼纷纭的所在。

鉴于此,周序中按照法律行为构成要件的一般框架提出,避税行为构成有主体、主观、客体和客观四个要素,即避税行为的主体为依法负有纳税义务的纳税人,包括自然人和单位;避税的主观要素是故意;避税的客体要素是指避税所侵害的国家正常税收秩序;避税客体要素包括侵害行为和侵害结果。[3] 在此启发下,王宗涛按照刑法犯罪构成的四要件理论对避税行为进行了解构,亦得出了避税行为构成要素涵盖主体、主观、客体和客观四个方面。不同的是,他将客体和客观方面归为客观要件,主体和主观方面归为主观要件,据此建构避税行为构成要件的主客观二元体系。考虑到前述构成要件的缺陷,他指出避税行为构成要件之间存在“以客观方面为主要要件、以主观方面为排除要件”的价值位阶,在具体适用上应遵循“从客观要件到主观要件”的逻辑顺

---

〔1〕 俞敏:《税收规避法律规制研究》,复旦大学出版社2012年版,第28页。

〔2〕 黄茂荣:《法学方法与现代税法》,北京大学出版社2011年版,第247页。

〔3〕 参见周序中:《避税行为特征之新证》,载葛克昌、刘剑文、吴德丰主编:《两岸避税防杜法制之研析》,台北,元照出版公司2010年版,第146~149页。

序。[1] 但是,这种基于传统犯罪构成四要件的理论同样存在不可避免的缺陷。[2]

第一,将避税客体作为构成要件不合理。一方面,避税的客体实际上是税法保护的法益,即被立法者通过价值判断纳入税法保护范围内的利益。纳税人实施的行为符合避税构成要件就意味着侵犯了税法所保护的法益。显然,客体是行为符合避税构成要件所侵害对象的外在表现,与避税行为构成的主体、主观和客观三个要件并不处于同一层次。另一方面,避税客体是被说明、被反映的现象,某种税收安排是否侵犯了税法法益、侵犯了何种税法法益并不是由避税客体本身解决的。在法律文本层面,要通过法律条文规定的避税行为构成要件反映出来;在现实安排层面,要通过符合避税行为构成要件的事实反映出来。倘若将客体作为避税行为的构成要件,交由税务机关或法官评价,不仅会出现体系上的逻辑错位,而且不符合税收法定原则的要求。

第二,四要件是没有位阶的避税构成,意味着避税构成的四个要件只能综合起来发挥作用。从关系上说,避税行为构成四要件之间是一种共存关系,避税行为的主体、主观、客体和客观一有俱有、一无俱无。从结构上来说,避税行为构成要件通常表现出"客体—客观—主体—主观"的排列顺序,但是这种线性结构具有不稳定性,构成四要件之间的顺序既可被随意排列,亦可被随意打乱。避税行为构成四要件之间没有形成一个具有内在逻辑关系的体系,其结果是主观判断往往先于客观判断,价值判断往往先于事实判断以及实质判断先于形式判断,由此导致避税行为认定错误。

第三,注重避税行为构成要素逻辑关系的观点与传统四要件体系具有本质的区别。首先,认为交易手段和经济目的之间的不相当,以达到规避税法之目的,就构成滥用法律形成自由,是一种意义上的避税,这其实是指"脱法行为"。对此后文会详细论述。其次,认为以"非税收利益"为唯一或主要目的是不符合避税构成的行为,是将"非税收利益"当作消极的构成要件要素。最后,上述观点是将避税主体与避税主观方面当作是否可调整的问题进行讨论,实则是运用阶层逻辑为核心解释四要件体系的。即便如此,这种体系也存在难以解决的问题。将避税客体解释为税法所保护的社会关系或者合法利益,已经使客体失去了构成要件的意义。如前所述,将税法法益本身作为避税行为构成要件,恐怕既不合适,也无必要。既然认为在得出行为符合避税构成客体要件的结论之前,已经进行了该行为不是基于税收利益为唯一目的或主要目的等正当行为的判断,就应当在避税构成客观要件中(或之后)讨论非税收利益正当化事由,

---

[1] 参见王宗涛:《反避税法律制度研究》,武汉大学法学院2013年博士学位论文,第45~55页。

[2] 关于传统的犯罪构成四要件体系的缺陷可参见周光权:《犯罪构成四要件说的缺陷:实务考察》,载《现代法学》2009年第6期;陈兴良:《教义刑法学》,中国人民大学出版社2010年版,第116~135页;张明楷:《刑法学》(上)(第5版),法律出版社2016年版,第100~103页。

而不是在主观要件之后讨论正当化事由。

三、阶层避税行为构成理论的证成

刑法学上构成要件的阶层理论[1]较好地克服了传统四件理论的缺陷,可兹避税行为构成要件完善之借鉴。而按照阶层理论的思路,避税行为构成应当是避税基本特征的具体化。因此,必须结合避税行为的基本特征,对避税行为构成要件的具体内容加以剖析。

(一)刑法与税法的功能同质与理论关照

从法的本质来看,刑法是公民基于社会安定的考虑而让渡自身行为自由所划定的界限,而税法乃是基于社会公共产品提供的需要而让渡自身财产所有权所商定的范围,两者具有同质性。从建制原则来看,刑法恪守的罪刑法定原则与税法信奉的税收法定原则,皆源自1215年《英国大宪章》;刑法遵守的罪刑相适应原则与税法强调的量能课税原则,要求的刑罚轻重同犯罪的轻重相适应和税收负担与经济能力相适应,具有相似性。“税法如同刑法,是对有关主体的自由和财产权利的重大限制,所以应如‘罪刑法定’一样,有关纳税人实体权利义务的课税构成要件必须以法律的形式做出规定,非依法律规定不得课征税收。”[2]从立法实践来看,两者兼为宪法性法律规制领域,犯罪和税收分别确认在《立法法》第8条第4款和第8款,都是只能制定法律的事项。因此,有学者论道:“在部门法上,‘法律保留原则’得到最为顽固坚守的,是两个领域——刑法与税法。”[3]

刑法与税法在功能上的同质性为两者理论上的关照提供了可能。而且构成要件理论以及构成要件机能是当代刑法理论与刑法体系的基石,[4]税收构成要件同样是税收实体法的灵魂,是支撑税法学科独立发展和税法体系日趋完善的基石。[5] 两者的核

---

〔1〕 德国、日本的多数学者采取构成要件符合性、违法性、有责性的三阶层体系,而将构成要件符合性与违法性可合并为一个阶层体系,则是两阶层体系。实质上,二阶层说与三阶层说没有实质区别,即三阶层论将构成要件符合性与违法性作为两个不同的阶层,而二阶层说认为构成要件符合性与违法性是同一阶层的两个判读步骤。参见张明楷:《刑法学》(上)(第5版),法律出版社2016年版,第96页。

〔2〕 朱大旗:《论税收法定原则的精神实质及其落实》,载《国际税收》2014年第5期。

〔3〕 杜宇:《刑法上之“类推禁止”如何可能?一个方法论上的悬疑》,载《中外法学》2006年第4期。

〔4〕 刑法学界虽对构成要件有四要件和阶层论之争,但并不否认构成要件在刑法及其体系中的重要地位。详见高铭暄:《论四要件犯罪构成理论的合理性暨对中国刑法学体系的坚持》,载《中国法学》2009年第2期;陈兴良:《构成要件:犯罪论体系核心概念的反拨与再造》,载《法学研究》2011年第2期;张明楷:《构建犯罪论体系的方法论》,载《中外法学》2010年第1期。

〔5〕 参见罗亚苍:《税收构成要件论》,湖南大学法学院2016年博士学位论文,第Ⅱ页。

心概念——犯罪和避税的建构在方法论上可以实现互联互通。而前者理论的研究远远繁荣于后者的探索，是以犯罪行为构成要件理论的演进思路与方法可为避税行为构成要件的完善提供借鉴。这种思路和方法是运用阶层构成理论修正传统以主体、主观方面、客体和客观方面为四要件理论的缺陷，对行为是否成立避税的判断由客观（外部）到主观（内部）、由抽象（一般）到具体（个别）、由定型到非定型的层次递进判断。“犯罪构成应当是犯罪概念或者犯罪基本特征的具体化”，〔1〕阶层理论的确立基于的亦是对犯罪行为基本特征的把握。同理，避税行为的阶层构成理论的提出和论证也需认真对待避税行为的基本特征。

（二）避税行为的基本特征是脱法与责任

根据脱法是“以迂回手段，规避强行规定”〔2〕的行为定义可知，脱法的前提是强制性规范，形式特征是行为不违反法律文义，而违反立法目的。民法信奉契约自由，虽在保护经济弱者或涉及基本权利之核心领域时会制定强制性规范，但仍属少数例外。而且民法脱法行为往往可借由法律解释，可能被归于无效，或可撤销，或效力待定，因而较为少见。但税法天然具有不容规避性，以强制性规定为原则，常有脱法之事。避税正是这样“一种脱法行为”。〔3〕一方面，避税是纳税人利用契约自由（内容形成自由）的法律规定，选择通常不使用之法律形式的迂回手段，规避税法的适用，以达到减轻或排除税收负担的目的，符合脱法的行为逻辑。另一方面，避税中纳税人利用契约自由（内容形成自由）的行为并不违反税法文义或者是税法文义所不能涵盖的，但是这种符合税法文义的迂回行为违背了税法立法目的，特别是量能平等负担原则，符合脱法的形式特征。

但需要注意的是，纳税人实施的税收安排构成税法上的脱法行为并不意味着就会被税法否认，因为脱法行为系对此类行为内在属性的抽象概括，而不涉及其价值判断或法律效果。“避税构成要件是构成避税行为中所包含的各个行为或事实诸要件的总和，是作为反避税适用对象的一切主观和客观情况的总和。”〔4〕在避税认定的过程中既存在事实判断，又存在价值判断或法律效果。换言之，避税认定应坚持事实判断与价值判断相统一。而连接价值判断的是避税的另一基本特征——责任，即能够就符合构成要件的脱法行为对纳税人进行非难和谴责。

〔1〕 张明楷：《刑法学》（上）（第5版），法律出版社2016年版，第97~98页。

〔2〕 王泽鉴：《民法总论》，北京大学出版社2009年版，第273页。

〔3〕 陈敏：《德国租税通则》，台北，台湾地区司法机构2013年版，第66页。

〔4〕 王宗涛：《一般反避税条款研究》，法律出版社2016年版，第211页。

依据非难可能性的两个基本条件[1]可知,税法意义的非难可能性有符合税法规范的意思决定可能性和符合税法规范的行为可能性两个逻辑前提。其一,纳税人有可能作出,却没有作出符合税法规范的意思决定。而是否具备经济上给付能力,是否在技术上可以被把握经济上给付能力,以及是否具备脱法性认识的可能性,是判断纳税人有无可能作出符合税法规范之意思表示的重要标准。其二,在纳税人实施税收安排时的具体情景下,能够期待纳税人实施,但纳税人没有实施符合税法规范的行为。纳税人有无故意、过失及是否具有期待可能性,是考量能否期待纳税人实施符合税法规范之行为的重要因素。这是因为纳税人没有故意规避意图,只是因为误解法律或欠缺经验、思虑不周而选择迂回的法律形式,就不能期待行为人放弃这种行为。所以,责任成为避税行为的成立条件。

避税行为的脱法与责任,恰好与税法的国家财政基础维系功能和纳税人权利保护机能相对应。税法脱法的实质是减损了国家财政收入,所以禁止脱法行为是对国家征税权的保障;责任以具有可预测性、他行为可能性为前提,所以将责任作为避税特征意味着对纳税人权利的保护。在实行依法治国的时代,对脱法与责任的判断,都必须以税法为根据。总之,从实质上来说,避税是税法上的脱法且有责的行为。

(三)阶层避税行为构成理论的展开

传统避税构成要件之所以存在缺陷,根本原因是构成要素之间缺乏严格的逻辑性。避税行为成立需要具备各种条件,这些条件本身是法律规定的。避税行为构成要件理论就是将法律规定的避税成立条件加以体系化,使之具有内在逻辑性。而避税的基本特征是脱法与责任,所以,避税行为构成是税法规定的,反映行为的符合税法文义而违背立法目的与非难可能性,而为该行为成立避税所必须具备的脱法要件和责任要件的有机整体。

所谓脱法要件是指纳税人实施了税法上的脱法行为,而这种脱法认定需要特别注意以下几个方面的问题。

第一,以行为人具有履行、实现其选择的法律形式的真实意思表示为前提。倘若行为人欠缺依据其选择的法律形式为履行的真实意思表示,甚至隐藏其他法律行为,那么该行为在民法上乃属于无效,在税法上于税收的课征而言是没有意义的。但虚拟行为背后所隐藏之事实或法律关系存在时,则其隐匿之事实或法律关系,即构成课税之基准。

---

〔1〕 非难可能性是德日刑法犯罪构成理论中的概念,有两个基本条件:符合刑法规范的意思决定可能性与符合刑法规范的行为可能性。参见[日]山中敬一:《刑法总论》(第3版),成文堂2015年版,第622页以下。

第二,评判行为人基于契约自由所选择的法律形式是否异常。异常的法律形式是不相当的,是指理智的当事人在考虑经济生活事实,特别是所追求的经济目的后,将认为不合适而不予采用的法律形式。法律形式是否相当必须根据个案所欲实现的经济状态审查。如果选择复杂的法律形式,是为了实现复杂的经济状态,则该法律形式是相当的;相对地,如果选择的法律形式根本无助于经济目的的达成,或欠缺合理的经济上理由,或在经济上毫无作用,则该法律形式自始即为不相当。

第三,行为人不相当的交易行为是否符合税法的文义,是基于税法的文义解释方法。值得注意的是,在解释具体规定的法律含义时应甄别其是税法的借用概念还是固有概念。因为税法是以市民生活秩序为前提的法律,而借用了许多来自市民生活秩序中(民法、商法等)的法律概念。这些借用概念在税法上的含义应按照市民生活秩序中通常理解来解释,除非税法有特别规定。当然,如果按照通常解释会导致税收不正义的后果,那么立法机关就须规定税法特有的概念。[1] 若行为人不相当的交易行为不符合税法的文义,那么该行为可能是逃漏税行为,则不适用反避税条款。

第四,在交易行为符合税法文义的情况下,就要考究其是否违背税法的立法目的。若不违背税法立法目的,那么该行为就是合法节税行为。若违背税法的立法目的,那么该行为就是税法上的脱法行为。“脱法行为之违反立法意旨,系指强行法之意志,而非其手段之利用契约内容形成自由之法律规定。又违反强行法之立法意旨,如可借由目的解释方法予以解决,尚非脱法行为;而须穷尽法律解释能事仍无法适用强行法,但又违反强行法之立法意旨,始足当之。再者,所违反之强行法不能孤立观察,而须就整体法体系予以全面考察。”[2]

所谓责任要件是行为中所展现的被否定的行为的非难可能性,大致可分解为责任能力、责任要素(故意与过失)和责任阻却事由等内容。[3] 就避税而言,第二阶层的核心是责任要素,即前述传统构成要件中所谓之避税意图。税法上的脱法行为,只有是在避税意图支配下实施的境遇中,才有被税法进行否定性评价的可能。否则,诸如误解法律或欠缺经验、思虑不周等非故意因素,可谓之调整避税行为的阻却事由。

认定避税行为应当从客观到主观,从脱法到责任;行为是否符合客观构成要件,取

[1] 参见[日]北野弘久:《日本税法原论》(第5版),郭美松、陈刚译,中国检察出版社2008年版,第159页。

[2] 葛克昌:《脱法行为与租税国家宪法任务》,载葛克昌主编:《避税案件与行政法院判决》,台北,翰芦图书出版有限公司2010年版,第9~10页。

[3] 参见张明楷:《以违法与责任为支柱构建犯罪论体系》,载《现代法学》2009年第6期。

决于客观要素,而非取决于主观内容。[1] 概言之,处理避税案件时,应当首先从脱法层面判断纳税人是否实施符合税法文义且违背税法目的行为,造成税款的少交或不交;然后从责任层面判断个别、具体的情况。这种阶层的体系,不仅有利于克服适用税法的恣意性,而且还有利于个案的检验以及避免应检验要件的遗漏。

四、阶层避税行为构成理论的构造

在避税行为阶层构成理论中,脱法要件连接密切的是纳税调整权,科学的构造即是确保国家征税权的谦抑性;责任要件主要体现的是税收筹划权,合理的方式就是维护纳税人权利的正当性。因此,以阶层构成理论检视一般反避税规则,不失为反避税制度完善和实践指导开辟一条新的路径。

(一)脱法要件:国家征税权谦抑性的承载

如前所述,税法脱法的实质是减损国家财政收入的行为,所以禁止税法脱法行为是对国家征税权的保障。现代国家是税收国家,征税权对国家来说具有极重要的基础价值。大量的税法脱法行为会掏空国家税基及其运行基础,反避税是一种保障征税权的直接措施。然而,国家征税权作为一种公权力,先天存在暴力、自我膨胀等弊端。如果任其发展则会危及私有财产权的保护,亦会使国家征税权缺乏制衡。因此,国家征税权应秉承谦抑性,即国家对征税权的自我克制、政府对经济自治领域的敬畏、税务机关对征管工作的谦恭。[2] 具体到避税行为构成的表达,则要求将谦抑性贯彻到脱法要件之立法、执法和司法的方方面面。

脱法要件连接的是国家征税权,立法表达的不当会导致国家征税权的恣意。目前,以《企业所得税法》第47条为规范基础构建的避税行为构成体系并没有区分脱法与有责,而是将脱法与有责杂糅在“不具有合理商业目的”和“减少应纳税收入或者所得额”当中。实际上,立法者没有意识到从客观到主观、从脱法到责任这一确定避税行为的科学范式。这与彼时的税法理论滞后、立法技术不足以及反避税国际竞争激烈有关。然而,放弃这一科学范式而诉求税务机关“按照合理方法调整”的权力理性的做法,自觉或不自觉地“赋予税务机关必要的反避税处置权”,[3] 违背了国家征税权谦抑性原则。事实上,审理TCI案件的法官都认可“法律法规已授权税务机关对企业的避

---

〔1〕 参见张明楷:《阶层论的司法适用》,载《清华法学》2017年第5期。

〔2〕 参见王惠:《试论税法谦抑性》,载《税务研究》2011年第2期。

〔3〕 参见《国税总局关于印发〈新企业所得税法精神宣传提纲〉的通知》(国税函〔2008〕159号)。

税行为作出判断并予以合理调整”,[1]但是对于如何“作出判断”“合理调整”则没有准确地把握及透彻的说理,导致税务机关基于既有的事实状态反推 TCI 转让 CFC 股权的交易不具有合理商业目的之论证得到肯定。对此,需按照避税行为脱法与有责的表征,对“合理商业目的”“减少应纳税收入或者所得额”“经济实质”等要素进行归整,建议将经济实质及其相关要素纳入脱法这一阶层,合理商业目的及其相关内容纳入有责这一阶层。在脱法层面上,建议改“合理商业目的”和/或“实质重于形式”的多样标准为经济实质唯一标准,[2]同时补充“避税是符合税法文义而违背立法目的的行为”;在有责层面上,建议将“合理商业目的”表述为“税收利益目的”,因为纳税人滥用法律形成可能自由而避税,无非是为获取税收利益。

脱法要件的认定实质是税法事实的认定与税法规范的萃取,主要涉及税法的解释问题。由于现行避税规则的高度概括性以及法律体系内部的冲突,使法律解释权在避税行为(主要是脱法要件)上显得尤为重要。遗憾的是,税务行政部门垄断了避税领域规范的解释权。在 TCI 案中,三级法院均未对国家税务总局关于该交易重新定性并征收企业所得税的事实认定与法律适用提供的说明进行实质审查,而一概在裁判文书中继受。这一方面体现了法院对于税务部门专业判断的尊重,另一方面暴露出实践中税务司法解释的缺位。虽然税务行政部门解释权具有形式上的合法性和实质上的正当性,但是行政解释的泛滥导致的是避税规范性法律文件数量的庞杂以及合理避税的空间被压缩,甚至出现行政机关立法权越位,司法机关解释权缺位的尴尬。[3] 因此,必须坚持税法解释权的立法、行政和司法共享原则,认真考量现行税务行政部门的解释权。从解释理念上来说,有必要以纳税人主义作为税务行政部门行使税法解释权、制定解释性文件的基本立场。从保障机制来说,一方面要在税务行政部门解释性文件的制定过程中植入正当程序,比如解释性文件的征求意见、公开、听证、说明理由,敦促税务行政部门解释权的正当行使;另一方面,创建解释性文件监督的立体化,借助解释文件的备案审查、复议审查和司法审查,规制税务行政部门解释权的合法行使。与此同时,可尝试发展税务司法解释。

《企业所得税法》第 47 条之“税务机关有权按照合理方法调整”的规定,确定了税务机关的纳税调整权。税务机关的特别纳税调整是国家征税权的重要权能,同样应恪

---

〔1〕 参见中华人民共和国浙江省杭州市中级人民法院行政判决书(2015)浙杭行初字第 4 号、中华人民共和国浙江省杭州市高级人民法院行政判决书(2015)浙行终字第 441 号和中华人民共和国最高人民法院行政裁定书(2016)最高法申 1867 号。

〔2〕 参见欧阳天健:《比较法视阈下的一般反避税规则再造》,载《法律科学》2018 年第 1 期。

〔3〕 参见叶金育:《国税总局解释权的证成与运行保障》,载《法学家》2016 年第 4 期。

守谦抑原则。即基于脱法要件认定而实施的特别纳税调整决定能够接受司法检验。在理论上,特别纳税调整接受司法检验的可行路径为:纳税人可以对税务机关认定其私法上的安排属于避税安排的决定或特别纳税调整决定提出行政复议或行政诉讼,审查特别纳税调整决定的合理性。[1] TCI案虽然在践行特别纳税决定接受司法的检验,但TCI申请行政复议的前提是必须清缴超过1亿元的税款,提起行政诉讼的前提是必须就该案申请过行政复议。显然,这一路径受到税务诉讼双前置程序的限制,而无法充分有效的落实。因此,只有放开前置程序,特别是放开清税前置程序,才能充分发挥司法机关解决税务行政纠纷的作用。

(二)责任要件:纳税人权利正当性的维护

只有当纳税人实施的行为符合构成要件且脱法时,才能判断纳税人是否具有责任;绝对不能先判断责任,后判断脱法。此外,在具体立法中,责任要件的表达应注意以下几点。

首先,责任的内容包括心理要素,主要是避税意图,即税收利益目的。在实践中,纳税人的交易设计往往是个体利益的综合考量,常常是税收利益目的和非税收目的共存,即使是纯粹为避税设计的交易也可能附带一定的"非税收利益",此行为是否应认定为避税?从TCI案裁判文书内容看,TCI转让CFC股权的交易客观上造成了间接转让杭州国益路桥经营管理公司股权的事实,但是该交易安排基于的现状是:由香港国汇有限公司直接转让杭州国益路桥公司股权,需要额外付出巨大的商业成本;CFC公司以下的全部资产已质押给债权人,在法律上未经债权人同意不得转让。[2] 可见,TCI客观上享受税收利益是其交易的一部分。各税收管辖区对税收利益的程度规定不同,但总体的立法状况和趋势是,将税收利益目的界定为"主要或唯一目的",可兹借鉴。因为纳税人设计异常复杂的非常规交易形式有诸多考虑,或多或少都将产生一定的税收利益,不同的交易形式导致税收利益大小也有差异,如果仅将避税主观目的界定为"税收利益",无疑将无限制扩大反避税的范围,对合法的或具有合理性的非常规交易造成过度干扰。故将避税界定为以税收利益为"主要目的或唯一目的"的行为,可以有效避免这一问题,以协调交易自由与税法干预、纳税人权利和国家税权的平衡。

其次,责任是避税行为构成体系的抗辩要素。就纳税人抗辩而言,只要纳税人能证明其行为具有获得税收利益以外的"非税收利益目的"即可免于反避税调整。TCI案的一审、二审法官均没有意识到这一问题的重要性,倒是再审裁定法官从证据法的

[1] 参见叶栅:《一般反避税条款适用之关键问题分析》,载《法学》2013年第9期。

[2] 参见浙江省杭州市高级人民法院行政判决书(2015)浙行终字第441号。

角度阐释了这一逻辑。再审裁定法官认为税务机关提供纳税人不具有合理商业目的的证据的证明力更强，具备相对优势，因而驳回了 TCI 的再审申请。而这种“非税收利益目的”的内涵是丰富的，涵盖合理或不合理目的，合理或不合理商业目的，以及不具有“商业性”的政治、身份依附等其他目的。《企业所得税法》第 47 条规定以“合理商业目的”为抗辩的表述，缩小了纳税人可抗辩的范围，扩大了反避税规制范围。这也是前述将“合理商业目的”表述为“税收利益目的”建议的理由之一。

最后，责任是避税事实证明责任配置点。在 TCI 案中，三级法官并没有清晰地勾勒出原被告双方的证明责任，更确切的是一审、二审法官根本没有涉及证明责任的问题，二审法官甚至对原告提出之排除合理怀疑的证明标准的问题置之不理。再审裁定虽然确立了“相对优势”的证明标准，[1] 但是并没有区分脱法事实与避税意图的证明责任。因为责任是纳税人抗辩的要素，脱法是税务行政部门主张避税的事实。因此，根据证明责任配置的一般原理——“谁主张，谁举证”，税务机关有证明纳税人具有税法上脱法行为的责任；纳税人有证明其实施的行为不是以税收利益为主要目的或唯一目的的责任，即不具有避税的故意。纳税人对自己实施的行为具有天然的信息优势，税务机关处于信息不对称的下方。所以，在税法上应赋予纳税人协助并忍受税务机关调查的义务。若纳税人不履行协力义务或履行协力义务不完全，那可以相应减轻税务机关对于脱法事实的证明责任。对于举证程度而言，税务机关的举证责任需要根据不同的避税方案，特别是反避税规则予以调整。对于纳税人的举证责任而言，一般认为，不能仅仅证明具有税法以外的其他目的或理由，而是结合各种背景条件的判断，还应当证明该等目的或理由具有足够的相关性。

（三）利益协调：避税构成要件的立法矫正

回归到 TCI 案争议的法律基础，我们可清晰地看到立法中避税行为构成要件是由行为要素——实施不具有合理商业目的的安排和结果要素——减少、免除或者推迟缴纳税款组成。实质上，这是以“合理商业目的”为核心的主观构成要件体系。即使是《特别纳税调整实施办法（试行）》（国税发〔2009〕2 号）第 93 条、第 94 条在此主观构成要件体系中增加了“实质重于形式”“经济实质”的客观构成要素，以及《一般反避税管理办法（试行）》第 4 条将“不合理商业目的”阐释为“以获取税收利益为唯一目的或者主要目的”作为主观构成要素，而将“实质重于形式”注释为“形式符合税法规定，但与其经济实质不符的方式获取税收利益”作为客观构成要素，我国的避税行为构成要件仍

---

〔1〕 参见郭昌胜：《一般反避税条款的司法适用——兼评最高院再审儿童投资主基金诉杭州西湖区国税局税务征收案》，载《经济法论丛》2017 年第 2 期。

旧是一种没有阶层的体系。从条文的排列来看,主观构成要件要素位于客观构成要素之前,也就是在国家税务总局层面主客观构成要素之间是主观为先、客观为次的逻辑。纵然没有这样的逻辑,也不会有主客观相统一,客观为先、主观为次的思维方式。至少折射出税务机关对于避税行为是这样的认识,即纳税人先有了避税意图以后才利用税法的漏洞,筹划避税安排。这种法律上无明确阶层的构成要件体系不能确保从客观到主观认定避税行为,从脱法到责任,不利于规范税务机关的自由裁量权,也不利于保护纳税人权利,亟待改进。

根据前述阶层避税构成理论,本文认为必须通过立法实现避税行为脱法与责任要件的有机统一,以平衡国家征税权与纳税人权利。就完善路径来说,必然涉及《企业所得税法》第47条及其规范体系的修改与完善。但是,在具体方式上笔者并不主张只修改这一条款,而是应在修改类税收基本法——《税收征收管理法》时对避税行为构成要件进行确认。因为反避税是税法根本性、共同性、原则性的问题,将反避税基础性条款规定在税收基本法中,提升其立法层次和效力水平,有助于整个反避税制度体系的改革完善,以及反避税普遍性和一般性的理论与实践推进。[1] 在《企业所得税法》第47条的完善方面,有必要将上述行政法规、部门规章中的相关规则予以修改,使其上升至《企业所得税法》层面,作为第47条的后续子条款。关于《税收征收管理法》层面,可在总则中规定避税行为构成要件。在规则具体设计上,至少包括:(1)避税是纳税义务人基于税收利益,违背立法目的,滥用法律形式,规避税收构成要件,以达至与常规相当经济效果的行为;(2)税务机关应以经济实质为唯一标准认定税收构成要件事实,并就该事实承担举证责任;(3)纳税人非以税收利益为主要目的或唯一目的之行为不构成避税,并就此合理目的承担举证责任。

五、结语

"税法是一门年轻、开放、尚处于成长期的新学科",[2] 在中国更是如此。这就要求我们对税法的研究在纵向上要注重其他国家或地区先进税法理论的借鉴,在横向上要珍视其他学科成熟理论的滋养,进而实现税法学科的学术自主性、理论自足性和逻辑自洽性。然而,细观中国税法研究的40年,由于学者们尤为注重纵向层面理论的承继,而有意或无意地忽视了横向层面理论的借鉴。TCI案的背后,反映了学理上避税行为构成理论的缺陷,导致实践中以"不具有合理商业目的"的主观标准,根据维护国家

---

〔1〕 参见余鹏峰:《反避税视角下〈个人所得税法〉修改》,载《税务研究》2018年第2期。

〔2〕 刘剑文等:《财税法总论》,北京大学出版社2016年版,总序。

征税权需要而进行纳税调整。遗憾的是,国内学者关于避税行为之研究对德、日乃至英、美的立法例、判例有着极强的“路径依赖”,以致在对避税行为构成要件进行研究的过程中,不可避免地得出与域外研究相同的结论。事实上,刑法学界对相似问题——犯罪行为及其构成要件理论的探究极其系统而深入,对于避税行为及其构成理论的检视对于其完善具有重要参考意义。这提醒我们,税法的研究要直面纵向借鉴和横向吸收的“冷热不均”,以更加开放的姿态实现研究方法的整合,方能输出学术界共议、共商和共享的理论。笔者以刑法学上的阶层论检视现行避税构成要件理论,旨在宏观上为税法的研究注入新的理性,在微观上为避税行为理论提供新的思考。

税制试点改革的法治危机及其应对

——兼议资源税试点改革

冯铁拴*

目　次

2015年3月修订后的我国《立法法》第8条第6项明确规定"税种的设立、税率的确定和税收征收管理等税收基本制度只能制定法律",这意味着税收法定原则正式成为税法制定应当遵守的实定法原则。然而,就在税收法定原则以及重大改革须于法有据已然在全社会达成共识之际,发生在中国大地的税制变革,无论是营改增试点的全面推开,还是水资源费改税试点从河北省到其他九省市的扩围,它们都未遵循这一共识,仍旧是仅凭财政部、国家税务总局等国务院部门的一纸文件加以推进。置税收法定原则于不顾的税制改革实践与税收法定原则为社会各界高度认同形成了强烈的反差。税制改革对税收法定原则的无视同样与近几年来税收立法的快速推进形成了鲜明对比。这一不合逻辑现象背后的固然值得思考,但税收法定原则既然不仅仅是法学理论上的共识,更是实定法的要求,所以非常有必要反思税制改革应当如何回应税收法定原则。

从更广阔的法治视野观测,税制改革与税收法定原则的关系某种程度上正是法学

---

* 武汉大学法学院博士研究生。

基金项目:司法部国家法治与法学理论研究项目"资源税立法目的与制度设计研究"(16SFB3042)。

界长期以来争论的改革与法治的关系。不过,随着重大改革须于法有据这一原则为最高决策层和《立法法》第6条肯认,改革与法治的关系已然清晰,改革只能是法治下的改革,改革不得突破法治。具体到税法领域,税制改革同样需要遵守税收法定原则。不过,按照《立法法》第8条第6项的规定以及财税法学界对于税收法定原则达成的共识,似乎只有税收构成要素都由法律规定才是真正实现税收法定原则。[1] 虽然严格意义上——也是理想层面的税收法定原则确实应当如此,毕竟中国历史上长此以往存在的税收授权立法已然影响税收法定原则的实质内涵。但是,若将此等观念运用至税制改革领域,似乎无论如何都难以形成税制改革与税收法定原则之间的逻辑自洽。究其原因,在于税制改革推进之前,立法者并无可能对拟推行的税制改革了然于心,而税目的选取、税率的设计、税收优惠制度的考虑以及税收征管制度的规范等税收构成要素更非立法者凭空臆想就能决定的。面对这一看似矛盾的问题,中国税制改革当如何在法治轨道上运行着实值得思考。正因如此,有学者认为税收授权立法并不当然违背税收法治的要求,只是做出授权决定的机关必须严格按照授权程序做出授权。[2] 立基于此,本文首先梳理中国税制改革面临的税制危机,意在批驳现行税制改革背离了税收法定的应有内涵的观点;其次,以授权决定为突破口,重点分析其符合税收法定原则的实质要义,也是税制改革与税收法治相协调的可能进路;最后,回归财税法自身,着眼于央地财政分权这一宪制实践,对授权立法的差序进路加以描绘,并以当下正在推进的资源税试点改革为例,分析资源税试点改革如何在税收法治轨道上运行。

一、税收法定原则确立后中国税制试点改革的实践进路

(一)营改增试点改革进路:从政府工作报告到部门文件

伴随着国务院于2017年11月废止《营业税暂行条例》,修改《增值税暂行条例》,历时近6年的营改增试点改革宣告结束。梳理营改增试点改革的发展脉络,不难发现营改增试点改革无论是广度抑或深度都呈现出稳步推进的趋势。[3] 以《立法法》明确

---

〔1〕 参见熊伟:《论我国的税收授权立法制度》,载《税务研究》2013年第6期。

〔2〕 参见刘剑文:《落实税收法定原则的现实路径》,载《政法论坛》2015年第3期。

〔3〕 营改增试点改革过程的推进主要体现在以下几个文件:2011年11月16日,财政部和国家税务总局下发财税〔2011〕110号和财税〔2011〕111号两个文件;2012年7月31日,财政部和国家税务总局下发财税〔2012〕71号文件;2013年5月24日财政部和国家税务总局下发财税〔2013〕37号文件;2014年4月29日,财政部和国家税务总局发布下发财税〔2014〕43号文件;2016年3月23日,财政部和国家税务总局下发财税〔2016〕36号文件,文件包含《营业税改征增值税试点实施办法》等4个重要附件。参见高珂、白楠、黄琨:《营改增改革的进程脉络及影响分析》,载《当代经济管理》2017年第7期。

和重申税收法定原则的2015年为分界线,可以发现该原则确定后,营改增试点改革的进程有所放缓,直到2016年国务院在向全国人民代表大会做政府工作报告时明确提出"全面实施营改增,从5月1日起,将试点范围扩大到建筑业、房地产业、金融业、生活服务业,并将所有企业新增不动产所含增值税纳入抵扣范围,确保所有行业税负只减不增"。营改增试点改革的速度才得以再次驶入快车道。随后,《财政部 国家税务总局关于全面推开营业税改征增值税试点的通知》(财税〔2016〕36号)印发,营改增试点改革的顶层设计宣布基本完成。

此外,尤其值得说明的是,财税〔2016〕36号文件并无明确的上位法律依据,该文的合法性依据仅仅是"经国务院批准"。若熟悉营改增推进过程,便不难发现"经国务院批准"是虚,执行国务院政府工作报告中的营改增任务才是实。换言之,该文实际上是贯彻2016年国务院政府工作报告的产物。

(二)资源税试点改革进路:从政策到部门文件

2015年4月25日《中共中央 国务院关于加快推进生态文明建设的意见》出台,其第22条明确规定"加快资源税从价计征改革,清理取消相关收费基金,逐步将资源税征收范围扩展到占用各种自然生态空间"。这为以计税依据调整以及征税范围扩张为主要内容的资源税改革拉开了帷幕。2015年10月12日发布的《中共中央 国务院关于推进价格机制改革的若干意见》进一步明确了资源税费改革的方向,并对水资源税费改革的推进提供了指引。〔1〕 2016年12月31日,《中共中央 国务院关于深入推进农业供给侧结构性改革加快培育农业农村发展新动能的若干意见》第33条进一步指出"扩大水资源税改革试点",这使水资源税试点地区不再拘泥于河北省一个地方。

随着党中央、国务院一系列政策的出台,财政部、国家税务总局等国务院部门也陆续以各种部门文件的方式推进资源税改革。2016年5月9日,《财政部 国家税务总局关于全面推进资源税改革的通知》(财税〔2016〕53号)印发,可以说这一文件奠定了资源税改革的基本方向,明确了河北作为水资源税试点地区。〔2〕 2017年《财政部 国

〔1〕 第20条规定为:完善资源有偿使用制度和生态补偿制度。加快自然资源及其产品价格和财税制度改革,全面反映市场供求、资源稀缺程度、生态环境损害成本和修复效益。完善涉及水土保持、矿山、草原植被、森林植被、海洋倾倒等资源环境收费基金或有偿使用收费政策。推进水资源费改革,研究征收水资源税,推动在地下水超采地区先行先试。采取综合措施逐步理顺水资源价格,深入推进农业水价综合改革,促进水资源保护和节约使用。

〔2〕 2016年12月1日,《关于河北省水资源税改革试点有关政策的通知》(财税〔2016〕130号)进一步明确河北水资源税试点具体政策,其依据是《财政部 国家税务总局 水利部关于印发〈水资源税改革试点暂行办法〉的通知》(财税〔2016〕55号)。

家税务总局关于印发扩大水资源税改革试点实施办法的通知》(财税〔2017〕80 号)进一步将水资源税试点地区扩大到其他 9 个省级地方。这两个由财政部、国家税务总局等国务院部门出台的资源税改革文件的依据都是"根据党中央、国务院决策部署",并无具体的上位法依据。但通过前文的介绍,不难发现其中的部署便是对党中央、国务院联合发布的指导文件关于资源税改革的相关精神的贯彻。

总体观之,在税收法定原则为《立法法》所确认的背景下,增值税试点改革呈现出由政府工作报告确定较为明确的改革原则,国务院财税部门规范性文件予以具体规定的实践进路;资源税的试点改革则是党中央、国务院政策先行,对于改革的时间与空间仅作方向性规定,国务院财税部门按照政策精神制定配套文件以推进税制试点改革的实践进路。相比之下,资源税试点改革中财税部门的作用相较增值税试点改革显得更加突出,也更加主动。

二、税制试点改革的法治危机:税收法定约束下的反思

试点作为我国税制改革的一种重要方式,发挥着多重积极性,不仅可以有效降低税制改革的决策风险,还可以为解决决策争议提供有益帮助。[1] 不过,经过近 40 年的改革,法治国家已然成为社会共识,良性违法的道德正当性和阶段必要性已经不复存在。[2] 更何况当下中国税制试点改革是以政府工作报告、部门规范性文件作为依据对现行税制的税率、税目、征税范围等构成要件予以改变,而这显然不符合税收法定原则的要求。毫无疑问,在《立法法》修订施行后,绕开立法机关的税制改革既不能彰显税收法定原则带来的稳定预期这一形式功能,更无助于体现税收法定对纳税人财产权保障这一实质内涵。

(一)政策僭越法律:税收法定形式功能丧失

税收法定原则确定以来,无论是营改增试点改革抑或资源税试点改革,都显示出了很强的政策引领改革的特征,都未能遵循形式法律的约束。《立法法》第 11 条、第 13 条试图通过立法的方式协调改革与法治的关系,其中第 11 条主要内容是规定授权立法与法律的关系,第 13 条则是明确全国人大及其常委会为了改革的需要可以启动法律暂时调整或者暂时停止适用的权力,第 12 条则是对授权立法事项予以规范限制即被授权机关不得将被授予的权力转授其他机关。《增值税暂行条例》和《资源税暂行条

---

〔1〕 参见许建标:《我国税制改革试点评价及前景思考》,载《税务研究》2016 年第 1 期。

〔2〕 参见靳相木、王海燕:《改革与法治"二律背反"及其消解方式》,载《贵州社会科学》2014 年第 2 期。

例》作为全国人大及其常委会对国务院的授权立法,国务院无权转授权于财税主管部门,更无权采取非行政法规的其他方式对授权立法本身做出大幅修改。然而,无论是营改增试点改革还是资源税试点改革,从它们改革的实践进路来看,都体现出了政策主导的倾向,都未能遵循《立法法》的相关规定,相应的税制改革都不是通过国务院出台行政法规的方式实现的,更不必说经过作为授权机关的全国人大及其常委会的同意。毫无疑问,不管是约束法律制定的《立法法》抑或具体的《营业税暂行条例》《增值税暂行条例》《资源税暂行条例》,其都未能在税制改革中得到严格遵循。值得注意的是,即便是已经为改革预留了必要空间的《立法法》也未能幸免,这充分暴露出税制变革中,"法律主治严重缺位,政策僭越法律"。

政策不仅具有设定目标、配置资源、引导行为等功能,而且相较法律手段具有更强的效率优势。[1] 不过,这种过度强调结果导向的思路并不可取,因为法治国家尤其强调法律至上,强调法律的形式稳定性和结果可预期性,而"政策多变,严重侵蚀了形式理性的可计算性、可预期性特征,将会导致人们无法建立起稳定的预期和决策的短期化"。[2]

税法作为交易法,确保税法的可预测性至关重要,因为税收制度是纳税人进行交易时必须考虑的要素。[3] 相较政策而言,法律更加稳定,因为法律的出台需要经过反复的论证,而这种漫长的立法过程无疑可以保证税制的稳定,便利纳税人结合自身情况进行税收安排,从事相关交易活动。税制的变革是对过去的税制做出必要的调整,这种调整本身就会增加纳税人税收遵从的成本,如果这种调整主要还是依靠政策而进行的,则本就缺乏规范的出台程序的政策自然会进一步提高纳税人税收遵从的成本。政策相较法律所具有的效率优势也会因此大打折扣。

"作为税收正义的形式原理,税收法定主义……深度体现了浓郁的形式法治主义思想。"[4]税收法定主义的形式功能至关重要,其反对行政机关垄断国家征税权,反对政策僭越法律——因为这种浓郁的形式法治主义格外重视税制的稳定性与可预期性。即便法律不一定能够真正代表多数人的意志……只要法律能得以公正、公平和公开的适用,这种秩序就会对所有人都有利。[5] 作为形式法治的税收法定无疑可以有力地保

---

〔1〕 参见张玉磊:《新型城镇化的法治视角:从政策之治到法治之治》,载《长白学刊》2016年第3期。

〔2〕 邢会强:《政策增长与法律空洞化——以经济法为例的观察》,载《法制与社会发展》2012年第3期。

〔3〕 参见[日]中里实等编:《日本税法概论》,郑林根译,法律出版社2014年版,第2页。

〔4〕 叶金育:《税法整体化研究:一个法际整合的视角》,北京大学出版社2016年版,第16页。

〔5〕 熊伟:《法治、财税与国家治理》,法律出版社2015年版,第67页。

障税收秩序,减少纳税人财产权被侵蚀的风险。

具体到营改增试点改革与资源税试点改革,即便不对税收法定原则中的"法"进行严格解释,承认国务院有权依据1985年全国人大做出的税收授权立法决定对其自身出台的税收行政法规加以修改从而确保重大改革于法有据,营改增试点改革和资源税试点改革表现出的浓郁的政策主导的改革同样难以契合税收法定的形式要义,更遑论对全国人大及其常委会做出的授权决定的遵守。从根本上而言,在税制改革中,政策僭越立法的做法侵蚀了税收法定原则的形式功能,不利于稳定纳税人的预期,极易破坏纳税人的对税法规则的信任。更重要的是,长此以往,行政机关通过政策僭越立法机关制定的法律法规将会"蔚然成风",大量随意而又不具有稳定性的政策终将导致纳税人较低的税收遵从程度,[1]而这又将制约税制改革目标的高效实现,一旦如此,则政策主导的税制改革路径的正当性将难以维持。

(二)确认税制改革成果的法律:税收法定实质内涵的颠覆

法治不仅强调形式法治带来的稳定性及可预期性,也非常重视实质法治的价值与功能,这也正是"良法善治"的真正内涵。"税法在制定过程中除了要具备形式的合法性和正当性外,它还必须同时具备实质的合法性和正当性。即税法的产生和存在不仅要符合法律的一般形式性的要求外,还必须在实质上要真正能够体现民意,反映民情,获得纳税人的真正赞同与接受。"[2]毫无疑问,凝聚共识、反映民意以及保障纳税人财产权正是税收法定的实质内涵,"无代表,不纳税"实际上正是对这一实质内涵的最好阐释。

税法制定以及税制改革必须体现民意,凝聚共识。然而,"长期以来,我们重视政策对改革的引导。基本是先有政策,法律附随政策"。[3] 同样地,我国税制改革也毫不例外,营改增试点全面推行后,时隔1年有余,《营业税暂行条例》才被废止,《增值税暂行条例》才对相关改革成果予以确认。与之类似,《资源税暂行条例》至今尚未作出修改,尽管水资源税已经在全国近1/3的地区开征了。这种先改革后修改法律法规的做法显然不符合税收法治的内在精神。这种做法实际上大有"先纳税,后有代表"之意,已然颠覆了起源于"无代表不纳税"的税收法定原则所应具备的最初内涵,保障纳税人财产权、反映民意、凝聚共识这些实质价值的实现自然也是遥遥无期。

---

〔1〕 参见[意]埃里希·科齐勒:《税收行为的经济心理学》,国家税务总局税收科学研究所译,中国财政经济出版社2012年版,第108~110页。

〔2〕 王鸿貌主编:《税法学的立场与理论》,中国税务出版社2008年版,第34页。

〔3〕 陈金钊:《法治与改革的关系及改革顶层设计》,载《法学》2014年第8期。

三、最高国家立法机关的授权决定:税制试点改革与税收法定的有机协调

(一)授权决定:协调税制改革与税收法定的最佳方案

如何协调好改革与法治的关系历来是法学界的一个热门话题。不过,随着"摸着石头过河"的时代一去不返,重大改革于法有据已然成为学界和官方的共识。如何在二者有着不同的侧重方向的情况下,做到其有机协调确实既是一门艺术,也是财税法治与财税改革需要回应的问题。

正如学者所言,"改革的'变'要依法而变,立法的'定'不应是消极被动地确认改革成果,而应是积极主动地适应改革和经济社会发展需要,为改革提供依据和指引"。[1] 理想状态下,法律解释、法律的选择适用、法律的立、改、废、授权立法等方法都可以作为协调改革与法治二者张力的方法。[2] 不过,具体到中国税制改革,这些方法并非都可以起到有机协调税制改革与税收法定关系的效果。

首先,法律的立改废不适合当下中国税制改革的特殊实践。众所周知,通过法律的立、改、废来实现税制改革的于法有据确实是最符合税收法定主义精神的一种方法,这种方法下,税收法律立、改、废本身就是税制变革的体现,税收法定与税制变革实现了有机的统一。但是,"立法推进主义"不可避免地会产生一系列制度缺陷或者风险。[3] 任何一项税制改革都不可避免地充满了未知因素,一味地强调法律先行、改革附随,这会在很大程度上加剧改革成本。毕竟一项新的制度会产生何种经济效应绝非立法者和学者们所能轻易预测的。

其次,法律解释与法律选择适用并不符合税制改革本身的特性。税收法定本身就要求法律文本尽可能明确,以免给予行政机关过多的自由裁量空间,从而危及纳税人财产权。这就意味着税法本身并不存在过多的解释空间,仰赖于法律解释以缓解税收法定与税制改革之间的紧张关系并不现实。至于法律选择适用,则对于税制改革来说更是几无作用空间。在实行单一制国家结构的中国,税收立法权高度集中于全国人大及其常委会,国务院以及省级地方权力机关只能根据相应的授权行使部分税收立法权,而且下位法不得与上位法相冲突,并无法律选择的可能。是故,通过法律选择适用来解决财税法治与税制改革的冲突显然是不可取的。

最后,授权决定是协调税制改革与税收法定原则的最佳方法。尽管授权决定本身

---

〔1〕 石佑启:《深化改革与推进法治良性互动关系论》,载《学术研究》2015年第1期。

〔2〕 参见姜明安:《发展、改革、创新与法治》,载《中共中央党校学报》2011年第4期。

〔3〕 参见陈瑞华:《法律程序构建的基本逻辑》,载《中国法学》2012年第1期。

并非法律,但它是由民意机关做出的,最能体现“无代表,不纳税”的理念。更重要的是,授权决定的出台程序相较法律的立、改、废更简单,更有助于为税制改革提供制度供给。实际上,《立法法》在解决重大改革于法有据这一问题时,正是采取了这种方法。当然,这种方法也非尽善尽美,也难免存在一些问题需要引起注意,本文将随后论述。

(二)比例原则约束下的最高立法机关的授权决定

传统的比例原则包含适当性原则、必要性原则以及均衡性原则。它们分别强调手段与目的之间的适当,手段造成的损害尽可能最小,手段带来的利益应大于损害。但随着时代的发展,传统的三阶比例原则大有被四阶比例原则替代的趋势,所谓四阶比例原则实际上是增加了目的正当性。[1] 作为约束公权力机关的一项公法原则,比例原则对于规制最高立法机关的授权决定同样有应用的空间与价值。

诚如前述,最高立法机关通过授权决定的方式可以在很大程度上缓解税制改革与税收法定的冲突。但是,授权地方试点改革毕竟不是法治的常态而只是一种例外,如果不对授权决定本身予以必要的约束,则其很可能侵蚀法治本身,从而与重大改革必须于法有据的要求背道相驰,自然也就很难实现税收法定的初衷。运用比例原则对最高立法机关的授权决定予以必要约束也就显得格外重要。[2]

《立法法》第 13 条虽然尝试对最高立法机关的授权决定本身进行一定的约束,但其力度仍显不足。[3] 比如,全国人大及其常委会授权试点的空间范围应当限制在什么程度,部分地区的含义又该如何理解,试点改革的原则是否应当加以必要的限制等,这些问题都难以得到明确的回应。但若结合比例原则,则这些问题就不难回答了。

其一,全国人大及其常委会授权试点的广度应当遵循“不过半”的原则。既然授权决定本身是对税收立法本身的一种例外突破,那么限制授权决定本身过度突破现行法治,维护税制的统一就显得格外必要。税制改革试点地区小于 1/2,居于正统地位的税制才能保持其主导地位。2014 年营改增试点在全国普遍推开,相应的授权立法《增值税暂行条例》以及《营业税暂行条例》却未予修改,官方却依旧用试点予以指称,无疑是对“试点”内涵的曲解,试点只能是个别地区,而且只能是居于次要地位的局部地区。

---

〔1〕 参见刘权:《目的正当性原则与比例原则的重构》,载《中国法学》2014 年第 4 期。

〔2〕 参见王建学:《授权地方改革试点决定应遵循比例原则》,载《法学》2017 年第 5 期。

〔3〕《立法法》第 13 条规定:全国人民代表大会及其常务委员会可以根据改革发展的需要,决定就行政管理等领域的特定事项授权在一定期限内在部分地方暂时调整或者暂时停止适用法律的部分规定。该条实际上限定了授权决定的目的即满足改革发展的需要,符合比例原则中目的正当的要求。对于授权事项以及授权范围有一定的约束,从而部分满足比例原则妥当性、必要性与均衡性的要求。

其二,全国人大及其常委会授权试点改革必须切实保障纳税人财产权,不得增加纳税人税负。尽管最高国家立法机关关于税制改革的决定存在民意基础,但是相较由其制定的法律本身,则无论是民意代表的广泛性抑或其法律效力上,又都有所不足。更何况学界就有关法律问题的决定能不能对法律保留事项做出必要的规定本身还存在质疑。[1] 这就意味着全国人大及其常委会通过授权决定方式启动改革时尤应注意改革的正当性。如果试点改革的结果是增加纳税人负担,那么改革就应当尤为慎重。当然,即便是以减轻纳税人负担为出发点的改革也未必就完全符合税收法定的要求,因为这有可能引发不同地区之间的恶性税收竞争。[2] 但无论如何,以降低纳税人税负为出发点的税改至少在理念上更具有正当性,只不过其在做出授权决定的同时,还应当衡量改革可能带来的利与弊,尽可能减少不良后果。

四、财政分权约束下税制改革差序化法治进路:以资源税为例

通过前文的分析,税制改革与税收法定原则的协调已然有了一定的雏形。但考虑到中国财政分权的现状,如何运用最高立法机关授权决定实现税收法定原则与扩大地方财政自主权、税制改革的完美兼容依旧值得探讨。毕竟在税收法定快速推进的当下,无论是作为地方税的房地产税抑或定位不甚清晰的资源税,其都是税制改革的重点内容,运用试点推进改革已然是不争的事实。当务之急是如何实现这些税制改革与税收法定原则的兼容。

(一)财政分权约束下的被授权主体:国务院抑或地方人大及其常委会

1993年12月国务院发布《关于实行分税制财政管理体制的决定》,标志着分税制财政体制正式确立。随后,《预算法》对于分税制财政体制予以肯认。学界围绕分税制展开了诸多探讨,普遍认为分税制的初衷在于加强中央集权,但在客观上却有力地促进了央地财政分权,尽管这种分权还只是行政式财政分权。[3] 在此理念下,赋予地方必要的税政管理权也就不难理解了。不过,扩大地方财政自主权还主要是在地方税领域,在中央税和共享税领域,地方的自主空间依然极为受限。基于此,全国人大及其常委会通过授权决定的方式开展税制改革也就需要对这一背景予以回应。

正如学者所言,税收可以分为三类,依次是流转税、所得税、财产税,地方自主空间

---

〔1〕 参见秦前红、刘怡达:《“有关法律问题的决定”:功能、性质与制度化》,载《广东社会科学》2017年第6期。

〔2〕 参见张守文:《我国税收授权立法的“试点模式”——以增值税立法“试点”为例》,载《法学》2013年第4期。

〔3〕 参见徐阳光:《政府间财政关系法治化研究》,法律出版社2016年版,第27页。

也呈现出从无到有的趋势。[1] 同样是税收法定,但地方的自主空间并不相同。对于以财产税为代表的地方税,学界普遍认为最高立法机关应当给予充分的授权,而对于以增值税为代表的流转税,学界却普遍认为立法权由中央集中行使,不宜给予地方自主权以免引发税制恶性竞争。

循此思路,全国人大在推进税制改革的过程中也应当根据税种的属性以及经济效应,对被授权主体予以差别化对待。在此,有必要对《立法法》第 9 条中的授权立法主体予以说明,虽然该条仅仅说明了涉及包含税收立法在内的事项可以授权国务院,但它并未将其他主体排除在外。实际上,全国人大及其常委会的授权对象并非止于国务院,也包括其他主体,比如推进司法体制改革的相关决定就是授权最高国家司法机关,涉及行政管理体制改革的相关决定则授权国务院。另外,尽管既有的授权立法实践中,授权地方权力机关的做法却仍旧阙如。但考虑到现行立法体制,国务院制定的行政法规与省级人大及其常委会制定的地方性法规都向全国人大及其常委会备案,而且根据已有的税收立法经验,一些地方税立法如环境保护税法,授权省级人大及其常委会一定的税种立法权已似乎成为授权立法的另一种可能选择。未来,在推进税制改革过程中,全国人大及其常委会有必要结合税种的属性将被授权主体予以区分。具体而言,财产税等地方税领域的试点改革,全国人大及其常委会可以考虑授权省级人大及其常委会推行;流转税等事关中央宏观调控的税种,被授权主体还应当限于国务院。实际上,在一些重视税收法定原则的国家或地区亦不乏由地方代议机关独立制定地方税法的先例。由地方代议机关制定税法的行为在这些国家和地区非但不被认为是对税收法定原则的违背,还是对其遵循的"无代表,不纳税"这一实质内涵的有机贯彻。[2]

此外,值得说明的是,无论是授权国务院开展税制改革试点抑或授权省级人大及其常委会开展税制改革试点,都应当坚持禁止转授权的原则。当然,这并不意味着否认国务院财税主管部门以及省级人民政府在税制改革中可以发挥一定的作用,相反,税制改革中的一些专业性文件的出台还是有赖于这些专门机关。此处的禁止转授权只是对"经国务院批准""根据党中央、国务院的部署",然后由其他主体推进的试点改革的禁止。

(二)资源税未来试点改革的法治进路:多元的被授权主体

诚如《资源税法(征求意见稿)》所规定的,"国务院可以组织开展水等资源税改革

〔1〕 参见熊伟:《财政法基本问题》,北京大学出版社 2012 年版,第 131 页。

〔2〕 参见苗连营:《税收法定视域中的地方税收立法权》,载《中国法学》2016 年第 6 期。

试点。待立法条件成熟后,再通过法律予以规定"。似乎只有国务院才是资源税试点改革的被授权主体。在财政分权的背景下,这一规定存有商榷的空间。

资源税的特殊构造决定了资源税不适宜完全作为地方税。尽管有观点认为经过改革的资源税已经基本符合地方税的特点,适合与财产税一并作为地方主体税种。[1]但是,各地自然资源禀赋并非完全相同,呈现出较强的地区差异性。在诸多矿产资源的分布具有明显的地域性的现实约束下,将资源税作为完全的地方税并不符合"资源归国家所有"的宪法规定,也很难实现宪法上的平等原则,毕竟按照财政部的说明,资源税的首要定位至少目前还是筹集财政收入。果真如此,资源税作为地方税无疑是变相地使得资源丰富地区占有了本属全体人民共同所有的资源,税收收入的公平分配也就很难实现。

不可否认,当下资源税确实具有很强的地方税特点,但其毕竟主要还是行政原因导致,行政主导的逻辑不应也不会成为确定资源税经济属性的决定性因素。对于已有的资源税税目进行税制改革由全国人大及其常委会授权国务院确有其合理之处,毕竟无论是从对已有税目征税的目的来看,抑或从这些资源的分布特点来考虑,由代表全国的国务院进行税制改革也不失为一种较可取的策略。具有诸多国家战略意义的矿产资源能否得到有效保护也是值得进一步思考的。

当然,资源税也不宜完全作为中央税。根据《资源税法(征求意见稿)》,资源税的税目虽然主要还是矿产资源和盐,立税目的主要还是筹集财政收入。但随着水资源税的开征,将来对资源生态空间征税也是可以预期的。资源税的立税目的也势必会发生较大程度的转变。一旦对滩涂、森林等生态空间征税,资源税的生态属性将愈加明显,到那时资源税的征税目的也将主要是反映资源消耗所产生的生态环境负外部效应。而生态负效应的作用空间则不如大气污染一般具有跨地区的特点,更多的是资源所在地。毫无疑问,对于水等生态资源征税不宜完全由中央主导,理想的模式是由最高立法机关做出授权决定,规定改革的方向与原则,具体实施则由省级人大及其常委会予以推进。当下水资源税试点改革给予地方较大的自主空间实际上也体现了这一点,只不过顶层设计不宜由国务院财税主管部门把持,也不应由国务院把持。究其原因,无论是从《资源税法(征求意见稿)》来看,还是从学者们对资源税与水资源税的关系来看,对水等资源征税绝非《资源税暂行条例》意义上的资源税。[2]退一步而言,即便将

---

[1] 参见徐全红、王艳芝:《基于地方税体系完善的中国资源税制改革》,载《地方财政研究》2017年第6期。

[2] 参见施文泼:《资源税立法的三点建议》,载《中国财经报》2017年12月12日,第6版。

水资源作为《资源税暂行条例》的一个税目，但考虑到在《资源税暂行条例》尚未废除也并未修改的前提下，由国务院部门主导水资源税试点改革也有不妥。换言之，资源税试点改革至少也应当由国务院出台试点改革决定，而不宜由国务院财税部门径自主导水资源税试点改革。

总之，鉴于资源税不同种类税目有着根本的差别，对于以筹集财政收入为首要目的的税目，在推进税制改革中，国务院作为被授权主体确有必要。相反，对以实现生态目的为主的对水、森林、滩涂等资源进行税制改革则有必要将省级人大及其常委会作为被授权主体。

五、结语

《立法法》修改后，税收法定原则作为税收立法原则得到了正式确立，实现了从学理到实定法的嬗变。税制改革本应恪守法定原则的要求，然而，无论是梳理法定原则确立后的营改增试点改革还是资源税试点改革，其本身都缺乏合法性，不符合税收法定的形式要求与实质内涵，税制改革的法治困境突出。现行税制试点改革的税收法治危机的凸显固然说明了税制改革与税收法治之间可能存在一定张力，但法治与改革之间的关系并非不可调和。鉴于重大改革须于法有据系法治国家建设的基本要求，税制改革虽难以借由最高立法机关通过立法的方式实现，但立法机关若能善用“授权决定＋授权立法”这一方式，同样可以契合税收法治的内在要求并在很大程度上缓解税制改革与税收法定之间存在的张力。就税收立法授权对象而言，最高立法机关应根据税种的经济属性做出差序化授权决定，不宜局限于国务院。其中，地方税试点改革中授权省级人大及其常委会较合适。在《资源税法(征求意见稿)》为水等资源税制改革预留广阔空间的背景下，水等资源税试点改革不宜授权国务院来完成，较为可取的办法是由全国人大及其常委会授权省级人大及其常委会进行改革尝试。

修法背景下《劳动法》“社会保险与福利”条款存废之立法讨论

左 菁*

目 次

自1995年《劳动法》施行以来,“社会保险和福利”的相关内容一直被作为《劳动法》的一部分加以规定,在实务和理论界也产生了社会保险法从属于劳动法的理解误区。随着2010年《社会保险法》的施行及相关制度的不断完善与拓展,“社会保障”概念逐渐成形,社会保障法制体系的独立性已经不言而喻。早期“劳动法”渐成“劳动和社会保障法”也昭示着将社会保险规范认定为劳动法律规范的认识已逐步得到矫正。我国《劳动法》已走过20多个春秋,自2015年开始,修法呼声不绝于耳。在《劳动法》修法背景下,如何正确划定劳动法与社会保障法的关系,《劳动法》第九章的“社会保险和福利”条款将何去何从,是学界首先要回应的重大理论问题。

一、立法轨迹梳理

任何法律制度的产生与进步必然与一国社会经济结构变迁密切相关,劳动法与社会保障法也不例外。通过对社会保障法立法轨迹的梳理,能够清晰呈现我国社会保障制度与劳动法在不同的时代背景下的相互关系。总体而言,我国社会保障制度源于

* 西南政法大学经济法学院副教授,法学博士。

1951 年《劳动保险条例》，起步于 1994 年《劳动法》，形成于 2010 年《社会保险法》。

中华人民共和国成立初期，在大力发展工业的经济背景下，出于对企业职工健康、生活困难的保障，1951 年 2 月 26 日政务院颁布《劳动保险条例》，首次确立了劳动保险制度。尽管有学者对该项制度不吝赞美之词，认为中华人民共和国成立初期的劳动保险制度对于后世产生了深远影响，对于 20 世纪 90 年代以来的中国社会保险制度重建，尤其是对于中国社会保险法制化的期许，回望与远眺都是必不可少的课程，[1] 但究其本质，该项制度并非真正意义上的社会保障制度，而是计划经济体制下一种严重依赖国家和企业、缺乏个人参与的国家保障制度。因此，此一时期只能视为我国社会保障制度的萌芽阶段。

1984 年《中共中央关于经济体制改革的决定》标志着我国经济体制开始了从“计划”到“市场”的革命性转型，同时也引发了企业劳动制度的剧烈变迁。1986 年《国营企业实行劳动合同制暂行规定》的出台更是打破了几十年计划经济体制下“单位人”据以依附的“终身制”“大锅饭”用工格局，并促成了“社会人”“市场人”的产生。经济转型将职工推向市场，而在当时，社会保障的法律机制尚未建立。在此背景下，1986 年《国营企业职工待业保险暂行规定》试图为企业市场化中的劳动者找寻制度保障出路，“待业保险制度”应运而生。从制度功能来看，“待业救济金”与“失业保险金”发挥作用几近相同；从统筹层次来看，待业保险基金属于省级统筹。在此意义上，可以认为“待业保险制度”是突破“国家保障模式”的一次“制度试水”，具有鲜明的时代特征。而我国真正意义上“社会保险制度”的提出与构建则起步于 1994 年《劳动法》。1994 年出台的《劳动法》是对“国家用工、行政调节”转向“企业用工、合同调节”的制度回应，同时也作出了“劳动保险”转向“社会保险”的制度安排。应当说，在当时我国社会保险制度几乎处于一片空白的情况下，《劳动法》以专章的形式规定“社会保险和福利”制度，首次提出了“失业”“工伤”“社会保险”等重大概念，并初步勾勒了社会保险制度的体系构成，不仅实现了从无到有的制度飞跃，也是立法理念与制度观念的重大突破，体现了立法者的果敢与前瞻。

然而，制度进步的脚步从未停止。从 1997 年《国务院关于建立统一的企业职工基本养老保险制度的决定》颁布，我国决定建立城镇企业职工基本养老保险制度开始，中国的社会保障制度领域便开始了大规模的立法活动，城镇职工基本养老保险制度、城镇职工基本医疗保险制度、失业保险制度、工伤保险制度、生育保险制度、最低生活保障制度、城乡居民基本养老保险制度、城乡居民基本医疗保险制度等若干社会保障制

[1] 郑尚元：《我国社会保险制度历史回眸与法制形成之展望》，载《当代法学》2013 年第 2 期。

度纷纷设立,2010年出台的《社会保险法》更是将社会保障法制建设推向高潮。作为我国社会保障制度领域的第一部"基本法",《社会保险法》系统规定了五大保险及社会保险基金监管制度,是我国社会保障制度建设的崭新里程碑。从制度内容来看,《社会保险法》几乎涵盖了《劳动法》中"社会保险和福利"的所有条款,并将《劳动法》中简单粗糙的规定发展得更为具体和具有可操作性,立法技术亦日趋成熟。基于此,《劳动法》相关条款的滞后性与残缺性也充分显现,并广受批评,陷入尴尬境地。

二、现行立法例缘由:劳动法与社会保障法存在高度关联性

之所以在《劳动法》中出现若干社会保险条款,除基于当时社会保障制度尚不发达之立法技术考虑外,更为重要的原因是,劳动法与社会保障法具有高度的关联性,集中体现在以下三个方面。

(一)社会保障法以劳动法为产生基础

尽管社会保障法晚于劳动法产生,但二者都是在国家权利本位法向公民权利本位法转变的社会背景下形成的,都是资本主义生产关系发展的产物。根据自由资本主义理论,市场是自由竞争时期决定生产、交换和分配各个方面唯一手段。劳动关系和其他合同关系一样被视为一种纯粹的私法关系,完全奉行"意思自治""契约自由"等民法原则,不应当受到来自国家的任何干预。然而,"私法的权利(Right)和公法的权力(Power)是一对矛盾体。公权力的扩张和膨胀是其本性使然,私权利的极度保护同样会危及社会的公共利益"。[1] "由于劳动力被过度使用,社会劳动力资源迅速枯竭,严重威胁到国家经济竞争力的提升。这使当时的资产阶级政府不得不重新考虑自己的劳动政策。而在法律上做出理性的改革。"[2]1802年《学徒健康与道德法》作为世界上第一部限制资本家剥削程度的法律,标示着现代劳动法的诞生。

社会保障法并非横空出世,而是在劳动法发展到一定阶段产生的。劳动法以保护劳动者权益为核心,关注劳动者的生存状况,虽对劳动者的就业、劳动合同、工资制度、休息时间制度、职业培训制度、劳动安全卫生制度等作出了巨细靡遗的规定,但却对劳动者如影相随的职业与生存风险问题无所适从。在此背景下,以社会保险制度为核心的社会保障制度适时而生。应当说,社会保险制度从其产生开始便是作为"劳动风险"对抗机制而发挥作用的,初期的社会保险实质是"劳工社会保险"。被视为德国社会保

---

〔1〕 林嘉:《论社会保障法的社会法本质——兼论劳动法与社会保障法的关系》,载《法学家》2002年第1期。

〔2〕 王安宁:《新角度看劳动法和社会保障法的关系》,载《山东省政法管理干部学院学报》2009年第3期。

障史上“大宪章”的德皇威廉一世1881年颁布的“皇帝诏书”中曾经这样表述：“工人在患病、发生事故、伤残和老年经济困难时应该受到保障，他们有权要求救济”。可见，德国自1883年兴举的大规模的社会保险立法最初的保障对象仅限于“工人”，而非全体社会成员。社会保障法律制度的出现与以保护劳工权益为中心的劳动法有着密切的联系。这也有力佐证了我国在制定劳动法时纳入社会保险条款的原因，“当初人们对劳动法与社会保险法之间到底关系如何并不清晰，但有一点是共同的——都以保护劳动者利益为出发点”。[1]

（二）劳动法与社会保障法均体现对“弱者”的法律保护

从劳动法产生的历史进程可以看出，现代劳动法的产生首先源于对劳动者权益的保护。劳动力供求关系不平衡、工作环境恶劣、劳动风险大、劳动报酬低下、劳动安全保障不足等诸多因素导致劳动关系双方事实上的非均衡性。因此，劳动关系双方当事人中，劳动者明显处于“弱势”地位。因此，劳动法的重要目标之一便是为劳动关系的“弱者”——“劳动者”提供法律保护机制，保障劳动者“劳动权”之实现，平衡劳资双方之间的权利义务关系。尽管学者们对于劳动法对劳动者的法律保护观点论述不一，存在“倾斜性保护”“单保护”“双保护”三种学说，但这三种说法都肯定了保护劳动者的积极一面。实质正义与社会公平的实现是市场经济对现代劳动法价值取向的必然要求。

社会保障法更是体现了对“社会弱者”的保护。所谓“社会弱者”即“社会弱势群体”，通常指的是在社会中由于生理原因、自然原因、社会原因或其他原因导致其生存状态、生活质量和生存环境低于所在社会一般民众，在社会上处于不利地位的社会成员的总称。有学者认为，弱势群体的弱势应当从“三个劣势”上加以认定：一是在资源的占有上，某个群体总体上处于公认的劣势；二是在能力上，某个群体总体上处于公认的劣势；三是在权利的享有和实现上，某个群体总体上处于公认的劣势。[2] 社会保障权首先应当体现为“生存保障权”。1919年德国《魏玛宪法》首次将“基本生存权”这一重要的人权纳入宪法的保护范畴。“社会保障法是人权保障法律中的重要构成部分”，[3]社会保障法即是一国保障公民生存权和发展权的最重要的法律部门。在我国，我国《宪法》第45条明确赋予了全体公民享有社会保障权，而社会保障制度通过社会救助制度、社会保险制度、社会福利制度及社会优抚制度的具体设置，从不同层次上满足公民的“最低生活保障”“基本生活保障”“福利待遇”“特殊社会保障待遇”等各种

〔1〕 郑尚元：《社会保险法定位——社会保险法与相邻法律关系探析》，载《法治研究》2015年第5期。

〔2〕 参见刘勇：《弱势劳动者群体的就业公平与促进机制》，载《重庆社会科学》2012年第11期。

〔3〕 史探径：《我国社会保障法的几个理论问题》，载《法学研究》1998年第4期。

需求,保障公民社会保障权的实现。此外,通过再次分配及普遍福利等手段的运用,社会保障制度能够“扶贫济弱”,缩小贫富差距,实现社会的和谐、均衡发展。

(三)劳动法与社会保障法同属“社会法”重要组成

探讨劳动法与社会保障法的关系,绕不开“社会法”之命题。从社会法角度来看,二者关系的探讨有利于“社会法”产生根源、基本理念的提炼,属于社会法理论更深层次的研究。

在我国,“社会法”概念的提出,是在学界尚未准备充分的情况下。“在学者和民众对社会法的概念和理念还颇感陌生时,其在立法部门却获得了‘法律部门’的官方地位。”[1]“社会法”概念最早始于社会主义市场经济法律体系构建的探讨。1992年10月中国共产党第十四次全国代表大会上提出了建设和完善我国社会主义市场经济体制的目标。次年8月,中国社会科学院法学研究所课题组随即发表研究报告《建立社会主义市场经济法律体系的理论思考和对策建议》,大胆提出我国的社会主义市场经济法律体系框架主要由民商法、经济法、社会法三个板块构成的设想。“社会法”的正式提出则是在2001年第九届全国人大第四次会议上,时任全国人大常委会委员长李鹏指出“将中国特色社会主义法律体系划分为七个法律部门,即宪法及宪法相关法、民法商法、行政法、经济法、社会法、刑法、诉讼与非诉讼程序法”。2003年时任全国人大常委会委员长吴邦国在第十届全国人大常委会第二次会议上的讲话中重申了这一划分标准。同时,第十届全国人大常委会法制工作委员会主任委员杨景宇将“社会法”解释为“它是规范劳动关系、社会保障、社会福利和特殊群体权益保障方面的法律关系的总和。社会法是在国家干预社会生活过程中逐渐发展起来的一个法律门类,所调整的是政府与社会之间、社会不同部分之间的法律关系”。

很显然,官方对于“社会法”的定位并没有取得理论界的一致赞同。近年来,学者们纷纷从不同的语义、不同的层面上对“社会法”进行热烈讨论。基本达成共识的是,劳动法与社会保障法是社会法的重要组成部分,但对于二者的关系及社会法范畴仍存较大分歧。总体而言,学界对“社会法”范围及劳动法与社会保障法关系的理解大致可划分为以下几类学说。

1.“包含说”

“包含说”又可分为两种观点:第一种观点为“劳动关系广义说”,第二种观点截然相反,为“社会保障法调整对象广义说”。[2] 前者是在“劳动保险”时期较为盛行的观

---

〔1〕 谢增毅:《社会法的概念、本质和定位:域外经验与本土资源》,载《学习与探索》2006年第5期。

〔2〕 董保华:《社会保障法与劳动法的界定》,载《华东政法学院学报》2001年第3期。

点，在这一时期，企业办社会，劳动者对“单位”具有高度的依赖性，劳动关系体现为一种行政劳动关系，《劳动保险条例》被视为劳动法的一部分，社会保障没有存在的社会空间，正如李伯勇、张左己所说“劳动关系作为一种生产关系，涉及的是最广泛最普遍的社会关系和经济关系，贯穿于生产、分配、交换、消费等经济工作的全过程”。[1] 后一种观点认为社会保障法包括劳动法，以肖方杨、谢培栋学说为代表，其认为：“劳动者是人群中的核心和精华，从一定意义上来讲，保护劳动者就是保障人类的生存与发展，据此，有理由把劳动法纳入社会保障法律的范畴。”[2] “社会保障法以保证劳动者充分就业为宗旨，规定劳动者参与经济活动的权利和义务，建立以劳动者福利为目标的保险体系。因此，社会保障法主要由劳动法和社会保险法为组成部分。”[3]

2. “部门说”

持“部门说”的学者包括谢增毅、汤黎虹、李宁、隋彭生、张守文等。其中以谢增毅的观点最具代表性，以汤黎虹观点为最新。谢增毅认为：“立法机关承认社会法作为与民法、刑法相并列的法律部门，在世界上应属史无前例。立法机关关于社会法是‘规范劳动关系、社会保障、社会福利和特殊群体权益保障方面的法律关系的总和’的论述是比较恰当的。”[4] 汤黎虹在其著作《社会法基本原理》中首创“扶权说”，并提出“社会法的调整对象是狭义社会中的被帮扶主体和帮扶主体之间的被帮扶和帮扶的关系”，[5] 进而认为社会法是独立的法律部门。

3. “法域说”

“法域说”认为在传统公法、私法划分外还存在“第三法域”，但对于“第三法域”是否完全等同于“社会法”，即社会法的边缘性问题，学者间亦有分歧。持“大法域说”的代表学者如董保华认为，“扶持弱者，倾斜立法”作为社会法的基本原则，在社会法所涉及的各个领域中都有体现，包括反垄断法、消费者权益保护法、促进中小企业法、产业调解法、劳动法、社会保障法、环境法。持“大范围”观点的学者还包括赵红梅，认为社会法的外延的大致范围包括经济法、劳动法、环境法（含自然资源法）、科教文卫法、社会保障法（含弱势群体保障法）及慈善法。[6] 与此相对，“小法域说”的学者如林嘉认为，“笔者认为，将社会法看作是一个法域更为合理……应当将社会法定位于劳动法和

---

[1] 李伯勇、张左己：《中华人民共和国劳动法讲座》，中国劳动出版社 1994 年版，第 4 页。

[2] 肖方杨：《论我国的社会保障及其法律体系》，载《江淮论坛》1994 年第 6 期。

[3] 谢培栋主编：《市场经济与法制建设》，中国法制出版社 1994 年版，第 227 页。

[4] 谢增毅：《社会法的概念、本质和定位：域外经验与本土资源》，载《学习与探索》2006 年第 5 期。

[5] 汤黎虹：《社会法基本原理》，法律出版社 2017 年版，第 129 页。

[6] 参见赵红梅：《私法与社会法》，中国政法大学出版社 2009 年版，第 50 页。

社会保障法”;[1]而王安宁则提出,“社会法是以劳动法和社会保障法为代表的法律现象的总括,但不是一个新的法律部门的诞生,而是一个新的法域的出现”。[2]

4.“类群说”

“类群说”学者反对将社会法定位于一个独立的法律部门,也反对将其划定于“第三法域”,代表学者包括史探径、郑尚元、樊启荣等。例如,史探径认为,“社会法不是一个独立的法律部门,它只是劳动法、社会保障法等以解决劳动问题、社会问题、保护公民权益为立法主旨的一群法律的统称或类称。……不同性质的社会关系不能归属一个法律部门来调整。至于立法主旨的保护性特点……我们不能按立法主旨把这些法律统归于一个法律部门”。[3] 郑尚元也提出“社会法没有也不应该被界定为法律的某种属性,即法律的或公或私或公私融合,而是应将社会法定性为某种属性的法律”。[4]

上述学说中,除“包含说”因其提出的时代背景渐被淘汰外,其余三类观点均为当前较主流的学说。三类学说的共同点在于都涵盖劳动关系与社会保障关系之调整,但进一步比较可以发现,在“法域说”及“类群说”理论框架下,劳动法和社会保障法均以法律部门之地位而存在,但“部门说”则以“社会法”为法律部门,使劳动法与社会保障法的地位颇为尴尬,正如有学者指出“官方文件将社会法看作是一个法律部门,与宪法、行政法、民商法、经济法、刑法、诉讼法等法律部门并列,并明确了社会法包括劳动法和社会保障法。但如此一来,劳动法和社会保障法成为了社会法的子法,而非独立法律部门,劳动法和社会保障法的关系又变得模糊和复杂化了”。[5] 笔者无意对何种理论孰优孰劣妄加评判,但求从上述纷繁复杂的学说中提炼出较合理的学术判断。通过比较法之考察不难发现,无论是将社会法限定于社会保障法的德国,还是将社会法划定于劳动法和社会保障法的法国、日本,抑或将社会法范畴作最广义理解的英美法系国家,劳动法与社会保障法都具有自己的调整对象并进而成为社会法的最核心要素。二者不具包容关系,但却是最邻近的法律部门,这也是二者高度关联性的最重要表现之一。

---

[1] 林嘉:《论社会保障法的社会法本质——兼论劳动法与社会保障法的关系》,载《法学家》2002年第1期。

[2] 王安宁:《新角度看劳动法和社会保障法的关系》,载《山东省政法管理干部学院学报》2009年第3期。

[3] 史探径:《我国社会保障法的几个理论问题》,载《法学研究》1998年第4期。

[4] 郑尚元:《社会法的定位和未来》,载《中国法学》2003年第5期。

[5] 林嘉:《论社会保障法的社会法本质——兼论劳动法与社会保障法的关系》,载《法学家》2002年第1期。

三、修订必要性之探讨

（一）我国社会保障法律制度体系日臻完备

我国的社会保障法律制度体系包括城镇的社会保障法律制度体系和农村的社会保障法律制度体系。前者起步于1997城镇企业职工基本养老保险制度的建立，后者肇始于2003年新型农村合作医疗制度的设立。随着《国务院关于建立统一的企业职工基本养老保险制度的决定》《国务院关于完善企业职工基本养老保险制度的决定》《国务院关于机关事业单位工作人员养老保险制度改革的决定》《国务院关于建立统一的城乡居民基本养老保险制度的意见》《国务院关于建立城镇职工基本医疗保险制度的决定》《国务院关于整合城乡居民基本医疗保险制度的意见》《失业保险条例》《工伤保险条例》《企业职工生育保险试行办法》《女职工劳动保护特别规定》《城市居民最低生活保障条例》《社会救助暂行办法》《中华人民共和国妇女儿童权益保护法》《中华人民共和国老年人权益保护法》《军人抚恤优待条例》《农村五保供养工作条例》《国务院关于开展新型农村社会养老保险试点的指导意见》《国务院办公厅转发卫生部等部门关于建立新型农村合作医疗制度意见的通知》《国务院关于在全国建立农村最低生活保障制度的通知》《社会保险法》等规范性文件的纷纷出台，我国在城镇和农村已经建立起包括社会保险制度、社会救助制度、社会福利制度和社会优抚制度在内的相对完备的社会保障法律制度体系。

（二）劳动法与社会保障法应为相互独立法律部门

尽管1994年《劳动法》中包含有社会保险及福利的相关内容，但并不等同于劳动法包括社会保险法，要正确认识二者的关系，首先应当清晰划定两者的法律部门边界。法律部门的产生、演变都是具有历史性的，劳动法和社会保障法亦是在特定的历史条件下产生发展的。在过去的20多年里，我国劳动法与社会保障法之间的关系一直在动态发展中进行调整。改革开放实践与经济体制变革催生了我国劳动法，国家用工、行政调节、计划配置逐步转向企业用工、合同调节、市场配置。此后，劳动用工制度改革的深入发展产生了对社会保障法的强烈需求。从时间维度上来看，我国的劳动法早于社会保障法。《劳动法》制定初期，我国社会保障制度体系还不明晰，社会保障法制建设尚处于肇始时期，社会保障法律制度远未成熟定型，仅有“待业保险”之零散规定，应当说，将社会保险的相关条款写入《劳动法》，在当时体现了政府前瞻性和方向性的立法思路。

自20世纪90年代中期，我国开始了轰轰烈烈的社会保障立法，城镇企业职工基本养老保险制度、城镇职工基本医疗保险制度、失业保险制度、城镇居民最低生活保障制度、工伤保险制度、新型农村合作医疗制度、新型农村社会养老保险制度等纷纷建立,2010 年《社会保险法》的正式出台,更是将社会保障立法推向高潮。“社会保障法”羽翼渐丰,不再需要“劳动法”的特别关照,已然形成了相对独立完善的制度体系,劳动法与社会保障法的关系也亟待重新认识和厘清。劳动法与社会保障法应当是两个不同的法律部门,二者在立法价值取向、适用范围和调整对象上均存在差异。

1. 立法价值取向

立法价值取向体现了法的立法目的,反映了法要实现的目标,以及法要保护的利益。我国《劳动法》开宗明义地指出,劳动法旨在“保护劳动者的合法权益,调整劳动关系,建立和维护适应社会主义市场经济的劳动制度,促进经济发展和社会进步”。从学界来看,目前围绕劳动法的立法价值有“倾斜保护说”“秩序说”“平衡说”等代表性学说,但《劳动法》第 1 条无疑将“保护劳动者的合法权益”列为首要价值目标。黎建飞在《论我国〈劳动法〉的立法目的》一文中曾精辟地指出“从劳动法产生的历史背景和第一部标志性劳动法的内容我们可以看出,劳动法面世的理由和目的就是为了保护处于‘弱者’地位的劳动者的合法权益,它是以劳动关系一方当事人,即作为弱者的劳动者为保护对象的。如果劳动者不需要劳动法的专门保护,劳动法就不会出现在人类社会的生活中;如果劳动法不以劳动者为专门的保护对象,并以此作为自己的根本目的,劳动法也就没有存在的理由和必要,或者说这样的劳动法就不能再称之为劳动法了”。〔1〕 简言之,劳动法重点关注劳动者“劳动权”(包括择业权、报酬权、劳动安全卫生权等权利)的实现与保障。

社会保障法是社会利益本位法,其关注的对象不仅仅是劳动者,而是全体社会成员,其立法价值取向与劳动法截然不同。社会保障制度的基本出发点在于确定和保障人的基本生活和生存权利,体现对人的关怀。其制度目标在于化解社会成员遭遇的各种社会风险和社会矛盾,谋求全体国民的基本生活保障,代表了社会大众的普遍需求和社会发展进步的共同价值取向。换言之,社会保障法以全社会的社会安全和社会公平为其价值追求,其制度视野不仅仅局限于劳资双方的权利义务关系。需强调的是,这里的“安全”主要指的“生活安全”。“安全是法律追求的价值取向和目标,社会保障法也不例外,它把实现社会成员生活安全和整个社会安全作为其重要的基础性价值。”〔2〕而这里的“公平”主要指的是“实质公平”,侧重于结果公平,而非起点公平。

---

〔1〕 黎建飞:《论我国〈劳动法〉的立法目的》,载《河北政法管理干部学院学报》2003 年第 5 期。

〔2〕 曹艳春:《社会保障法的价值取向》,载《河北理工学院学报》(社会科学版)2003 年第 1 期。

2. 适用范围

此处主要探讨主体适用范围。根据现行《劳动法》及《劳动合同法》的规定,劳动关系的主体主要包括两大类,即用人单位和劳动者。用人单位主要包括我国境内的企业、个体经济组织、民办非企业单位、实行聘用制的事业单位、会计师事务所、律师事务所等合伙组织和基金等组织以及视为用人单位的国家机关、事业单位、社会团体。劳动者则是指达到法定就业年龄、具有劳动能力并与用人单位建立劳动关系的所有公民,但排除国家机关、参公管理事业单位、农村劳动者、现役军人、家庭保姆和勤工俭学在校生。社会保障法律制度主要包括社会保险法、社会救助法、社会福利法和社会优抚法四大板块。其主体一方为社会保障的管理主体和经办主体,另一方则为缴费主体和受益主体,在涉及社会保险实物待遇给付的情形中,通常还包括第三方主体,即社会保障服务提供主体。第一类主体主要体现为社会保障行政管理部门和社会保险经办机构,第二类主体通常为社会保险缴费义务人和社会保障给付请求权的享有者。由于社会保障制度具有普惠性,因此,全体社会成员都应当是社会保障关系的受益主体,包括社会保险受益主体、社会救助受益主体、社会福利受益主体和社会优抚受益主体。

比较二者主体适用范围,不难发现,劳动法与社会保障法的适用范围并不重合,社会保障法的适用范围远大于劳动法,且主体类型更复杂。劳动法侧重于对建立劳动关系双方主体之关注,即用人单位和劳动者,而社会保障法的适用范围不仅涵盖劳动者,同时还包括其他需要特殊帮助的社会成员,如低保对象、优抚对象、残疾人、失能失智老人、特殊儿童等,这部分成员由于生理、自然或其他社会原因生存能力较差,需要来自国家和社会的特殊保障,应当纳入社会保障的覆盖范围。此外,由于社会保障法律关系主要体现为纵向关系,如社会保险费征缴关系和社会保障待遇给付关系,另一方主体为社会保障行政管理机关和社会保险经办机构,与劳动法上“用人单位”的差异性也较大。

3. 调整对象

法律部门都有其特定的调整对象,即这一法律所调整的某类具有共性的社会关系。这也是法学界对不同法律进行区分与界定的主要标准。劳动法与社会保障法均有各自特定的调整对象,是为不同的法律部门。

劳动法学界对劳动法调整对象的认识并不统一。最早对劳动法调整对象进行描述的是史尚宽先生在《劳动法原论》中的“劳动法为规律劳动关系及其附随一切关系之法律制度之全体”。[1] 而劳动法调整对象最具代表性的表述,则是来自关怀教授在

---

〔1〕 史尚宽:《劳动法原论》,台湾正大印书馆1978年版,第1页。

1983年提出的“劳动法是调整劳动关系以及与劳动关系密切联系的关系的法律”的观点,[1]这也是目前劳动法学教材和学界普遍认同的界定。常凯在《劳动法调整对象再认识与劳动法学科重构》一文中,突破传统思维,将劳动关系划分为狭义的劳动关系和广义的劳动关系,狭义的劳动关系即个别的劳动关系,广义的劳动关系包括个别劳动关系、集体劳动关系和社会劳动关系。[2] 此外,也有学者独辟蹊径,认为劳动法的调整对象是劳动行为。[3] 上述观点虽有分歧,但劳动关系是劳动法的主要调整对象是无可动摇的。劳动关系是劳动者与用人单位在劳动过程中所发生的,劳动者服从用人单位的管理,提供由用人单位支付劳动报酬的劳动而产生的社会关系。与劳动关系密切相关的其他社会关系,主要包括劳动行政关系、劳动市场服务关系、劳动团体关系、劳动争议处理关系等。

社会保障法调整对象与劳动法调整对象有着根本差异。社会保障法的调整对象为社会保障关系,即发生在社会保障活动中的各种社会关系。劳动关系涉及的是劳动者与用人单位的双方关系,而社会保障关系由于主体的多样性,其涉及的关系类型则更为多样。具体而言,有学者将社会保障关系划分为直接关系和间接关系,其中直接关系可进一步细分为社会保险关系、社会救济关系、社会福利关系、社会优抚关系;间接关系包括如社会保障机构与投资市场不同主体之间的关系等。[4] 有学者则提出了“国家和社会成员之间的关系”“社会保障机构与国家或政府之间的关系”“社会保障机构与企业、社会团体单位之间的关系”“社会保障机构与社会成员之间的关系”等八大社会保障关系。[5]

笔者认为,探讨社会保障关系应当以主体制度为基础。基于前述三大制度主体,我国社会保障关系可划分为社会保障管理关系、社会保障费用征缴关系、社会保障待遇给付关系、社会保障服务提供关系、社会保障监管关系。此类社会关系强调社会保障三方主体从事管理、缴费、待遇支付、服务提供等一系列社会保障活动结成的关系,与仅仅关注劳动过程实现的劳动关系大相径庭。基于此,社会保障法与劳动法当属不同的法律部门。

---

〔1〕 参见关怀:《劳动法学》,群众出版社1983年版,第1页。

〔2〕 参见常凯:《劳动法调整对象再认识与劳动法学科重构》,载《法学论坛》2012年第3期。

〔3〕 参见黎建飞:《劳动法调整对象是劳动行为》,载《中国劳动》2006年第1期。

〔4〕 参见莫胜男:《劳动法与社会保障法关系研究》,华中师范大学经济法2006年硕士学位论文,第21页。

〔5〕 参见周鹏宇、高逸:《对我国社会保障法调整对象的一点思考》,载《法制与经济》2012年第6期。

（三）《劳动法》第九章“社会保险与福利”现行规定弊端明显

《劳动法》第九章“社会保险和福利”，共设7个条款（第70～76条），分别从社会保险险种、社会保险水平、社会保险筹资、社会保险待遇、社会保险经办、补充保险及社会福利等方面进行了规定。审视《劳动法》现有条款，各种立法问题凸显，集中体现在以下几个方面：

1. 保障范围过窄

综观《劳动法》第70～76条，《劳动法》意义上的社会保险与《社会保险法》意义上的社会保险并不契合，而《劳动法》所指的“社会福利”实则指的是“单位福利”。具体而言，《劳动法》第70条规定，“国家发展社会保险事业，建立社会保险制度，设立社会保险基金，使劳动者在年老、患病、工伤、失业、生育等情况下获得帮助和补偿”。而《社会保险法》第1条规定：“为了规范社会保险关系，维护公民参加社会保险和享受社会保险待遇的合法权益，使公民共享发展成果，促进社会和谐稳定，根据宪法，制定本法。”考察二者保障对象，不难发现，《劳动法》之社会保险条款仅以劳动者为保障对象，而《社会保险法》之社会保险条款保障对象为“公民”。以养老保险和医疗保险为例，除了针对劳动者的职工基本养老保险、职工基本医疗保险外，我国目前还建立了针对城乡居民的基本养老保险和基本医疗保险，《社会保险法》的覆盖范围更大，《劳动法》社会保险条款的保障范围明显窄于《社会保险法》。此外，《劳动法》第76条规定：“国家发展社会福利事业，兴建公共福利设施，为劳动者休息、休养和疗养提供条件。用人单位应当创造条件，改善集体福利，提高劳动者的福利待遇。”从该条第1款的表述可以看出，“国家发展社会福利事业，兴建公共福利设施”，其目的是为“劳动者”提供休息、休养和疗养的相关条件，而第2款则明确规定的是“单位福利”制度。可见，《劳动法》侧重于针对劳动者“单位福利”之规定，而非通常意义上的“社会福利”制度。

2. 条文规定滞后

条文滞后性的典型代表是对社会保险险种的规定。《劳动法》第70条并未直接说明我国所设立的五大社会保险制度的类别，仅规定当出现“年老、患病、工伤、失业、生育”等风险时，劳动者可以从国家获得帮助和补偿。制度规定的模糊性与当时各项社会保障制度严重缺位密切相关。《劳动法》制定时期，正值劳动保险制度向社会保险制度的转型，五大社会保险制度均未建立，仅通过国务院1986年《国营企业职工待业保险暂行规定》及1993年《国有企业职工待业保险规定》初步建立起中国特色的“待业保险”制度，社会保险制度框架尚不明晰，社会保险体系构建也缺乏根植土壤，《劳动法》从立法上作模糊性处理也不足为怪了。自20世纪90年代中期，我国先后通过1995年

《企业职工生育保险试行办法》、1996年《企业职工工伤保险试行办法》、1997年《国务院关于建立统一的企业职工基本养老保险制度的决定》、1998年《国务院关于完善企业职工基本养老保险制度的决定》及1999年《失业保险条例》建立起了生育、工伤、养老、医疗及失业保险制度,社会保险制度体系基本成型。基于此,2010年《社会保险法》第2条明确规定了社会保险五大分支制度:"国家建立基本养老保险、基本医疗保险、工伤保险、失业保险、生育保险等社会保险制度,保障公民在年老、疾病、工伤、失业、生育等情况下依法从国家和社会获得物质帮助的权利。"此外,《社会保险法》第二章至第六章,专章就"基本养老保险""基本医疗保险""工伤保险""失业保险""生育保险"进行了详细规定。相较《劳动法》而言,《社会保险法》对于五大社会保险分支制度的规定更明确、具体、系统,更能反映我国社会保险制度的体系构建现状。

3. 立法内容粗糙

以社会保险待遇规定为例。《劳动法》第73条规定:"劳动者在下列情形下,依法享受社会保险待遇:(一)退休;(二)患病、负伤;(三)因工伤残或者患职业病;(四)失业;(五)生育。劳动者死亡后,其遗属依法享受遗属津贴。劳动者享受社会保险待遇的条件和标准由法律、法规规定。劳动者享受的社会保险金必须按时足额支付。"该条款规定过于简单粗糙,没有明确社会保险待遇的种类、项目、标准、领取条件和支付期限等。"劳动者死亡后,其遗属依法享受遗属津贴"属于工伤保险中的因公死亡待遇,这里单独作为第2款加以规定,从立法逻辑上来看也有失妥当。虽然该条第3款规定"劳动者享受社会保险待遇的条件和标准由法律、法规规定",但在当时社会保险立法尚处空白的阶段,这样的规定形同虚设,只是一种立法技术的处理。

再以补充保险规定为例。《劳动法》第75条规定:"国家鼓励用人单位根据本单位实际情况为劳动者建立补充保险。国家提倡劳动者个人进行储蓄性保险。"从立法思路来看,立法者是想通过"补充保险""储蓄性保险"制度的设立,与社会保险制度形成"三支柱"保险制度格局,但对于什么是补充保险、什么是"储蓄性保险",二者是否等同于"补充养老保险""个人储蓄养老保险",以及二者的法律性质、具体操作方式等均未作出明确规定,这也导致长期以来,我国在"补充保险""储蓄性保险"制度上的认识混乱与不足,在相关立法上也停滞不前。

(四)《劳动法》第九章"社会保险与福利"已有制度替代性规定

在社会保障法律制度日益完善的背景下,《劳动法》第70~76条均能找到相应的制度替代性规定,详见表1。

表1 《劳动法》第九章“社会保险与福利”条款与替代性规定对照

《劳动法》第九章“社会保险和福利”		制度替代性规定
第70条	国家发展社会保险事业,建立社会保险制度,设立社会保险基金,使劳动者在年老、患病、工伤、失业、生育等情况下获得帮助和补偿	《社会保险法》第1条、第2条
第71条	社会保险水平应当与社会经济发展水平和社会承受能力相适应	《社会保险法》第3条
第72条	社会保险基金按照保险类型确定资金来源,逐步实行社会统筹。用人单位和劳动者必须依法参加社会保险,缴纳社会保险费	《社会保险法》第4条、第5条 参见《社会保险法》第七章“社会保险费征缴”、第八章“社会保险基金”
第73条	劳动者在下列情形下,依法享受社会保险待遇: (1)退休; (2)患病、负伤; (3)因工伤残或者患职业病; (4)失业; (5)生育。 劳动者死亡后,其遗属依法享受遗属津贴。 劳动者享受社会保险待遇的条件和标准由法律、法规规定。 劳动者享受的社会保险金必须按时足额支付	参见《社会保险法》第二章“基本养老保险”、第三章“基本医疗保险”、第四章“工伤保险”、第五章“失业保险”、第六章“生育保险”、《国务院关于建立统一的企业职工基本养老保险制度的决定》《国务院关于完善企业职工基本养老保险制度的决定》《国务院关于机关事业单位工作人员养老保险制度改革的决定》《国务院关于建立统一的城乡居民基本养老保险制度的意见》《国务院关于建立城镇职工基本医疗保险制度的决定》《国务院关于整合城乡居民基本医疗保险制度的意见》《失业保险条例》《工伤保险条例》《企业职工生育保险试行办法》《女职工劳动保护特别规定》中有关社会保险待遇的规定
第74条	社会保险基金经办机构依照法律规定收支、管理和运营社会保险基金,并负有使社会保险基金保值增值的责任。 社会保险基金监督机构依照法律规定,对社会保险基金的收支、管理和运营实施监督。 社会保险基金经办机构和社会保险基金监督机构的设立和职能由法律规定。 任何组织和个人不得挪用社会保险基金	《社会保险法》第6条 参见《社会保险法》第八章“社会保险基金”,《社会保险费征缴暂行条例》《全国社会保障基金条例》《基本养老保险基金投资管理办法》

续表

《劳动法》第九章“社会保险和福利”		制度替代性规定
第75条	国家鼓励用人单位根据本单位实际情况为劳动者建立补充保险。 国家提倡劳动者个人进行储蓄性保险	参见《企业年金办法》《国务院关于机关事业单位工作人员养老保险制度改革的决定》的相关规定
第76条	国家发展社会福利事业,兴建公共福利设施,为劳动者休息、休养和疗养提供条件。 用人单位应当创造条件,改善集体福利,提高劳动者的福利待遇	参见《残疾人保护法》《未成年人保护法》《妇女儿童权益保护法》《老年人权益保障法》的相关规定

四、《劳动法》第九章“社会保险与福利”修订之结论

基于前述,劳动法与社会保障法虽具有高度关联性,但二者应当划定为不同的法律部门,在《劳动法》中作有关社会保障制度的规定,从立法逻辑上来看不通也不妥。尽管劳动者享有“社会保障权”,但劳动者作为“社会保障权人”的一部分,完全可以纳入社会保障法律体系进行统一调整和规范。将社会保险条款分割为“劳动者的社会保险条款”和“一般性的社会保险条款”,也是一种极不合理的立法体例,不仅会影响社会保障制度的体系完整性,也会造成法律适用上的困惑与混乱。就《劳动法》“社会保险及福利”之具体规定而言,与现行社会保障法律制度,特别是《社会保险法》之规定有较大出入,保障范围过窄,制度规定模糊、零散、滞后,均是《劳动法》现行相关规定必须正视的问题。而《劳动法》早在1994年制定的相关条款,均能在目前的社会保障法制度规定中找到更详细具体的替代性规定。因此,笔者认为,在《劳动法》中规定“社会保险及福利”条款,是在特定历史时期的一种权宜之举,目前我国社会保障法律制度体系日臻成熟,应当正确看待劳动法与社会保障法之间的关系,在当前《劳动法》的修法背景下,应当不再保留1994年《劳动法》第九章“社会保险和福利”的相关条款。

劳动合同定义的法定化及其反思
——德国《民法典》第611a条的最新修正

胡川宁*

目　次

一、前言

2017年2月21日，德国颁布了《有关〈劳务派遣法〉及其他法律的修正法》，并于2017年4月1日正式生效。根据该法第2条的规定，德国《民法典》债编雇佣合同项下增设第611a条。该条不单在德国历史上第一次就劳动合同及劳动者，而且就劳动法的一些核心概念诸如指令权、指令拘束性、归属性等作出了明文的法定定义。可以说，此次德国《民法典》第611a条的修正虽然相比2002年的《债法现代化法》不算根本性的改革，但就劳动法领域来说，却是一次具有里程碑意义的变革。与我国情况类似，德国法学界长期以来对于劳动合同、雇佣合同以及承揽合同三者的概念与界限长期存在争论。早在1794年，《普鲁士一般邦法》第一编第十一章第906条就规定了一种不以工

---

* 西南政法大学博士后流动站与四川省社会科学院博士后工作站联合培养博士后研究人员，西南政法大学副教授，法学博士。

基金项目：2014年国家社科基金重点项目“劳动关系认定实证研究”（14AFX021）、中国法学会2016年度部级法学研究课题“社会保险经办机构法律问题研究”［CLS(2016)D38］。

作成果而以劳务本身为内容的合同,即后来德国《民法典》雇佣合同[1]的前身。之后,随着劳资矛盾的进一步深化,德国判例和学说虽然逐步承认了雇佣合同内部存在一种具有特别社会保护意义的合同,即劳动合同,但是德国立法者却从未能就劳动合同的定义和认定标准作出明文的规定。

尽管如此,由于德国一直承认法官享有依据教义学的规则对法律条文进行法律续造的权力,[2]从而长期以来,虽然制定法未就劳动合同作出法定定义,却并未影响德国法官通过判例续造出认定劳动关系的具体标准。但是,随着德国社会上越来越多的企业通过承揽合同或雇佣合同规避《劳务派遣法》相关保护劳动者规范的适用,德国立法者认为有必要增订劳动合同的法定定义,从而达到简化劳动关系认定,增强法的安定性和司法裁判透明度的目的。为此,从2015年11月16日《联邦劳动与社会部有关〈劳动派遣法〉及其他法律的修正草案建议稿第一版》(以下简称《联邦劳社部修正草案建议稿第一版》或草案建议稿第一版)[3]开始,历经2016年2月27日《联邦劳动与社会部有关〈劳务派遣法〉及其他法律的修正草案建议稿第二版》(以下简称《联邦劳社部修正草案建议稿第二版》),[4]2016年7月20日《联邦政府有关〈劳务派遣法〉及其他法律的修正草案》(以下简称《联邦政府修正草案》),[5]和2016年10月19日《联邦议会劳动与社会委员会(第十一届)有关〈劳务派遣法〉及其他法律修正的决策建议与报告》(以下简称《联邦议会劳社委员会决策建议与报告》),[6]并经联邦议会多次辩论,最终于2017年2月21日通过《有关〈劳务派遣法〉及其他法律的修正法》,[7]其第2条所新设的德国《民法典》第611a条,就劳动合同的定义、指令权、人格从属性以及劳动关系认定的方法等作出了明文的规定。

我国原劳动与社会保障部(现为人力资源与社会保障部,以下简称人社部)曾于2005年颁布了《关于确立劳动关系有关事项的通知》(劳社部发〔2005〕12号),并一直

---

〔1〕《普鲁士一般邦法》时期尚未就劳动合同与雇佣合同作出区分。

〔2〕Bernd Rüthers, Rechtsdogmatik und Rechtspolitik unter dem Einfluß des Richterrechts, Institut für Rechtspolitik an der Universität Trier, 2003, SS. 2 – 10.

〔3〕Referentenentwurf des Bundesministeriums für Arbeit und Soziales vom 16.11.2015.

〔4〕Referentenentwurf des Bundesministeriums für Arbeit und Soziales vom 17.2.2016.

〔5〕BT-Drs 18/9232(Gesetzentwurf).

〔6〕BT-Drs 18/10064(Beschlussempfehlung und Bericht).

〔7〕Gesetz zur Änderung des Arbeitnehmerüberlassungsgesetzes und anderer Gesetze vom 21.02.2017 (BGBl. I S. 258).

作为我国劳动仲裁及司法认定劳动关系的核心依据。[1] 然而,该通知就劳动关系认定所采取的封闭式列举模式所体现出的僵化性,也长期为学者和实务界所批评。与此相对,此次德国《联邦劳社部修正草案建议稿第一版》实际上一开始也采用了类似我国的列举模式,但之后却遭受到来自各方的猛烈批评,并最终未能被正式法律草案所采纳。因而,此次德国《民法典》第611a条立法过程及立法理由应能对我国未来的劳动关系立法带来可资借鉴的经验教训。

二、《联邦劳社部修正草案建议稿第一版》

虽然德国制定法并没有对劳动合同或劳动者作出法定定义,但德国成熟的法学理论和司法机关的积极释法,保证了德国劳动法的特别保护规范能够适用于那些真正处于人格上从属地位之人。尽管如此,德国立法者认为,在制定法上劳动合同定义的缺位,确实也造成德国劳动关系认定上缺少法的安定性与明确性。为了减轻执法机关认定难度,增强法律适用的透明性和安定性,2015年11月16日,德国联邦劳动与社会部(das Bundesministerium für Arbeit und Soziales)(以下简称联邦劳社部)向社会发布了《有关〈劳动派遣法〉及其他法律的修正草案建议稿第一版》,并向公众征求意见。根据该建议稿规定,为明确劳动合同的性质和内容,德国《民法典》应增设名为"劳动合同的合同类型义务"(Vertragstypische Pflichten beim Arbeitsvertrag)的第611a条。

(一)《联邦劳社部修正草案建议稿第一版》中的《民法典》第611a条

该条文草案全文如下:

"(1)若当事人基于合同承诺为劳动给付,则应认定当事人之间订立有劳动合同。所谓劳动给付系指作为他人劳动组织的组成部分而接受指令为劳务之行为。若合同的约定与事实上的履行状态相矛盾,合同法律性质之认定应以事实上的履行状态为准。

"(2)对当事人是否系他人劳动组织的组成部分及是否受指令权拘束的审查应采用综合判断的方法。综合判断应尤其考虑以下因素:

"a. 当事人是否能够自由地决定其工作时间、合同给付的内容或工作地点;

"b. 当事人所为之合同给付是否主要系在他人的场所完成之;

"c. 当事人所为之合同给付是否主要以他人之工具完成之;

"d. 当事人所为之合同给付是否需要与他人所任命或派遣的人员合作完成之;

"e. 当事人是否仅仅或主要系为一人完成工作;

---

〔1〕 参见李雄、田力:《我国劳动关系认定的四个基本问题》,载《河南财经政法大学学报》2015年第3期。

“f. 当事人是否是以自己的企业组织提供合同给付；

“g. 当事人所为之给付是否非以特定劳动成果或结果的产生为内容；

“h. 当事人是否对工作结果不承担瑕疵担保责任。

“(3)若德意志养老保险联盟根据《社会法典第四编》第7a条的规定认定存在用工关系，则推定同时存在劳动合同，然此推定可得推翻者，不在此限。”

(二)冶金工业雇主联盟总会的批评

《联邦劳社部修正草案建议稿第一版》公布以后，在德国各界激起了巨大的反响。其中，作为德国历次劳动修法最大利益攸关方的工会与雇主联合会的意见和建议最具有代表性意义。就工会方而言，冶金工业工会(IG Metall)作为德国会员人数最多的工会，就《联邦劳社部修正草案建议稿第一版》发表了官方意见书。[1] 总体而言，冶金工业工会对《联邦劳社部修正草案建议稿第一版》中的《民法典》第611a条的修正持完全赞同的意见。他们认为，此次修正明确了用于认定劳动关系的八个具体的判定标准，这有利于执法机关严格限制用人单位滥用承揽合同规避劳动法的行为，并有利于执法机关劳动关系认定的简便化和效率化，从而增强了法的安定性和明确性，促进了法治国家原则的贯彻。

与此相对，作为德国最有影响力的雇主联合组织的冶金工业雇主联盟总会(Arbeitgeberverband Gesamtmetall)亦针对《联邦劳社部修正草案建议稿第一版》发表了官方意见书。[2] 冶金工业雇主联盟总会的意见书对草案进行了详尽的分析，并着重针对《民法典》第611a条的修正发表了全面的批评意见，并且大多被随后的新版草案所采纳。鉴于此，本文将主要就冶金工业雇主联盟总会的批评意见予以介绍。

1. 对《联邦劳社部修正草案建议稿第一版》第611a条的总体评价

冶金工业雇主联盟总会的意见书首先指出《联邦劳社部修正草案建议稿第一版》第611a条的修正，是有悖于现行《联合政府协约》(Koalitionsvertrag)[3]的有关约定

---

[1] “Gesetzesentwurf liegt vor – Missbrauch verhindern geht anders!”, https://www.fokus-werkvertraege.de/werkvertraege/artikel-allgemeine-entwicklung-werkvertraege/gesetzentwurf-mit-maengeln/(21.7.2018).

[2] Stellungnahme zum BMAS-Entwurf zur weiteren Regulierung von Zeitarbeit und Werkverträgen vom 16.11.2015.

[3] 自1949年联邦德国成立以来，其联邦议会选举从来没有出现单一政党得票超过半数而能独立组织政府内阁的情况。因此，历届的德国政府都是以各个政党签订政治合同以联合组阁的方式予以成立的。该合同即所谓的《联合政府协约》。现行的《联合政府协约》是由基督教民主联盟(Christian Democratic Union, CDU)、基督教社会联盟(Christan Social Union, CSU)和德国社会民主党(Social Democratic Party, SPD)于2013年12月16日在柏林所签订生效的。

的。现行版本的协约根本没有就劳动合同概念的修正作出约定,而只是就劳务派遣制度的改革达成了一些一致意见。[1] 此外,他们认为《联邦劳社部修正草案建议稿第一版》也并没有对现行劳动关系的认定作出实质性的变革,而大多只是就既往判例意见予以复述而已,并且此种复述还欠缺周延,反而有恣意地删减增加行为。同时,其判定标准只集中在指令拘束性与归属性两者,缺乏必要的灵活性。

再者,《联邦劳社部修正草案建议稿第一版》第611a条第2款的劳动关系认定制度,似期望同时解决劳务派遣关系与涉他承揽合同(雇佣合同)[2]的区分问题,以及劳动合同与承揽合同(雇佣合同)的区分问题。然而,需要指出的是,前述两个问题完全是两个不同的问题。对于前者,其本质上是一种三方关系,而对于后者,则是一种双方合同关系。

(1)劳务派遣关系与涉他承揽合同(雇佣合同)的区分问题

冶金工业雇主联盟总会的意见指出,如果为了区分劳务派遣关系与涉他承揽合同(雇佣合同),则完全没有必要制定《联邦劳社部修正草案建议稿第一版》第611a条的规定。这是因为现行判例不仅严格区分了定作人的指示与劳动法中的指令,而且也允许定作人指示承揽人为第三人完成业务。而如果将草案中有关劳动关系的认定标准予以严格适用,则难免会造成一些合法的涉他承揽合同(雇佣合同)会被认定因规避劳务派遣法归于无效。然而,现代诸如信息工程服务业、发展中国家援助事务以及其他一些工业生产服务业中却大量使用了涉他承揽合同制度。如此,《联邦劳社部修正草案建议稿第一版》第611a条的规定必然会对这些行业造成不当的负面作用;另外,实际上,现行的劳务派遣法已经对利用雇佣合同和承揽合同规避强行法规定的情况作出了详尽有效的规定。因此,草案建议稿第一版的规定显然是多余的。

(2)劳动合同与承揽合同(雇佣合同)的区分问题

冶金工业雇主联盟总会在意见书中举例说:按照《联邦劳社部修正草案建议稿第一版》第611a条的规定,一个雇有75人的中等规模的信息技术企业("受托人")委派一名信息技术人员到其他企业("委托人")独立完成有关技术问题,此时因该信息技术人员主要系于"委托人"处完成业务,并利用了"委托人"的办公电脑和服务器,且与"委托人"所属员工合作解决了有关的信息技术问题,则该信息技术人员往往会被认定为与"委托人"之间有劳动关系,进而前述三方关系很有可能会被视为非法的涉他雇佣

---

[1] Koalitionsvertrages von CDU, CSU und SPD vom 16. Dezember 2013, SS. 49 – 50.

[2] 所谓涉他承揽合同(雇佣合同)是指承揽人(受雇人)基于定作人(雇主)的指派而到合同之外的第三人处完成业务的合同。

合同。另外,前述案例中的信息技术人员既没有通过其劳务而创造新的工作成果或接受"委托人"的指令,也不需要向"委托人"承担瑕疵担保责任,从而亦符合《民法典》第611条有关雇佣合同的规定,进而按照现行判例亦可被认定为合法的涉他雇佣合同。可见,《联邦劳社部修正草案建议稿第一版》第611a条的列举模式必然会造成法律适用上的混乱。而事实上,德国立法者曾经于1999年修正《社会法典第四编》第7条第4款的时候,制定过类似的列举模式,但由于实施效果不如人意,而后经《2007年12月19日有关修正社会法典第四编及相关法律的法》[1]已于2009年7月1日被正式废止。因而,冶金工业雇主联盟总会指出,不明白为什么立法者要重新制定一个业已被证明失败了的制度。

2. 对《联邦劳社部修正草案建议稿第一版》第611a条第2款的具体批评

此次草案建议稿的最大亮点就是创设了八项具体的劳动关系认定标准。而此八项标准也是遭遇非议最多的领域。这其中尤以冶金工业雇主联盟总会的批评意见最为全面和典型。冶金工业雇主联盟总会认为,首先,《联邦劳社部修正草案建议稿第一版》第611a条第2款的内容在《联合政府协约》中完全找不到依据,而只是照搬了许多司法机关以往的判例观点而已。其次,虽然草案建议稿第一版《民法典》第611a条第2款将司法机关所通用的"综合判断法"予以了制定法化,然而从总体上来看草案建议稿第一版却并没有完全遵循以往司法判例所得出的结论。

这主要体现在以下几点:第一,草案建议稿第一版的劳动关系认定标准将一些非本质的因素规定成了重要的判断标准,反而忽视了其他一些司法判例中所创设的重要判断因素;第二,草案建议稿第一版的劳动关系认定标准,并没有完全忠实于司法判例的一些判断标准,而是进行了删减或修改;第三,草案建议稿第一版虽在其立法理由中指出其所新修的《民法典》第611a条第2款只是对现有判例观点的总结,但实际上草案建议稿中的表述却在客观上创设了没有判例支撑的新判断标准。

最后,冶金工业雇主联盟总会指出,草案第一版所制定的八个劳动关系具体判断标准实际上是一种举证责任倒置的规则,即雇主如果无法通过证据反驳《民法典》第611a条第2款所规定的具体因素的存在,则要承担实质上的证明责任,即要承担成立劳动关系的后果。而这是现行的《联合政府协约》所完全没有的内容。总之,《联邦劳社部修正草案建议稿第一版》缺乏必要的政治基础,完全是联邦劳社部一厢情愿的见解。随后,冶金工业雇主联盟总会在其意见书中针对此八项劳动关系的具体认定标准

[1] Gesetz zur Änderung des Vierten Buches Sozialgesetzbuch und anderer Gesetze vom 19. Dezember 2007.

进行了逐一批评。

(1)当事人不能够自由地决定其工作时间、合同给付的内容或工作地点

冶金工业雇主联盟总会指出，虽然“受他人指令”系直接来源于司法判例的观点，但是在司法判例中法官一般特别强调劳动者须是在“本质上”受他人指令而完成劳务，而不是只要不能自由地决定其工作时间、工作内容或工作地点就会被认定为存在劳动关系。所以，草案第一版的规定有扩大劳动关系适用范围的嫌疑。

(2)当事人所为之合同给付主要系在他人的场所完成之

冶金工业雇主联盟总会指出，草案所引述的判例实际上并没有将“当事人所为之合同给付主要系在他人的场所完成之”作为认定劳动关系成立的判断标准。相反，法官实际上只是通过此因素来判断当事人是否系受他人指令而已。事实上，草案建议稿第一版第611a条第2款第b项之内容实际上已经被其第a项之判断标准所涵盖。最后，在工业生产实践中，企业往往都会委托高科技公司派员赴厂区处理有关的技术问题。如果按照现行草案建议稿的判断标准，则前述人员与企业的关系都将被认定为劳动合同关系，而这是与德国当前司法判例的见解相悖的。

(3)当事人所为之合同给付主要系以他人之工具完成之

与前述标准一样，实际上利用他人工具完成劳务给付往往只是用来判定指令拘束性的表象证据之一。冶金工业雇主联盟总会指出，实践当中，许多信息技术企业的技术人员赴其他企业处理专门技术问题时，都必须利用该企业自己的技术设施设备，然而这并不意味着此技术人员与所完成工作的企业之间存在劳动关系。如果将利用他人的工具作为认定劳动关系的法定标准，则必然会过度限制司法机关的解释权，进而有害于法律秩序。

(4)当事人所为之合同给付需要与他人所任命或派遣的人员合作予以完成

此判断标准与前述标准一样，只不过是用来判断指令拘束性的因素之一，其本身并没有独立存在的意义。

(5)当事人仅仅或主要系为一人完成工作

冶金工业雇主联盟总会在其意见书中认为，当事人仅仅或主要为一人完成工作这一判断标准实际上是社会保险法，而非劳动法用来区分双方关系中的独立营业者的，其本身无法适用于区分劳务派遣关系与涉他承揽合同(雇佣合同)这样的三方关系。这是因为，无论是涉他承揽合同(雇佣合同)，还是劳务派遣关系，其提供劳务者都往往非仅为一人提供劳务。同时，当事人仅仅或主要系为一人完成工作中的“一人”，在现代企业复杂的组织架构下亦很难得到确实的认定，所以该标准不利于法的安定性的贯彻。

(6)当事人非以自己的企业组织提供合同给付

此标准只适用于区分涉他承揽合同或雇佣合同与劳务派遣关系。而对于双方关系而言,就算劳务提供者是以自己的企业组织提供劳务,只要其具备指令拘束性,一样可以被认定为系属劳动者。

(7)当事人所为之给付非以特定劳动成果或结果的产生为内容

此标准实际上只能适用于排除承揽合同。但是,冶金工业雇主联盟总会指出,在现代企业中,除承揽合同外,雇佣合同亦是常用的用工模式。而此标准事实上无法被用于区分雇佣合同与劳动合同,从而冶金工业雇主联盟总会认为,将其作为认定劳动关系的因素之一,实有一定片面性。

(8)当事人对工作结果不承担瑕疵担保责任

正如上述"劳动成果"标准一样,"当事人对工作结果不承担瑕疵担保责任"也是只能用于区分承揽合同的认定因素,从而其片面性也是不可避免的。根据《民法典》第611条并连同同法第631条以下的规定,不同于承揽人需要因其工作成果的瑕疵,而向定作人承担瑕疵担保责任,由于工作成果并非雇佣合同的合同目的所在,包括劳动者在内的雇员是不需要向雇主或用人单位承担瑕疵担保责任的。此外,雇佣关系与承揽关系的区分往往是非常复杂的,其需要结合多方因素予以综合判断,进而单纯地依赖一两个法定因素,不单不足以满足司法实践的需要,甚至会在相当程度上造成法律适用的混乱。

3. 对《联邦劳社部修正草案建议稿第一版》第611a条第3款的具体批评

《联邦劳社部修正草案建议稿第一版》除创设了上述八项认定标准外,其最大的创新还在于"劳动关系推定制度"。然而,冶金工业雇主联盟总会认为,此"劳动关系推定制度"不仅缺乏《联合政府协约》的支持,更重要的是其混淆了社会保险法与劳动法之间的界限,造成了体系上的严重混乱。其认为:一方面,社会保险法中的用工关系并不等同于劳动法中的劳动关系,相反,其外延要比劳动关系大得多。例如,荣誉公职人员虽然不属于劳动者,但是其却受社会保险法上用工关系的调整。

另一方面,作为民事诉讼的劳动诉讼在证明劳动关系是否存在时实行的是当事人提出主义(Beibringungsgrundsatz),或称辩论主义(Verhandlungsgrundsatz),即当事人有责任及时向法院提出能够认定案件事实的所有证据材料,并且法院亦只能基于当事人所提出的证据材料作出裁判。这是私法自治原则在民事诉讼制度中的延伸。因此,在劳动诉讼中劳动者本应就是否存在劳动关系承担举证责任。与此相对,作为公法的社会保险法及其程序法所贯彻的却是职权探知主义(Amtsermittlungsgrundsatz),即社会保险经办机构或社会法院有义务不受当事人意思所左右,而基于职权调查所有与案件有关的事实。然而,《联邦劳社部修正草案建议稿第一版》第611a条第3款的规定将德意志养老保险联盟基于职权而形成的用工关系认定结论，直接赋予推定劳动关系存在的效力，显然是将社会法中的职权探知主义变相适用于劳动法当中。这不仅不当造成了举证责任的倒置，即此时雇主有责任证明劳动关系不存在，否则将承担不利的后果，或者说无理由地免除了劳动者就劳动关系的举证责任，背离了私法自治的要求，而且也从根本上抹杀了劳动法与社会法之间的体系差异性。

4. 冶金工业雇主联盟总会的修法建议

综合前述观点，冶金工业雇主联盟总会主张从以下几点就《联邦劳社部修正草案建议稿第一版》第611a条进行修正。

(1)新草案应废除现行草案建议稿有关劳动关系认定的开放列举模式，而应采用抽象规定模式，即围绕指令拘束性与归属性两个本质概念就劳动关系予以抽象定义，而不再列举具体的认定标准，并将综合判断法作为劳动关系认定的基本方法。

(2)新草案应严格将劳务派遣关系与涉他承揽合同(雇佣合同)之间的区分，与劳动合同与承揽合同(雇佣合同)之间的区分予以区别。此次修正的立法目的应该集中在避免当事人不当利用涉他承揽合同(雇佣合同)规避劳务派遣法的相关规定。因此，本次修法所创设的劳动关系认定制度应规定于《劳务派遣法》，而非《民法典》。

(3)新草案应明确独立营业人与劳动者的区分目的何在，如果是为了解决社会保险法的问题，则不应当通过修改《民法典》予以解决之。同时，为了避免对法的安定性造成不必要的损害，新草案的劳动关系区分标准应严格遵循现行判例的观点，而不应如草案建议稿第一版那样随意删减甚或曲解。

(4)新草案应完全删除《联邦劳社部修正草案建议稿第一版》第611a条第3款。

三、《联邦劳社部修正草案建议稿第二版》及《联邦政府修正草案》

(一)概说

联邦劳社部在充分听取各方有关《联邦劳社部修正草案建议稿第一版》第611a条的意见建议之后，于2016年2月27日公布了《联邦劳社部修正草案建议稿第二版》。综观《联邦劳社部修正草案建议稿第二版》第611a条的内容，我们可以发现其基本上是接受冶金工业雇主联盟总会批评意见的结果。新版的第611a条对旧版的法条名称予以了变更，即将“劳动合同的合同类型义务”变为“劳动者”，可见新版的重大变化所在。其具体内容如下。

“所谓劳动者系指基于私法上的合同而为他人提供受外在指令拘束并进而处于人格上从属性状态下之人。指令权可涉及工作的内容、方式、时间、期限和地点。劳动者系指那些在本质上无法自由决定其工作内容和工作时间的雇员；同时，人格上从属性的程度亦取决于个别的工作性质。劳动合同的认定应根据个案全貌予以综合判断。若合同事实上的履行状态显示其应为劳动关系,则无论合同的名称为何,都应当认定该合同关系为劳动关系。”

可见,相比于《联邦劳社部修正草案建议稿第一版》,《联邦劳社部修正草案建议稿第二版》第611a条一方面完全删除了其旧版第611a条第3款的内容,即“劳动关系推定制度”;另一方面其也完全废止了第611a条第2款第2句规定的开放列举模式,而改采抽象规定模式。

(二)《联邦劳社部修正草案建议稿第二版》第611a条的立法理由

1. 立法目的

《联邦劳社部修正草案建议稿第二版》首先明确指出,该条的立法目的主要是防止不法当事人通过表象的雇佣合同或承揽合同规避劳务派遣法的适用,并期望借此提升现行劳动关系认定制度的法的安定性。为此,新版第611a条只是完全将现行判例的有关裁判要旨(Leitsätze)予以照抄而已,以认定谁应为劳动者。同时,如果其他法律法规有对劳动者、劳动关系或劳动合同的不同规定,亦不受此次修正的任何影响。

2.《联邦劳社部修正草案建议稿第二版》第611a条第1句至第3句

《联邦劳社部修正草案建议稿第二版》第611a条第1句和第2句分别就劳动者、指令权和人格上从属性进行了定义。并且从表述上来看,前述规定都系属任意法规范,即劳动合同、集体合同、企业协定或法律法规可就此进行有效的其他规定。事实上,现行《工商条例》第106条有关雇主指令权的规定亦不会受此次修正的影响。此外,《联邦劳社部修正草案建议稿第二版》第611a条第3句则只是《商法典》第84条第1款第2句反面解释的原文照搬。

3.《联邦劳社部修正草案建议稿第二版》第611a条第4句和第5句

《联邦劳社部修正草案建议稿第二版》第611a条第4句主要规定了“综合判断法”,即要求法官在认定劳动关系的时候需要综合考量个案情形,尤其是个别工作的性质和特征,并结合其背后所涉及的《基本法》上所要保护的价值,以作出判断。《联邦劳社部修正草案建议稿第二版》第611a条第5句则在实质上延续了《联邦劳社部修正草案建议稿第一版》第611a条第1款第3句的规定,即“若合同的约定与事实上的履行状态相矛盾时,合同法律性质的认定应以事实上的履行状态为准”。这也是德国《民法典》第133条[1]意思表示实质解释主义的必然结论。

---

〔1〕“意思表示的解释应以真意之探求为目标,而不应拘泥于其文义。”我国《民法总则》第142条亦规定有类似的规定。

(三)小结

历经半年多的各方研讨和批判,2016年7月20日德国联邦政府正式向联邦议会提交了《联邦政府有关〈劳务派遣法〉及其他法律的修正草案》。综观该草案,我们可以发现其所制定的第611a条实际上直接照搬照抄了《联邦劳社部修正草案建议稿第二版》的相应内容,并且理由书亦大体未变。至此,德国联邦政府就此次《民法典》第611a条的修正达成了一致意见,即一方面采取开放式的抽象立法模式就劳动者、指令权和人格上的从属性进行了法定定义;另一方面将司法实务当中已经沿用多年的"综合判断法"予以制定法化,并明确了劳动关系的认定应从实质出发的观点。

四、《联邦议会劳社委员会决策建议与报告》及正式生效条文

经德国联邦议会劳动与社会委员会(第十一届)审议,2016年10月19日其正式向德国联邦议会提交了《联邦议会劳社委员会决策建议与报告》。随后的2017年2月21日,德国联邦议会正式通过了《有关〈劳务派遣法〉及其他法律的修正法》。其所规定的第611a条内容如下:

"(1)所谓劳动合同系指劳动者受外在指令拘束并进而处于人格上从属性状态下而为他人提供劳务的合同。指令权可涉及工作的内容、方式、时间和地点。指令拘束性系指当事人在本质上无法自由决定其工作内容和工作时间的性质。同时,人格上从属性的程度亦取决于个别的工作性质。劳动合同的认定应根据个案全貌予以综合判断。若合同事实上的履行状态显示其应为劳动关系,则无论合同的名称为何,都应当认定该合同关系为劳动关系。

"(2)雇主有义务根据约定支付劳动报酬。"

可见,该报告所规定的第611a条虽然基本上没有改变《联邦劳社部修正草案建议稿第二版》和《联邦政府修正草案》的对应内容,但其在某些细节上还是有所变化。对于这些改变,《联邦议会劳社委员会决策建议和报告》在其立法理由中指出:第一,考虑到第611a条所处章节的规范对象应为合同类型而不是合同主体,因而第611a条不应以劳动者的定义为内容,而应以劳动合同的定义为内容。为此,正式版本的第611a条的名称从旧版的"劳动者",改为了"劳动合同"。当然,在实质内容上正式版本的第611a条没有任何真正变化,因为劳动合同本身的定义自然包括了劳动者的定义。第二,正式版本的第611a条第2句有关指令权的定义中应删除"期限"(Dauer)一词,以使新法的指令权定义能够与《工商条例》第106条的规定保持完全的一致,从而有利于法的安定性。第三,对于劳动合同类型的规定,除了应就劳动给付义务的内容进行明确以外,还应当就对待给付义务进行规定,以求得体系上的完整。因此,正式版本增设

第611a条第2款就工资给付义务进行明文之规定。

五、对我国法制的镜鉴与启示

综上所述,德国《民法典》第611a条的修正历程可谓跌宕起伏,其充分反映了劳动关系立法当中的两大对立模式——列举模式和抽象模式的优缺点。从此次德国劳动合同修法的各方争论看,抽象模式因其更能保障司法机关的释法权力、私法自治和证据规则的贯彻,从而受到了德国立法者的青睐。与此同时,随着我国经济下行压力的增大,《劳动合同法》的修改也被各方提到了议事日程。[1] 这其中,劳动者或劳动关系(劳动合同)的定义及其认定问题自然是不可逾越的基础性问题。而德国《民法典》第611a条的修法历程中有关劳动关系或劳动者认定的争论也正为我国起到了很好的镜鉴作用。鉴于此,笔者认为,我国未来的《劳动合同法》修正应着重关注以下三个方面。

(一)社会法[2]与劳动法应采用不同的劳动者概念

一方面,从我国1995年《劳动法》的具体规定来看,我国法制尚未就社会法和劳动法区分不同的劳动者概念。换言之,无论是社会法还是劳动法,在我国都适用同样的劳动者概念。另一方面,从《劳动合同法》第7条第1句[3]以及第10条第3款[4]的具体规定来看,在我国,不论是认定社会上的劳动者,还是劳动法上的劳动者,都不以当事人的意思表示一致为必要,而只需具备事实上的人格上从属性——用工关系即可。

然而,此种用工关系理论适用于社会法通常是没有问题的,因为社会保护的必要性与人格上的从属性是同步的,但当其适用于劳动法时,则必然面临当事人意思表示一致,却无法产生劳动关系的尴尬处境。因此,我国劳动合同是否还遵循私法自治原则(自愿原则)则不无疑问。与此相对,从德国《民法典》第611a条的修法历程来看,私

---

〔1〕 参见钱叶芳:《〈劳动合同法〉修改之争及修法建议》,载《法学》2016年第5期。

〔2〕 "社会法"这一概念究其内涵至少存在广义、中义和狭义等三个方面的解读。广义上的社会法可以泛指所有以保护社会弱者为价值导向的法律规范之整体,其既包括社会保障法和劳动法,也涉及包括消费者保护法在内的现代民商经济法。中义的社会法在我国大致是传统劳动与社会保障法的变称。而狭义的社会法,亦是德国社会法所涉领域,基本上等同于我国社会保障法。当然,对于具体的概念界定,应该说目前在我国尚无统一的定论。参见董保华:《社会法研究中"法律部门"与"法律理念"的关系——兼与冯彦君先生商榷》,载《法学》2014年第2期;董保华:《"广义社会法"与"中义社会法"——兼与郑尚元、谢增毅先生商榷》,载《法学》2013年第3期;竺效:《法学体系中存在中义的"社会法"吗?》,载《法学科学》2005年第2期。Eberhard Eichenhofer: Sozialrecht, 7. Auflage, Tübingen: Mohr Siebeck, 2010, SS. 1 – 11. 为避免赘述,笔者无意纠结于"社会法"的概念辨析,而直接采用狭义社会法作为本文社会法用语之内涵。

〔3〕 "用人单位自用工之日起即与劳动者建立劳动关系。"

〔4〕 "用人单位与劳动者在用工前订立劳动合同的,劳动关系自用工之日起建立。"

法自治原则是德国劳动法律制度自始至终所要贯彻的基本原则,是人格上从属性得以成立的前提性条件。是以,在德国,劳动合同(劳动关系)成立与否,最终还是要通过适用法律行为制度予以认定。由此可见,若我国期望如德国那样实现真正意义上的市场化劳动合同制度,就必须创立以私法自治和法律行为制度为基础的劳动者概念。劳动法上的劳动者与社会法上的劳动者虽然都具有人格上的从属性,但前者植根于法律行为,后者则系基于存在事实上的用工关系,两者存在本质上的差异性。据此,现行《劳动合同法》第7条第1句以及第10条第3款的规定,应考虑予以废除,从而将劳动法上的劳动者认定重新回归法律行为制度的规制下。

(二)劳动关系的本质在于人格上从属性

长久以来,受我国台湾地区劳动法理论[1]的影响,我国学界通说[2]认为,劳动者应同时具备人格上从属性和经济上从属性。同时,此种"人格从属性与经济从属性复合之标准"亦被《关于确立劳动关系有关事项的通知》第1条[3]所接受,成为我国司法实务判断劳动者身份的核心标准。然而,正如德国判例和学说所指出的,经济上的从属性从来就不是劳动关系的本质要素。劳动者之所以有被特别保护的必要,乃在于其有限的生命有受雇主指令权恣意浪费的可能,而与其是否处于经济上的弱势并没有直接关系。同时,将经济上的从属性视为劳动关系的本质,难免会导致劳动合同架空现存所有的有名合同,进而造成整个债法体系彻底崩溃的危险。此外,考量到我国既有的民法制度,诸如公平原则(《民法总则》第6条)、公序良俗(《民法总则》第8条)以及格式合同(《合同法》第39条至第41条)等,已能在相当程度上避免经济强势者滥用权利。鉴于此,我国《劳动合同法》在未来修正的过程中,有必要摒弃人格从属性与经济从属性之复合标准,而改采人格上从属性为劳动关系认定之唯一标准。基于此,未来我国法官在认定劳动关系的时候,应结合个案当中的所有情况,就当事人之间对一方的工作时间须受另一方的指令(人格上从属性)的事实是否存在本质上的真实合意,予以综合判断,而无须刻意关注双方经济上之实际地位。

---

〔1〕 参见黄越钦:《劳动法新论》,中国政法大学出版社2003年版,第94~95页;黄程贯:《劳动法》(第3版),台湾空中大学出版中心2001年版,第65页。

〔2〕 参见侯玲玲、王全兴:《劳动法上劳动者概念之研究》,载《云南大学学报》(法学版)2006年第1期;吕琳:《论"劳动者"主体界定之标准》,载《法商研究》2005年第3期。

〔3〕 "一、用人单位招用劳动者未订立书面劳动合同,但同时具备下列情形的,劳动关系成立:(一)用人单位和劳动者符合法律、法规规定的主体资格;(二)用人单位依法制定的各项劳动规章制度适用于劳动者,劳动者受用人单位的劳动管理,从事用人单位安排的有报酬的劳动;(三)劳动者提供的劳动是用人单位业务的组成部分。"

(三)抽象模式与综合判断法

正如上文所指出的,从《关于确立劳动关系有关事项的通知》第1条的规定来看,我国当前针对劳动关系认定采取的是封闭式列举模式。甚至相比于德国《联邦劳社部修正草案建议稿第一版》第611a条第2款所规定的开放列举模式,更为保守僵化,并为我国学界所诟病。[1] 司法实践当中,我国法官也往往囿于《关于确立劳动关系有关事项的通知》第1条第1项和第2项的规定,根据当事人是否适用用人单位的劳动规章制度,或所从事的劳动是否属于用人单位经营范围,将原本处于用人单位指令权拘束下的劳动者,错误地排除出劳动法的适用范围。[2] 并且这种机械的法律适用,亦导致"精明懂法"的用人单位,常通过单方修改劳动规章或工商登记的方式,轻易规避劳动法的适用,进而背离人格上从属性的制度初衷。除此之外,我国法官也常依据《关于确立劳动关系有关事项的通知》第2条[3]所规定的各种"凭证"简单认定劳动关系,忽略人格上从属性的表现远不止于这些法定类型,以致从属性劳动者无法得到切实的保护。[4] 为此,我国应摒弃这种机械的封闭式列举模式,而有必要径行采纳抽象规定模式作为劳动关系的认定方式。据此,只要法官能通过当事人语言或行为等个案情形,推知出当事人双方对人格上从属性存在合意,即应认可双方之间存在劳动关系,而不必拘泥于合同之称谓、具体的管理措施以及用人单位经营范围等非必要因素。

最后,虽然2017年德国通过修正《民法典》第611a条完成了劳动合同定义的制定法化,但是我们也应注意到,在其《民法典》生效以来的百年间,尽管立法上并没有就劳动合同作出法定定义,却未在根本上妨碍德国劳动法判例和学说,通过解释相关法律条文推导出人格上从属性等劳动法制度,以保护弱势劳动者,实现社会政策目的。究其缘由,莫不在于德国法秩序自始承认,法官享有对法律条文进行续造的权力。换言之,是法律续造,而不是单纯的制定法赋予了劳动法不朽的生命。而综合判断法无非只是法律续造在劳动法领域的一种延伸而已。由此,笔者认为,我国僵化的劳动关系认定体制的改革要点并不在于如德国那样迅速完成所谓的劳动合同定义的制定法

[1] 参见冯彦君、张颖慧:《"劳动关系"判定标准的反思与重构》,载《当代法学》2011年第6期。

[2] 参见(2015)渝高法民申字第00225号民事裁定书;(2015)粤高法立民申字第336号民事裁定书;(2015)并民终字第2738号民事判决书。

[3] "……二、用人单位未与劳动者签订劳动合同,认定双方存在劳动关系时可参照下列凭证:(一)工资支付凭证或记录(职工工资发放花名册)、缴纳各项社会保险费的记录;(二)用人单位向劳动者发放的'工作证'、'服务证'等能够证明身份的证件;(三)劳动者填写的用人单位招工招聘'登记表'、'报名表'等招用记录;(四)考勤记录;(五)其他劳动者的证言等。"

[4] 参见(2015)民申字第3108号民事裁定书;(2014)琼民提字第13号民事判决书。

化,而应把重点放在承认法官对于劳动法律条文享有法律续造的权力,并可对个案事实进行综合判断上。当然,法律续造的有效运作根本上还是取决于一国之法学教育,是否有能力培养出具备教义学分析思维能力的优秀法律人,而这相比于修法或许更为艰巨。

农村法治

我国粮食主产区与主销区的法律构造

——以金融协同支持机制为进路

肖顺武*

目　　次

一、问题的提出

党的十九大报告深刻指出“发展不平衡不充分的一些突出问题尚未解决”，这其中，粮食主产区和主销区之间发展的不平衡问题就特别严重，因此，如何构建粮食领域的区际补偿机制是需要进一步思考的问题。2018 年中央“一号文件”明确指出要“健全粮食主产区利益补偿机制”。细究起来，这里的关键词包括两个：一是目标对象是针对粮食主产区；二是采用的手段为利益补偿机制。如何健全这种补偿机制，思路之一就是构建粮食主产区和主销区的金融协同机制。而构建这一机制的根源之一就在于中央政府、地方政府及粮食生产者之间在粮食安全问题上存在较大的利益博弈，同时，粮食主产区经济社会发展水平与工业化、城镇化和农业现代化之间又存在不可调和的

---

* 西南政法大学中国农村经济法制创新研究中心研究员，副教授，法学博士。

基金项目：重庆市社会科学规划重点项目“重庆市农村‘三变’改革的风险控制与制度构造”(2018ZD15)、西南政法大学统筹城乡发展研究项目“农村集体经营性建设用地入市的法律保障机制研究”(TCCX15YB07)。

矛盾,这事实上给中国粮食安全战略带来了巨大的隐患。[1]

据《全国农业可持续发展规划(2015～2030年)》,鉴于各地农业资源禀赋的不同及发展的现状,我国对农业发展的区域有三种典型的安排,即优化发展区、适度发展区和保护发展区。此外,为了确保国家的粮食安全,自2001年以来,我国事实上形成了13个粮食主产区、7个粮食主销区和11个产销平衡区。应当说,这些举措在发挥各地比较优势、确保粮食安全等方面起了重要的作用。但是,这种政府的强制性制度安排也造成了粮食主产区的财政收入减少和居民收入下降的不利情况。[2] 因此,我国粮食安全的维持是建立在粮食主产区和粮食主销区利益失衡的基础上的。在新的形势下,如果我们不能构建一种合理的产销利益协调机制,[3]则我国粮食安全的可持续性必将受到挑战,从而可能引发一些较为严重的经济社会问题。

概言之,协同粮食主产区和主销区的利益牵涉到诸多方面,甚至牵涉城乡二元体制这样一些历史性、体制性的问题,如此等等,不一而足。最关键的问题是,在利益面前,如何能让相关的地区、主体真正实现协同而不是冲突和抵牾?笔者认为,构建粮食主产区和粮食主销区之间的金融协同机制,或为值得考虑的一条思路。而进一步的问题又在于:如何构建这种跨地区的金融协同机制?

二、构建资金来源的分散聚合机制

利用基金来强化粮食生产的基本条件,从而达到保障粮食安全的基础性目的事实上已经成为我国目前的"通行做法"。以粮食风险基金为例,根据《粮食风险基金监督管理暂行办法》(财建〔2001〕691号),我国对粮食风险基金实行包干,即中央财政对各省(自治区、直辖市)超支不补(而由省级地方财政弥补),节余则可以留用。而《国家粮食安全中长期规划纲要(2008～2020年)》则明确提出要"根据粮食产销格局变化,进一步完善粮食风险基金政策,加大对粮食主产区的扶持力度"。事实上,利用粮食安全风险基金来强化粮食安全生产的基本条件,主要面临的问题就是两个:一是这些基金的资金从哪里来?二是这些基金如何使用?应当说,这两个问题都和粮食主产区和主销区之间的利益协同有内在的联系,下文分述之。

---

〔1〕 参见王向辉:《新阶段中国粮食安全问题探讨——"中国粮食安全专题研讨会"综述》,载《中国农村经济》2015年第7期。

〔2〕 参见王莉、楚尔鸣:《基于粮食安全的区域强制分工与区际利益补偿》,载《经济地理》2018年第4期。

〔3〕 参见李丰:《基于产销平衡视角的区域粮食安全保障体系研究》,载《江苏社会科学》2015年第6期。

(一)保障粮食安全基金的资金来源多元化

就保障粮食安全的各种基金的资金来源的多元化而言,总体思路如下。

一是要进一步拓展有关粮食安全各种基金的资金来源范围。目前,粮食安全类基金总体而言规模较小,其发挥的作用还是比较有限的,根源之一在于粮食安全类基金的资金来源比较单一。以粮食安全风险基金为例,该基金应当说有固定的资金来源,并且有专门的管理规章制度,但其作用依然是非常有限的。

二是中央政府在资金负担上应当承担更大的责任。粮食安全是国家公共产品,由国家来提供应当说是更为合理的。特别是在我国目前这种财税体制下,中央财政汲取能力较强,由中央政府承担主要的资金来源在宏观方向上应当是非常正确的。

三是要加大粮食主销区的责任。正如有学者所指出的,粮食"主销区并没有承担起国家粮食安全的责任,支付相应的成本"。〔1〕 事实上,粮食安全不仅是中央的责任,也是地方的责任。而在地方的责任方面,粮食主销区理当承担更多的责任。其理由在于:(1)与粮食主产区相比,粮食主销区获取了土地发展权的受益,有能力承担更多的责任。(2)粮食主销区的粮食安全依赖于粮食主产区,是粮食安全的主要受益者,由其承担更多的责任符合"谁受益谁负责"的公平原则。当然,如何筹集保障粮食安全的有关基金,则可以考虑多种手段,如有的学者主张财政转移支付的方式。该学者认为,"粮食主销区可按征收土地出让费资金总额 6% ~8% 的比例提取粮食生产土地补偿基金,通过横向财政转移支付给粮食主产区,作为用于粮食主产区开发增补种粮耕地建设的基金"。〔2〕 此外,也有学者提出通过征收"庇古税"来予以应对。该学者认为,要"在粮食主销区征收庇古税,凡是消费粮食的行为,都要按照一定比例征收庇古税,形成粮食安全基金,直接由销区政府转移给产区政府,产区政府完全转移给广大种粮农户"。〔3〕 总之,不管采用哪种方式,其基本的内容都是粮食主销区要承担更大的责任。

四是粮食主产区在粮食安全类基金的资金提供中应当承担补充责任。从既往的实践来看,由粮食主产区事实上承担主要责任的做法既无视粮食主产区财政本身就困难的事实,也会造成"穷省补贴富省"的不合理情况。〔4〕 粮食主产区承担补充责任从制度设计的目的来看,主要是构建粮食安全类基金制度的"利益共同体"。当然,如果

〔1〕 崔奇峰等:《主产区粮食生产与财政收入关联分析及政策建议——基于与主销区比较的视角》,载《中国农业科技导报》2016 年第 4 期。

〔2〕 蒋和平、吴桢培:《建立粮食主销区对主产区转移支付的政策建议》,载《中国发展观察》2009 年第 12 期。

〔3〕 杨建利、靳文学:《粮食主产区和主销区利益平衡机制探析》,载《农业现代化研究》2012 年第 2 期。

〔4〕 参见蒋和平:《应建立粮食主销区对主产区的转移支付机制》,载《农村工作通讯》2010 年第 4 期。

将粮食主产区完全排除在粮食安全类基金的资金来源主体范围,那么缺陷之一就是改革的步伐太大——目前粮食主产区在此类基金的资金供给中发挥主要作用,从而可能引发一些新的不公平甚至是对策行为;缺陷之二是在目前的情况下,粮食主产区完全不承担资金分担的责任,也与国家现有的制度架构过于背离,不具有现实可行性。因此,粮食主产区在粮食安全类基金中承担一种补充责任是比较可行的一条路子。

(二)构建"农业耕地保护+粮食风险分散+农村环境治理"三位一体的基金体系

应当建立哪些种类的基金以保障粮食安全呢?笔者基本的思路是以提升粮食的基本生产条件为目标,可控因素的主要有耕地、水、价格及环境等几方面,因此,粮食安全类基金也以针对这几个方面为主。

1. 耕地保护基金

耕地保护引发的金融缺口可以说是非常大的,[1]而耕地对于粮食安全的意义是不言而喻的。但是,"现行的耕地价值评价体系,无法使耕地保护带来的巨大的正效益以货币的形式加以体现,粮食主产区存在严重福利外溢现象"。[2] 此外,我国耕地的数量和质量保护面临严峻的形势:如果要维持18亿亩耕地的判断为真,那么对这些耕地进行基本的补贴,如每亩补贴300元,[3]就将达到5400亿元之巨,而这远超我国财政能力的范围。同时,土地的区际和代际发展权益分配严重失衡,成立耕地保护基金也能在一定程度上矫正此种不公平。但是,耕地保护基金的资金从哪里来呢?据学者的研究,我国"目前耕地保护相关资金主要有农业土地开发收入、农田水利建设资金、新增建设用地使用费、耕地开垦费、新菜地开发建设基金、耕地占用税等6大项"。[4] 笔者认为,要让耕地保护基金真正起到保护耕地数量和质量的作用,除了归集上述收入来源外,一是要基于粮食安全的主要受益主体,征收前文所讲的"庇古税",然后将该税收全部归入耕地保护基金;二是要推动耕地指标的跨地区甚至跨省交易以充实耕地保

[1] 参见肖顺武:《基于土地当量的耕地保护倾斜性金融支持机制》,载《西北农林科技大学学报》(社会科学版)2018年第1期。

[2] 余亮亮、蔡银莺:《粮食主产区和主销区发展非均衡的表现及根源分析》,载《水土保持研究》2014年第4期。

[3] 2015年6月在湖南省隆回县调研时,发现农业补贴如果数额过少,其实质的粮食生产效果就基本可以忽略不计。经过访谈后课题组发现,如果能够达到每亩补贴300元,则基本能够激发一些农户的种粮行为,特别是那些年纪比较大又不能出去务工的农户,对这个补贴更是非常重视。但反过来,如果种粮补贴跌到200元以下,则基本对粮食生产不会有明显的作用。

[4] 周小平等:《中国耕地保护基金的设立及其实现路径》,载《中国行政管理》2015年第9期。

护基金。关于耕地跨地区占补平衡,国家在政策层面已经有了比较明确的规定,2016年4月国土资源部在《国土资源"十三五"规划纲要》中提出要"对资源匮乏地区研究国家统筹补充耕地的办法",这就为耕地指标的跨省、跨地区交易提供了一定的政策支持,也为我国耕地保护基金提供了另一种可能的资金来源。事实上,如果没有跨地区的耕地指标交易,没有较充分的竞争——以重庆的地票交易为例,就会极大改变竞买者的热情,并直接影响价格的高低,自然也不利于耕地保护资金的筹集。[1]

关于耕地保护基金的用途,主要包括两个方面:一是保护耕地数量的资金投入。《国家粮食安全中长期规划纲要(2008~2020年)》规定要"严格执行耕地占补平衡制度"。同时,要避免"占肥补瘦",即占用的是肥沃的耕地,而补充的是贫瘠的耕地。二是要着力提升耕地的质量。具体包括土地休耕、土地质量修复、耕种土壤剥离等。例如,《全国农业可持续发展规划(2015~2030年)》规定,"依据国务院批准的新一轮退耕还林还草总体方案,实施退耕还林还草,宜乔则乔、宜灌则灌、宜草则草,有条件的地方实行林草结合,增加植被覆盖度"。唯有如此,才能真正保护耕地的数量和质量,从而为我国长久的粮食安全提供强大的金融支持。此外,从长远的角度来看,还要发挥耕地保护基金的导向性作用——对保护耕地的行为进行经济激励,即对耕地保护主体进行补偿激励。[2]

2. 粮食风险基金

根据《粮食风险基金实施意见》(国发〔1994〕31号)的精神,[3]我国第一次明确提出建立粮食风险基金,其资金来源包括中央补助款、地方财政预算安排、地方财政预算外资金。该基金的主要用途是应对粮食的价格风险。而根据财政部《实行对种粮农民直接补贴,调整粮食风险基金使用范围的实施意见》(财建〔2004〕75号),粮食风险基金的使用范围包括对种粮农民的直接补贴、各级储备粮油的利息费用补贴、政策性挂账的利息补贴、老库存粮的利息补贴(具体标准由省级人民政府确定)、对国有粮食购销企业分流人员给予的适当补助(超过审批额度的补助,不允许从粮食风险基金中列支,由地方自筹资金解决)、与直补相关的工作经费。值得注意的是,"从2011年起,中央财政全部取消了主产区粮食风险基金地方配套,每年减轻主产区地方政府财政负担

---

〔1〕 参见蒲杰:《耕地占补平衡指标跨省交易的几个理论问题》,载《理论与改革》2017年第1期。

〔2〕 参见周小平等:《中国耕地保护基金的设立及其实现路径》,载《中国行政管理》2015年第9期。

〔3〕 需要注意的是,根据《国务院关于宣布失效一批国务院文件的决定》(国发〔2016〕38号),此文件已被宣布失效。

98亿元”。[1] 应当说,粮食风险基金在应对粮食价格风险、促进流通中的粮食安全问题方面发挥了重要的作用。同时,中央2011年以来有关取消主产区粮食风险基金地方配套责任的做法,也切实减轻了粮食主产区的财政负担,有利于粮食主产区经济社会的发展。

但是,多年的实践证明,粮食风险基金存在的问题也是客观的。首先,粮食风险基金没有充分考虑到粮食主产区和粮食主销区的粮食安全责任。取消粮食主产区的粮食风险基金配套资金的做法值得肯定,但是,仅仅如此是不够的。其次,根据财政部财建〔2004〕75号文件的精神,在新的形势下,对粮食风险基金的使用范围作出了明确的规定,特别是将其着力点调整为直补而非传统的对粮食流通的补贴,从而真正将补贴推送到种粮农民手中,具有非常现实的意义和价值。但是,其缺陷也是客观存在的,即一方面,对国有粮食购销企业分流人员补助的限制,其实仅对粮食主产区有作用——因为粮食主产区的粮食购销企业人员往往较多;另一方面,粮食风险基金适用范围的扩张固然更加充分地发挥了这一基金的作用,但与此同时,也使该基金变成一种“撒胡椒面”的资助。仅仅在针对农户“直补”这一个方面,粮食风险基金的应对就已经非常吃力了。在如何应对这一问题上,笔者认为有如下几个方面值得我们考虑:(1)要在取消粮食主产区针对粮食风险基金配套的基础上,增加粮食主销区的义务。具体可以“考虑根据各省市区上年工业总产值按一定比例从当年财政收入中提取”,[2] 作为粮食风险基金的资金来源。显然,粮食主销区将因此承担更多的义务。(2)粮食风险基金应当以对种粮农民的直接补贴为主,同时,在严格控制范围的情况下,可以适当扩张粮食风险基金的使用范围。进行此种限制既考虑了政策的惯性,也考虑到了政策的主要目标指向。(3)粮食购销企业的人员分流是一个历史问题,具有特定的时空性,因此,可以考虑国有企业改革的有关模式,从省级财政进行统筹安排,而不必挤占本就资金紧张的粮食风险基金。

3. 农村环境治理基金

农村环境治理的紧迫性,在2013年湖南“镉大米”事件爆发后受到社会的广泛关注。[3] 该事件其实牵涉粮食安全的另一层面——粮食的质量安全问题。作为口粮,粮食安全既有数量的要求,也有质量的要求。因此,在确保耕地等粮食基本生产条件的

---

〔1〕 康涌泉:《基于粮食安全保障的粮食主产区利益补偿制度研究》,载《河南师范大学学报》(哲学社会科学版)2013年第4期。

〔2〕 贾贵浩:《城镇化背景下粮食主产区利益动态补偿问题研究》,载《宏观经济研究》2013年第12期。

〔3〕 参见何光伟:《湖南大米镉含量超标调查:土壤污染由来已久》,载新浪网:http://news.sina.com.cn/c/2013-05-30/100927265559.shtml,最后访问日期:2018年9月2日。

同时,保护耕地的质量,特别是强调对农村环境的治理显得非常必要。值得注意的是,城乡污染的转移具有必然性——它是经济主体长期利益和短期利益矛盾、城乡区域利益和整体矛盾冲突的结果。[1] 也就是说,农村环境污染并不是一种偶发性的结果,而是一种多方利益博弈的格局。因此,如果要打破这种利益格局,就必须引入新的经济因素,建立农村环境治理基金的基本构想正是此种逻辑分析的产物。农村环境治理的要点包括遏制工业和城市污染向农村扩散、防治农业面源污染和治理土壤污染。[2] 由上述分析可知,在短时间内,要实现遏制工业污染向农村扩散并不具有可行性,[3] 因此,着力点关键就在于对控制企业排污,以及防止这种污染对农业、对粮食安全产生不可逆的灾难性影响。主要的措施应当包括:其一,利用排污费等制度安排,促使企业排污成本高于治污成本,至少等于治污成本;其二,设定严格的环境污染法律责任,使企业不敢、不愿违规、违法排污;其三,正视相关工业向农村地区转移后对农村、农业发展造成的损害,在强化政府治理的同时,应当考虑引入社会资本对农村环境治理的支持。[4] 同时,不仅要关注短期的环境污染损害,更要关注长期的、潜在的环境污染损害。显然,如果将这种治理责任仅仅分配给农村地方政府,既超出了农村地方政府的财政能力范围,也不符合公平的基本含义。建立农村环境治理基金,就是从一个比较持续的角度,基于一种粮食安全的区际公平考虑,通过保护农村粮食生产资源条件这样一种进路,实现对粮食安全的金融支持。

三、推进农业商业化的资金供给机制

农业商业化经营对于动摇农业作为市场弱势产业的地位,从而实现农业自身的可持续发展,进而保障粮食安全的持续性具有十分重要的意义。长期以来,粮食主产区主要发展农业,主销区发展工业及第三产业,因此,造成粮食主产区和主销区之间严重的发展失衡。如何矫正?总的思路就是"将粮食产业打造成为主产区致富增收的产

[1] 参见李雪娇、何爱平:《城乡污染转移的利益悖论及对策研究》,载《中国人口·资源与环境》2016年第8期。

[2] 参见宋洪远等:《强化农业资源环境保护 推进农村生态文明建设》,载《湖南农业大学学报》2016年第5期。

[3] 这涉及复杂的政府、市场、体制等方面的博弈,随着城市人口越来越集中,以及国家的城市化发展大战略,工业特别是污染工业向农村转移可以说具有必然性。短时间内,要打破这种趋势显然不太可能。

[4] 参见肖永添:《社会资本影响农村生态环境治理的机制与对策分析》,载《理论探讨》2018年第1期。

业”,[1]这固然要强调对粮食主产区的资金投入,但根本上还是要改变粮食主产区所依赖的农业自身的弱势市场地位,特别是在国家已经划定了粮食主产区的前提下。[2]进言之,我们必须在粮食主产区像发展工商业一样发展农业,也就是所谓的农业商业化(Agribusiness)。[3] 但是,金融机构对流动性、安全性和收益性的要求,从根本上来讲和农业商业化发展是矛盾的,[4]因此,如何通过金融来支持农业商业化的发展,是我们需要面对的问题。

对于如何实现对农业商业化的金融支持的问题,有学者从基于产业链、金融市场及第三方信用增级等策略的角度进行了思考。[5] 笔者认为,从粮食主产区和粮食主销区的金融协调的角度来看,主要应考虑如下几个问题。

(一)培育农业经营主体

与普通的商事企业不同,农业经营主体面临着较大的市场及自然风险。概言之,农业经营主体面临的问题主要包括如下两个方面:一是在融资方面,农业经营主体面临“融资成本居高不下、贷款条件偏高、信贷担保体系不完善、信贷风险分担机制不健全、财政贴息政策亟待完善”等问题的挑战;[6]二是在农业经营主体的投资方面,“农业企业投资农业,面临实物的、地点的、技术的投资专用性引起的套牢问题”。[7] 因此,加强政府部门的培育性功能非常必要。具体而言,主要包括以下两个层面。

1. 发展粮食主产区的农业经营主体

结合我国的历史及目前农村改革的现实,我国粮食主产区的农业经营主体主要包括家庭(个体户)、适度规模经营的家庭农场等。由于传统的承包责任制所造成的农户数量规模过于庞大,因此,培育所有的家庭经营主体固然有利于保障我国粮食安全,但

---

〔1〕 崔奇峰等:《主产区粮食生产与财政收入关联分析及政策建议——基于与主销区比较的视角》,载《中国农业科技导报》2016年第4期。

〔2〕 这意味着粮食主产区不能仅仅根据自身的实际需要来发展有关的工业,而是应当充当全国的粮仓,提供粮食安全这一公共产品,这事实上已经给定了粮食主产区的发展方向和发展路径。

〔3〕 据学者的研究,在美国,农业商业化已经成为一种仅次于制药业的第二大盈利产业。参见[美]威廉·恩道尔:《粮食危机:运用粮食武器获取世界霸权》,赵刚、胡钰、旷野、刘淳译,知识产权出版社2008年版,第100~146页。

〔4〕 参见赵成、黄志红:《论农业产业化发展的金融抑制及其化解——基于企业经营风险视角的分析》,载《湖南社会科学》2014年第4期。

〔5〕 参见唱晓阳、姜会明:《农业产业链融资难问题的应对策略》,载《云南社会科学》2016年第4期。

〔6〕 参见王吉鹏等:《新型农业经营主体融资:困境、成因及对策——基于131个农业综合开发产业化发展贷款贴息项目的调查》,载《农业经济问题》2018年第2期。

〔7〕 王小映:《农业产业化经营的合约选择与政策匹配》,载《改革》2014年第8期。

是，在国家及地方政府财政能力有限的前提下，将重点放到家庭农场这一类的农业经营主体上，可能更有利于集中有限的金融资源，取得最大化的绩效。有学者就认为，我国农业产业化深度发展的有效路径就在于重点扶持家庭农场，夯实家庭经营型农业经营在农业产业化经营中的基础地位。[1]

2. 发展粮食主产区的农业龙头企业

鉴于粮食主产区的农业经营规模及经营主体都呈现出“碎片化”的特征——前者主要是农业经营体制等原因造成的结果，后者主要表现在农业经营主体有家庭、家庭农场、农民专业合作社等，[2]因此，支持粮食主销区的农业龙头企业在粮食主产区发挥更大的作用非常必要。应当说农业龙头企业在整个农业的产业链中居于优势和支配地位，[3]而这种支配地位正是弱质的农业行业最为需要的。但是，农业龙头企业要在粮食主产区发挥最大的作用，就必须“落地生根”——农业龙头企业有必要采取联营、股份合作等方式引进多元化的投资主体，特别是粮食主产区的投资主体，从而发展出一种混合所有制，[4]成为粮食主销区和粮食主产区的利益连结点，成为粮食主产区和粮食主销区利益流动的桥梁与纽带。唯其如此，农业龙头企业才能真正起到应有的作用，才能真正实现通过市场机制的粮食主产区和粮食主销区的利益的金融协调。当然，农业企业（包括农业龙头企业）要注意规避“多元化陷阱”，并且要注意吸纳政府的金融支持。[5]

（二）实现农业产供销一体化

农业是“弱势强位”产业，但我们谈到农业作为弱势产业时，往往局限于农业的生产环节。显然，对于农产品的收购、加工及销售环节而言，农业并没有什么太大的特殊性——基本上可以和其他工业部门等量齐观。农业的这一特性事实上对我们克服农业的市场弱质性有一个根本性启发——这就是将农业的产、供、销有机结合起来，从而部分改善农业的弱质产业地位，应当说这也是推进农业供给侧改革的重要内容之

---

〔1〕 参见刘瑶、王伊欢：《我国农业产业化深度发展的有效路径》，载《山东社会科学》2016年第1期。

〔2〕 事实上，农民专业合作社在我国经营主体中依然很虚，至少在目前的情况下，并不能认为是农业经营的真正主体。

〔3〕 参见孙正东：《论现代农业产业化的联合机制》，载《学术界》（月刊）2015年第7期。

〔4〕 参见柴洪等：《农业产业化龙头企业融资能力研究——基于甘肃省358家农业龙头企业调查》，载《金融理论与实践》2016年第1期。

〔5〕 参见卫龙宝等：《中国农业上市公司多元化经营与企业绩效》，载《农业经济问题》（月刊）2017年第12期。

一。[1] 关于农业产业链的差异性风险,有学者认为:"农业企业投资于收购比其投资于加工、投资于加工比其投资于产品生产……农业企业面临的套牢风险会相应地增大"。[2] 正因如此,农业商业化的实质就是形成农业生产、加工及销售的一体化,使农业企业和农户形成利益均沾、风险共担的利益共同体。[3] 概言之,农业产供销一体化就是利用作为产业的农业的高利润环节、低风险环节去抹平农业产业链中的低利润环节、高风险环节,[4]通过一种类似"打包"或者说"攥指成拳"的行为,结成一个利益共同体,达到农业产业链融资的目标,[5]从而为金融资源的进入创造良好的内在条件。对于如何衡量这种金融支持达到了预期的效果的问题,笔者认为有一个比较直观的指标,那就是农户家庭收入的提高,这可以说是一个非常直观的标准。当然,如果能够实现美国那种农户家庭收入普遍高于普通家庭收入的情况自然就更好了。[6]

(三)粮食主产区建立粮食深加工产业链

如果说培育农业经营主体是粮食主产区的核心任务,那么为了更好地协调主产区和主销区的利益,运用相关的制度安排让粮食主销区的企业到粮食主产区建立粮食深加工的产业链则是粮食主销区的重要使命。从应然的角度来看,粮食主销区要"利用其非农产业发达的优势,积极到粮食主销区直接投资建厂,大力发展与农业生产资料相关的产前、产后相关农业产业"。[7] 但是,在市场经济条件下,强调计划经济时代那种无偿的"援助",既不可能,也难以持续。然而,利用粮食主销区的农业产业力量优势,结合农业竞争"多环节"的特性,在生产端实现模化,在流通环节延伸农产品下游深加工配套产业链,特别是提高农产品、农业的附加值,实现粮食的初加工向精加工的过渡,[8]具有非常现实的意义和价值。笔者认为,这些思路和方向无疑是非常正确的,但如何具体实现突破,关键还是要靠粮食主销区的龙头企业的带动。需说明的是,龙头

---

〔1〕 参见姜长云:《推进农业供给侧结构性改革的重点》,载《经济纵横》2018年第2期。

〔2〕 王小映:《农业产业化经营的合约选择与政策匹配》,载《改革》2014年第8期。

〔3〕 参见李昌麒主编:《中国农村法治发展研究》,人民出版社2006年版,第151页。

〔4〕 正因如此,有学者就认为虽然农业产业链的利润水平各不相同,但是,完善的产业链布局可以增加农业企业的利润,并进而促进农业产业化的发展。参见谢春凌:《新型城镇化背景下农业产业化的障碍性因素与发展思路研究》,载《经济体制改革》2016年第4期。

〔5〕 参见唱晓阳、姜会明:《农业产业链融资难问题的应对策略》,载《云南社会科学》2016年第4期。

〔6〕 参见夏益国、刘艳华:《美国联邦农业安全网的演变、特点及发展趋势》,载《中国农村经济》2014年第1期。

〔7〕 蒋和平、吴桢培:《建立粮食主销区对主产区转移支付的政策建议》,载《中国发展观察》2009年第12期。

〔8〕 参见万宝瑞:《加快提高我国农业竞争力的思考》,载《农业经济问题》(月刊)2016年第4期。

企业的发展既需要粮食主产区在培育农业经营主体时予以大力扶植，也需要粮食主销区的政策性支持。在此基础上，要构建一个以龙头企业为核心的农业利益共同体，这就需要最大限度地调动农业生产经营的相关主体，如农户、家庭农场、农民专业合作社以及各种类型和规模的农业企业的共同参与。目前，家庭农场尚在发展的过程当中，而农村土地流转所形成的适度规模经营在全国农场并没有大规模出现，因此，龙头企业推动农业产业化的关键是实现经营的一体化，着力点在于农户的参与，从而形成“风险共担、利益共享”的经济共同体。〔1〕同时，由于龙头企业在粮食主产区的设厂行为，也将带动粮食主产区经济的发展，形成一种经济学上的资本聚集效益，从而实现粮食主产区的内涵式发展。

四、建立发展农业技术的“三位一体”金融支持机制

鉴于现代农业技术将引发农业资金需求的持续上升，〔2〕因此，建立发展农业技术的“三位一体”的金融支持机制可以说具有内生性。而农业技术本身是一个外延非常大的范围，一般认为包括“良种、育苗技术、栽培技术、施肥管理技术、灌溉技术、农业机械技术、病虫害防治技术、农药化肥等一系列农业技术”。〔3〕我国的农业技术投入资金目前可以说严重不足，这又突出表现为两个方面：一是我国农业技术投入总体不足。我国“农业科研投资强度为 30 个低收入国家政府农业科研投资平均强度的 2/3 左右”。〔4〕二是我国农业技术投入在中央和地方、地方之间的分配严重不合理。此外，由于没有充分考虑粮食主产区和粮食主销区粮食安全责任的差异性，使地方事实上承担了农业科研投入的绝大部分，从粮食安全作为一种公共产品的角度来看，这种投入体制就显得非常的不合理。正如有学者所指出的，“我国农业科研经费在国家级、省级和地区级科研单位的分配比例大约为 15∶50∶35，同其他一些国家相比，支出比例不尽合理。美国的国家级与州级以下科研单位经费支出比例分别为 33% 和 67%，国家级的科研单位经费所占份额是我国的两倍多”。〔5〕具体而言，从如何加大农业技术投入、强化粮食生产的“能力”的角度来看，建立一个“三位一体”（包括突破点、路线图、风控面）的金融支持系统显得尤为迫切。

---

〔1〕 参见刘瑶、王伊欢：《我国农业产业化深度发展的有效路径》，载《山东社会科学》2016 年第 1 期。

〔2〕 参见黄宗晔、游宇：《农业技术发展与经济结构变迁》，载《经济研究》2018 年第 2 期。

〔3〕 房瑞景等：《我国种粮大户发展现状、问题与对策》，载《农业经济》2016 年第 11 期。

〔4〕 汪学军：《中美农业科技发展模式比较分析》，载《农业经济问题》（月刊）2010 年第 8 期。

〔5〕 同上。

(一)制定中央财政和粮食主销区财政对农业技术投入的行动路线图

就粮食主产区而言,农业技术投入的缺口表现多样,包括技术和服务指导不足、良种采用及先进农业机械设备等农业技术对资金的规模性需求等。〔1〕也有学者认为,对粮食生产的科技投入主要包括增加科研经费投入、加强农业推广技术体系建设、加强粮食育种繁育等核心技术和关键技术的研发、农业机械化等四个方面。〔2〕显然,对于这些问题,光靠粮食主产区的财政支持是完全不够的。对比美国等国家的做法,笔者认为,我国既要加大中央财政资金对农业技术的支持力度,加大粮食主销区的金融支持责任,特别是要改变传统的粮食主产区承担主要金融支持责任的格局,更加重要的是,我国须制定中央财政和粮食主销区加大对农业技术投入的行动路线图。该路线图至少应当明确以下两点:一是与相关的政府发展规划配套出台,并列出农业技术支持的最低限额;二是要制订农业技术支持资金逐步增加的计划,并且这种增加速度不得低于本地经济发展的速度。如此,既能保证农业技术投入的持续性和稳定性,也能保证农业技术投入的增长性,从而真正成为提升我国粮食生产能力的有力举措,也能在很大程度上改变粮食主产区承担农业技术投入主要责任的不合理现状。

(二)大幅度增加对转基因技术的金融支持

虽然转基因技术引起了广泛的争议,〔3〕但加大对转基因技术的资金投入是毋庸置疑的。从我国目前的制度建设来看,2001年颁布的《农业转基因生物安全管理条例》和2002年颁布的《农业转基因生物安全评价管理办法》(2016年5月3日修订)对转基因技术的基本态度是支持转基因的技术研究,严格转基因动植物的生产。从保障我国粮食安全的角度来看,作为世界最大的农产品消费国,尽管转基因技术和转基因产品尚在科学上存在一些不同的看法甚至比较激烈的争议,但加强转基因技术的研究则是无可争议的问题,增加对转基因技术的金融支持也就成为题中之义。

以转基因农作物种子为例,经过技术改良后,转基因农作物种子在发芽率、抗病虫害等方面具有传统种子无可比拟的优势,因此,作为一个农业大国,忽视此种客观现实是违背实事求是的科学态度的。与世界著名的转基因农业巨头公司如孟山都公司等相比,我国转基因种子技术的投入相对不足。从现实的角度来看,以转基因种子为例,其强大的市场占有能力使我们不得不正视其影响。但是,转基因技术依然有三个核心

---

〔1〕参见房瑞景等:《我国种粮大户发展现状、问题与对策》,载《农业经济》2016年第11期。

〔2〕参见顾莉丽:《中国粮食主产区的演变与发展研究》,中国农业出版社2012年版,第217~218页。

〔3〕有学者对转基因技术在基本面上持否定的态度。代表性的专著有[美]威廉·恩道尔:《粮食危机:运用粮食武器获取世界霸权》,赵刚、胡钰、旷野、刘淳译,知识产权出版社2008年版;顾秀林:《转基因战争——21世纪中国粮食安全保卫战》,知识产权出版社2011年版。

问题没有克服:一是转基因种子的产量稳定性问题。与普通的农作物种子不同,转基因种子可以说是一种"创造性"的种子,没有经过长期的自然选择,如果进行大规模的转基因种植,一旦所种植的农作物绝收,〔1〕则粮食安全的隐患极大,对中国这样一个立足自身解决粮食安全的大国而言更是如此。二是转基因产品的安全性问题。当前有关转基因产品的一些观点和争议,其反映出的深层次问题就是转基因产品的安全性问题——既没有压倒性的证据表明转基因产品是有害的,也没有压倒性的证据表明转基因产品是无害的。三是关于农作物基因资源和农民的权利保护问题。这个问题的要害在于:一旦以国际农业巨头公司为主导的农作物转基因技术成为一种专利束,鉴于转基因种子往往具有不可再播种性、不断升级性,这会造成农民对农业技术公司的巨大依赖。因此,有学者提出"农民权"的概念对此加以诠释和应对,〔2〕应当说是一种很好的分析进路。但是,"农民权"如何在制度的层面上进行落实、如何真正成为一种法律的权利,依然是我们必须面对的重要问题。

(三)构建应对农业技术传播风险的金融支持机制

舒尔茨认为,在研究农户技术采用行为时有三个问题非常关键,即农户对新农业生产要素的接受速度、对新要素的寻求和学习使用。〔3〕如前所述,不论是农业种植技术(如前文所讲的良种技术),还是农业机械化、农业技术的推广等,不仅有风险,而且需要较大的金融资金投入,同时,如何消除农户对新技术的恐惧,正如有学者所指出的,如何克服农业技术传播的风险问题,并且通过建立农业风险补偿基金的方式,解决农民独立承担风险的问题,〔4〕是我们必须要正视的问题。需要指出的是,一般认为农民属于"落后"的代表,其表现就是农民不愿意采用新技术等,其实这种观点值得商榷的:如果没有金融支持对新技术可能风险的防范,农民少采用甚至不采用新技术,表面看是"落后的""非理性的",但事实上是"非常理性的"——因为农业作为一个产业,其本身对风险的抗击能力是非常孱弱的。一旦新技术失败,其给农民特别是那些以农业

〔1〕事实上,孟山都公司2008年在南非的一次转基因作物实验中,就出现了8.2万公顷玉米绝收的情况。参见顾秀林:《转基因战争——21世纪中国粮食安全保卫战》,知识产权出版社2011年版,第146页。

〔2〕所谓"农民权",是指农民,特别是原产地和生物多样性中心的居民,基于他们过去、现在和将来在保存、改良和提供植物遗传资源中所作的贡献而产生的权利。参见周莳文:《基因资源产权安排的多维性研究》,法律出版社2014年版,第279页。

〔3〕参见[美]西奥多·W.舒尔茨:《改造传统农业》,梁小民译,商务印书馆1987年版,第149~150页。

〔4〕参见张兵、周彬:《欠发达地区农户农业科技投入的支付意愿及影响因素分析——基于江苏省灌南县农户的实证研究》,载《农业经济问题》(月刊)2006年第1期。

为主要收入的农民的打击将是致命的——因为这意味着全部的损失且不可逆——例如,农作物一旦绝收或者歉收,完全没有挽回损失的机会。因此,如果考虑到技术传播的难度——农民有一个学习的过程,技术本身可能的风险——技术可能失败,则农民对其拒绝选择是完全符合理性的,也是一种必然的结果。

五、结论

自2004～2018年,我国连续发布了15个中央"一号文件",聚焦"三农"问题、粮食安全问题。对中国这样一个人口大国、世界大国、发展中的大国而言,粮食安全问题始终是我国经济发展、社会稳定的基础。经过密集的"三农"政策与制度的深耕,我国粮食安全应当说取得了很大的成效,没有出现重大的粮食危机本身就是对这些涉农政策和制度的最好注释。但是,我国的粮食安全是建立在粮食主产区和主销区之间外部性承担不合理的基础上的,如果粮食大省、财政弱省的格局不能得到妥善的解决,就会形成事实上的"农业大省补助工业大省"的不合理格局,这对我国粮食安全的可持续性可以说是严峻的挑战。鉴于此,构建粮食主产区和主销区的金融协同机制就是一种值得考虑的破局手段。在利益面前,金融协同机制的构建注定不会一帆风顺,因此,在技术进路层面,倡导一种政府的主导而非包干的制度变迁模式,以金融为手段,通过事实上的合理均分"粮食安全的负外部性",从而实现我国粮食安全的长治久安。具体而言,本文的基本结论如下。

第一,直接要求粮食主销区对主产区进行财政转移不太现实,但要通过制度化的基金运作模式来对粮食主产区进行倾斜支持。基本的理念是要进一步加大中央政府、粮食主销区的基金资金供给责任,因为从根本上来讲,粮食安全作为一种"国家义务",既是粮食主产区的义务,也是粮食主销区的义务。至于可以建立哪些基金,可以通过加强现有的粮食风险基金、新建耕地保护基金及农村环境保护基金予以实现。

第二,粮食安全的真正保障不仅要利用基金进行外部"输血",强化其自身的"造血"功能更为关键。如何"造血"?关键在于以金融的手段推进农业的商业化。农业是强位弱势产业,但其产业环节力量差异较大,因此,需要动用相关的金融资源,实现农业领域的"攥指成拳",在农业经营的主体、规模、产业链等方面实现突破,从而实现真正的"农业商业化"。

第三,要真正实现"藏粮于技"。在农业生产资源在一定时间内无法实现量的根本扩张与质的根本提升的约束条件下,农业技术事实上成为保障粮食安全的最大"变量"。但是,农业技术的发展往往是和金融资源的配置呈正相关关系的,这就要求在中央层面制定关于农业技术投入不断增加的时间表,并对某些特殊的关键技术如转基因技术等进行重点突破。与此同时,要转变“农户落后与非理性”的过时认知,以金融支持为手段,构建农业技术传播的风险应对机制。

第四,粮食主产区与主销区的金融协同机制之建构,一方面需要制度的固化与激励,另一方面也需要寻找适当的突破点。基于粮食安全外部性负担均分的基本认知,充分运用金融资源的配置,通过对粮食安全进行固本(保障粮食生产的基本要素)、强基(提升农业在市场谱系中作为一个产业的能力)及赋能(提升农业产业的技术水平)这种三位一体的举措,从而真正构建粮食主产区和粮食主销区之间的金融协同机制,进而保障我国粮食安全的持久实现。

论农村集体土地利益协调原则

龚暄杰*

目　次

利益协调是农村集体土地制度改革的重要价值取向,农村集体土地制度改革法治化的目标之一就是要构建土地利益协调机制。利益协调机制包括利益调节机制、利益制衡机制、利益均衡机制等机制。从法律制度来看,农村集体土地利益分享,土地交易法律制度和分配法律制度是包含了利益调节、利益制衡、利益均衡等价值考量在内的。农村集体土地利益分享的利益协调法律制度的重点是确定利益协调的基本目标、权利之间的优先规则和利益协调的基本规则,以实现制度的平稳运行和权利恰当行使。

一、农村集体土地利益协调的现有原则

虽然学界对于农村集体土地利益协调的原则尚未形成定论,但基本上达成了以下几点共识。

(一)利益协调不仅仅是利益分配

治理就是在多元主体之间的协调。农村集体土地利益协调的实质,就是对农村集

---

* 西南政法大学博士后流动站与四川省社会科学院博士后工作站联合培养博士后研究人员,西南政法大学中国农村经济创新法制研究中心助理研究员,法学博士。

基金项目:重庆市2017社会科学规划项目“农村土地制度改革中地方实践的法治化研究”(2017BS36)、中国博士后科学基金资助项目(2018M633621XB)。

体土地利益分配模式的机制做出宏观安排并重新组合治理机制，目标是形成“国家主导、市场与社会参与”的治理架构，是基于“公权力政府、私权利市场、社会权社会”这三种不同的权力性质分析而形成良好的社会管理机制。中国的土地产权制度安排，不仅仅是财产法律制度安排，也是政治制度安排，更是社会组织制度安排，是镶嵌于中国社会结构之中的三结合制度安排，[1] 因此，农村集体土地利益协调同样要考虑土地产权的政治性质、社会组织性质和法律性质的结合与区别。

（二）政府是利益协调的主导者

“城邦是一种合作关系”，国家的本质是利益协调。国家需要保留自己对治理机制开启、关闭、调整和另行建制的权力。[2] 政府发挥的作用主要体现在组织各方利益进行谈判，保证社会自组织实现某种程度团结，制定社会治理规则并保证其实施，在社会自组织出现失效时进行及时有效的补救。对于农村集体土地利益协调而言，在政府权力清单中，对农村集体土地利益协调机制开启、关闭、调整和另行建制的权力应该处于核心权力，在政府简政放权的过程中，应当对有关利益分享的治理机制的关键性经济、政治、社会职能予以保留和强化。并且在权力的层级划分中，应当充分考虑中央与地方政府对于农村集体土地利益协调进行改革的权力，对基层政府有关治理机制改革的权力进行有效控制，同时，在治理机制调整中要保证基层政府的参与权和分配权。

（三）社会自治是利益协调的前提

农村集体土地利益协调的实现不可能通过政府大包大揽来实现，政府的主要职能是机制的建设和规则的设计，需要通过保证和落实社会力量参与权和批评权来激发其参与社会公共事务管理的热情，通过市场和社会自身有效解决利益分配问题，通过政府、社会之间的良性互动来达到有效治理。没有良好的社会自治机制，则会导致政府农村集体土地利益协调中机制运行的自动性不足，而通过大量新增机构来解决造成效率下降、市场化程度不足的同时，农民又觉得知情权和参与权虚化，对政府充满不信任。但是，中国社会又具有强烈的国家主义倾向的社会、文化传统，农民在不信任政府

---

〔1〕 吴次芳、谭荣、靳相木：《中国土地产权制度的性质和改革路径分析》，载《浙江大学学报》（人文社会科学版）2010 年第 6 期。也有学者认为中国的土地产权制度是服从于政府的政治目标，主要是为促进国家的工业化、城市化和经济增长而进行的制度安排，是一种在效率和公平方面都有缺失的产权制度。工业、城市和地方政府是现行土地产权制度的最大受益者和改革的最大阻力。中国土地产权制度改革的方向是公有制，具体模式是永佃制。参见刘成玉：《对中国土地产权制度性质及效率若干问题的辨析——兼与〈中国土地产权制度的性质和改革路径分析〉一文商榷》，载《经济问题》2013 年第 5 期。相较而言，本文更认同《中国土地产权制度的性质和改革路径分析》的分析和观点。

〔2〕 参见王诗宗：《治理理论的内在矛盾及其出路》，载《哲学研究》2008 年第 2 期。

的情况下却又严重依赖政府,这就需要社会自治发挥更加重要的作用。农村集体土地利益协调的过程也是社会自治能力提升的过程,如果只有一个强有力的政府进行机制的设计,而没有一个良性循环的社会,则将导致一种成本无限增大的状态。因此,农村集体土地利益协调需要“强政府+强市场+强社会”的互动才能真正实现。

(四)法治是利益博弈的制度化

1950年前后的土地改革将经济生产领域的一场深刻变革扩展到了政治领域,改革的边际界定不清,特定的政治内涵进入经济改革,阶级话语贯穿土地改革运动始终,用以审视所有社会成员,[1]权力下沉到农村社会生活的各个方面,这实际上是对改革目的的严重背反。治理的本质是利益博弈,政府是社会利益博弈的“平衡器”,政府在农村集体土地利益协调中发挥的作用之一是避免社会各阶层因利益冲突而损害治理协作。在农村集体土地利益结构冲突中,由于政府地位并非完全中立和超然,而是摆在社会利益“全能代表者”的位置。因此,理想状态应该是政府努力构建基本的协作平衡点,培育形成共同利益,促进利益主体参与分配。现代国家治理体系的构建,需要以完善的法治体系为基础。法治是现代政治制度设计的核心之一,是利益协调的基本制度保障,也是多元共治得以实现的必要条件,更是“以权力制约权力”的有效载体。法治是防止全能政府,形成理性政府的重要途径。

二、农村集体土地利益协调的改革路径

农村集体土地利益的分配改革是一个长期、渐进的过程,需要与政治、经济和社会相关改革同步、协调,目前的改革注定是阶段性的,而将改革的机制本身在协调的基础上设计好便是当务之急。学术研究上,也对改革本身进行过反思。[2] 如果不解决改革的机制设计和治理结构问题,则改革本身也会存在“改革失序”的风险。利益协调的过程就是在多元治理体系中协调立场的过程,以实现利益分享的共同目标,而这一治理过程的关键是政府作为保证社会机制完整的责任承担者对问题的发现、危机的语境、机制的设计,以形成利益分享的社会管理机制。

笔者认为,农村集体土地利益协调的改革路径包括以下几个方面。

(一)致力于综合性改革是改革的出发点

全面深化改革是对各个领域、各个层次的国家治理制度的全面改革、系统改革和

---

〔1〕 参见陈寒非:《权力、阶级与身体治理》,载《现代法学》2014年第2期。

〔2〕 参见徐显明、徐祥民:《中国历史上的法制改革与改革家的法律思想》,山东大学出版社1999年版;徐祥民:《演进的法治》,载《学习与探索》2001年第4期。

综合性改革，农村集体土地利益协调法律制度的构建绝不能仅仅局限在土地法或者物权法的单一视角，而应当运用综合性和全局性视角，综合运用各学科的方法，以社会整体利益实现为目标，进行整体性、系统性的制度设计。我国农村集体土地利益协调法律制度的构建作为一项改革活动，注定是长期、动态的过程。基于这样一个认识，农村集体土地利益分享法律制度的建成不应该仅仅表现为某种权力或权利的内容在法律上进行增减或者变化，也可能不仅仅体现为某一法律程序的新设或者取消，而是通过对于改革的方向选择、规划相关的机制设计进行法律制度上的讨论，从而使改革过程向既定目标逐渐靠拢的过程，同时也是各利益相关方达成目标共识并达成利益协调方案的过程。

（二）完善法治化的市场机制是改革的具体路径

关于未来土地增值收益分配由谁主导的问题，一般认为有政府主导和市场主导两种模式。市场主导模式不是排斥国家（政府）对农村集体土地利益协调改革的主导，相反，市场化是依据国家治理的“奥卡姆剃刀”原理，按照以简驭繁定理，〔1〕把政府从具体的利益分配活动中解放出来，对改革进程的开启、关闭、调整和另行建制的权力进行充分、审慎的行使，对事关改革的关键性经济、政治、社会职能予以保留和强化，政府通过法治化，使改革的目标共识在利益相关群体中予以建构，从事无巨细、一切治理安排都要介入的超级政府中抽离出来，承担改革主导者的角色。

（三）实现对弱者进行倾斜性的保护是改革重点

改革的本质是改变利益博弈结构以平衡利益冲突，而政府是社会利益博弈结构的“再平衡器”，政府在农村集体土地利益协调改革中发挥的作用之一就是避免社会各阶层因改革进程中的利益冲突而损害利益博弈结构改革。当然，在目前土地利益分配结果形成“畸形三角结构”〔2〕的情况下，让掌控绝对利益的政府进行自我改革似乎不切实际。但是，作为弱者的农民的利益一旦在改革中进一步受损，其冲突对象一般还是会指向作为改革主导者的政府。此外，还有诸如未成年人、外嫁女之类的弱势群体，也可能在以集体利益为导向的利益分配改革中利益受损。农村土地制度改革对未来中国农村的发展极关键，是最后一个制度性红利的来源。但在土地改革制度的设计上，要杜绝“土地财政”模式的主导，要以农民受益和农村发展两大目标为核心来设计制度。政府作为农村集体土地利益协调改革的主导者，要有所为，有所不为，这其中就包

〔1〕 但是要防止国家治理的简约治理与乡村治理的复杂治理之间形成强相关。参见吕德文：《简约治理与隐蔽的乡村治理：一个理论述评》，载《社会科学论坛》2010年第8期。

〔2〕 郑和园：《利益主体视角下土地利益冲突的法律规制——以整村推进为背景》，载《山西农业大学学报》（社会科学版）2015年第4期。

括为农民利益计,为弱势群体谋,保证其利益不受损,并为其发声给力。通过法律的方式使弱者变强,才能使法律本身变强。

(四)政府利益进行法律规制是改革难点

政府的改革权是多项行政、经济权利与权力的复合,既需要权利的制约,也需要政府权力间的监督。改革开放前的历次政府改革,也都演化成了中央和地方的权力分配的改革,结果进一步加强了管理权对财富分配的属性,却并没有抑制权力的异化属性。[1] 土地流转改革大多绕过了土地用途管制和土地规划控制,必然导致土地增值,既体现为土地征用中的现实价差,也体现为未来的土地溢价。农村集体土地利益分配改革沦为政府做大自身"蛋糕"的过程,而法律却制衡乏术。

三、确定利益协调优先价值的权利优先规则

权利的合理配置是利益合理分配的第一步,在制度构建的中,除了考虑静态的权利配置外,还需要考虑动态的利益冲突。由于缺乏权利冲突规则,广义的土地法律法规中包含有不同乃至对立的原则,其各自声称有着合法性来源,但在实践中则是通过力量竞争被选择性适用。[2] 权利的冲突背后是利益的冲突,但不是所有的权利冲突都需要权利冲突规则来化解。从广义上来说,并非广义的所有权利冲突都已经纳入法律调整的范围,对已纳入法律调整的权利冲突产生了法律上的违法行为概念。从狭义上来说,明显违法行为不属于权利冲突。[3] 农村集体土地上的权利冲突的疏解渠道是不同的。通常冲突是可以通过司法裁判、立法或司法解释得以化解的,而社会结构性失衡导致的土地政策失效则需要做出调整,[4] 土地违法行为已经由法律禁止性规定所规制。农村集体土地利益分享下的权利冲突规则,解决的是非因土地政策失效、非违法行为引起的利益分享问题。协调好权利之间的效力冲突是对立法技巧的检验。[5] 因此,除了对权利的配置原则进行讨论外,还需要将法理学的价值冲突解决原则运用到农村集体土地利益的冲突处理中,通过修法确立农村集体土地利益分享的冲突规则。

法理学的价值冲突解决原则一般体现为价值位阶规则。价值位阶是指不同位阶的价值冲突,在先价值优于在后价值。虽然位阶秩序不可能形成像"元素周期表"的整体图谱,但是,我们至少可以确定优先的原则,通过授权性规则确定优先权利实现利益

---

〔1〕 参见袁顺奎:《浅析土地对改革的重要性》,载《现代经济信息》2016年第7期。

〔2〕 参见张静:《土地使用规则的不确定:一个解释框架》,载《中国社会科学》2003年第1期。

〔3〕 参见郭明瑞、张平华:《权利冲突中的违法性问题》,载《美中法律评论》2005年第9期。

〔4〕 参见黄鹏进:《基于学科比较的农村地权冲突研究评述》,载《中国土地科学》2013年第7期。

〔5〕 参见崔建远:《土地上的权利群论纲》,载《中国法学》1998年第2期。

位阶原则。如果法无规定或存在漏洞,则需要以前述利益平衡原则为指引,通过借鉴德国法上解决利益平衡问题的“实践调和原则”,对冲突利益确定优先规则,为解决利益冲突奠定基础。[1] 农村集体土地利益分享中也存在利益所代表的权利冲突问题,也可以确定利益分享的利益位阶规则。我们在此对农村集体土地增值中的利益位阶规则进行研究,不能仅仅局限于具体的案件,而且要确立能够为相关事件提供普遍指导的规则,不谋求构建谱系性、资料性的解释方法,在遵循高位法的利益优先于低位法的利益的制度规范前提下,能够对静态权利的行使提供冲突规则。并且我们不局限于利益平衡传统的民法视野内,而是从不同的学科的角度来看待农村集体土地利益分享中的利益位阶,通过确立优先规则[2]来替代具体的位阶规则,[3]以满足权利冲突解决[4]的需要。

(一)原生权利优先规则[5]

公平包括了起点公平、过程公平和结果公平。起点公平就是农村集体土地利益分

---

〔1〕 王利明教授所确立规则的视角是不同于“实践调和原则”,“实践调和原则”与日本的加藤一郎教授的“利益衡量论”类似,更强调事件的使用,强调具体案件中的具体分析,而王利明教授确定具体利益位阶这种尝试更类似于日本的星野英一的“利益考量论”强调对成文法的体系化完善。

〔2〕 参见张平华:《权利冲突辨》,载《法律科学》2006 年第 6 期。

〔3〕 有学者认为,“权利位阶原则”不能替代“权利位阶规则”,参见王崇华:《权利位阶的反思》,载《社会科学论坛》2009 年第 7 期。但是,笔者认为,“权利位阶原则”是可以包含“优先规则”的。

〔4〕 关于解决基本权利冲突的理论的两个基本模式,林来梵教授认为“抽象解决模式”具有不可行性,应该坚持“具体解决模式”。本文反对返回“法的形而下”以形成“具观实证”的实践品格,但是,从实践的观察来看,在行政权力的行使中无疑“抽象解决模式”和“具体解决模式”二者兼具,既不能单一的“法的形而下”抑或“法的形而上”能作出法律判断,继而我们回到制度建构,从我国成文法的角度出发,当然应该从“法的形而下”返回“法的形而上”,从“具体解决模式”回归“抽象解决模式”努力提供一般规则。因此,我们在确立农村集体土地利益分享的权利冲突规则的路径选择上,最终应该以在法律中逐条确立相关优先权利的具体条款为目标,以实现权利冲突中的利益分享。

郝铁川教授认为权利冲突是一个伪问题,权利冲突不能试图通过划分权利位阶来化解,明细权利边界则没有权利冲突存在的可能,参见郝铁川:《权利冲突:一个不成为问题的问题》,载《法学》2004 年第 9 期。而张平华教授则针锋相对地指出权利冲突不是伪命题,参见张平华:《权利冲突是伪命题吗?——与郝铁川教授商榷》,载《法学论坛》2006 年第 1 期。

〔5〕 在此四条优先规则之外,郭明瑞先生曾提出,处理权利冲突应坚持私权利优先于公权力、社会公共利益优先等原则,其方法论与本文一致,并提出了二者竞合情况下“适度”处理,但本文觉得其主张有待商榷,暂未吸纳到本文观点中。参见郭明瑞:《权利冲突的研究现状、基本类型与处理原则》,载《法学论坛》2006 年第 1 期。其弟子张平华教授提出的观点值得参考,但与本文逻辑体系不同,留待进一步研究,参见张平华:《权利位阶论》,载《法律科学》2007 年第 6 期。

享的权利公平,也可以称为基于权利标准的“底线公平”,农村集体被法律所赋予的所有权和农民基于农村集体成员的资格所获得的承包权、经营权是否公正是农村集体土地利益生成或配置是否实现了分配正义的前提条件,公正的权利初始状态确保了利益分享的起点公平。土地承包经营权的权利不完整性部分源于其被虚化为债权性的农村土地使用权,进而难以被界定为一种独立类型的准物权。

要解决这一困境,首先应该确认土地承包经营权的原生权利属性。[1] 原生权利与基本权利高度关联,处于需要层次体系的上端,并且基本权利与国家权力一样兼具主体性与客观价值,能够对国家权力产生直接约束力,[2] 尊重原生权利就是对国家权力的合目的性行使最有效的保障。农村集体被法律所赋予的所有权和农民基于农村集体成员的资格所获得的承包权相对于经营权是原生权利,是其利益得到保证的基本前提。如果原生权利不能得到有效的保护,那么再谈其他的派生权利不过是空中楼阁。这也是农地改革中重视确权工作的基本出发点。在利益分享中,应该继续沿着这个思路,尊重原生权利,对原生权利与因交易派生出来的其他权利有正确认识,保证原生权利优先于派生权利。

例如,在征地补偿款的分配上,一些已经完成土地确权的地方采取“征谁补谁”的政策,但是,其他的一些农民则提出应该依据现有法律要求在集体经济组织内部全体成员中平分补偿款,使其利益诉求得以实现。这种情况下,如果确认了土地承包经营权的原生权利属性,按照原生权利优先规则,就能够使“征谁补谁”的政策超越平分补偿款的现行规定,而以承包权为主,成员权为辅进行合理分配。

(二)市场权利优先规则

农村集体土地的相关权利进入市场流通的过程中,坚持市场在资源配置中的决定性作用,就是要维护市场机制所赖以生存的自由参与和平等交易,特别是保证土地流转、土地开发的程序符合自由、平等原则。参与性治理是法律程序的首要价值,坚持自由平等原则就是要坚持操作程序的民主化、公开化,充分地体现决策民主,遵循知情原则、回避原则、民主参与原则等这些被实践检验的行之有效的基本法律原则。涉及交易机制的改革时,法律要通过权利义务结构的调整实现社会关系的“相称”,形成利益分享的内循环和自适应机制。

---

〔1〕 威斯利·霍菲尔德将“权利”分为四种概念“权利”(right)、“自主权”(privilege)、“权力”(power)、“免除”(immunity)将“权利”(right)又分为原生的权利(primary right)和次生的权利(second right)。参见李剑:《对霍菲尔德法律权利概念的分析》,载中国法学网:http://www.iolaw.org.cn/showNews.asp? id=10461,最后访问日期:2018年9月20日。

〔2〕 参见张翔:《基本权利的双重性质》,载《法学研究》2005年第3期。

2005年,《关于开展制定征地统一年产值标准和征地区片综合地价工作的通知》实际上是规定了政府主导定价。[1] 即便2015年左右,各省、市在新制定的《分区域征地统一年产值标准》和《征地区片综合地价》中大幅提高了征地补偿标准,但仍然改变不了其政府主导定价的定性。完善公平的市场交易价格机制,体现各种价格因素仍然需要进一步完善合理的集体土地征收补偿标准。[2]

(三)弱者权利保护优先规则

利益分配与权利配置应当考虑到不同主体的饥渴与饱足状态,资源稀缺的情况下,资源应当优先用于保障人的基本权利的实现。雪中送炭比锦上添花更有利于增进人的幸福最大化。[3] 农村集体土地利益分享公平既要追求可能性的公平,又要追求现实性的公平。农村集体土地利益分享所要追求的公平既要保障农民和其他利益群体的利益不受到社会不平等、社会排斥与社会歧视的影响或损害以追求可能性的公平,也要注意到农村发展中的地区、群体、个体之间因为自然和人为原因引起的不均衡。

按照"合乎最小受惠者的最大利益"的标准对弱者进行倾斜保护,通过关注弱者努力实现现实性的公平。承认土地的区域差异和既有的价值差异,在差异化认识的基础上来消除不同地区间显而易见的分配鸿沟,实现实质上的平等。同时,要在农村集体内部,在按照平等原则进行分配的前提下,根据其成员集体理解的需要来致力于满足其成员的需要,最大限度上实现结果公平,经过民主程序认定需要予以倾斜保护的成员的资格。最后,还要在"户"内部进行对弱者的倾斜保护。农村土地确权工作将农村集体经济组织的单个成员权利转化为以农户为单位的成员权利,在承包地实测确权后,以"户"为单位实行"增人不增地、减人不减地",人口增减造成的土地余缺问题在户内解决,这样一来,土地承包经营权纠纷就由个人与集体之间的行政性纠纷转变为家庭内部财产权的民事纠纷。但是,家庭内部财产权的民事纠纷如果诉诸法院,法院仍然需要按照一定的规则来确定土地利益的分配。此时,应该认为弱者权利保护优先规则在"户"的内部仍然是有效的。

(四)程序权利优先规则

程序是决定的决定。程序正义是最好的实现正义结果的方法。[4] 程序既是制度化的契约,又是契约得以形成和运行的机制,在利益和价值多元化的现代社会里,法律

---

〔1〕 其中规定"必须按照征地统一年产值标准和征地区片综合地价对农民补偿"是由政府利用所处的优势地位单方面决定被征收土地价值。

〔2〕 参见丁金华:《城乡土地再开发的利益博弈与协调路径》,载《江苏农业科学》2014年第10期。

〔3〕 参见刘国利:《涉财权利位阶与民生法治的完善》,载《河北法学》2016年第10期。

〔4〕 参见李建华:《公共政策程序正义及其价值》,载《中国社会科学》2009年第1期。

程序发挥体制上的普遍性、确定性、可预见性和参与性的优势,[1]使平等、互惠和理性得以实现。程序能够保证参与各方在可以理解和认可的情况下做出决定,[2]程序对于公平地分配资源的价值不言自明。

人们在分配比较丰富的公共资源与比较稀缺的公共资源时所使用的公正标准是不同的。一般来说,在分配比较丰富的公共资源时,人们很容易接受实质公正的标准,即每个人最后的所得一样多;而在分配比较稀缺的公共资源时,人们就会抛弃这一标准,转而寻求其他的诸如能力、贡献、资历、先后顺序等标准,强调程序公正。

实现程序权利优先,其一,要努力实现公开,与农村集体土地利益分享法律制度相关的立法与政策制定需要公开,公开制度应该尽量在利益分享的各个环节予以实现。正如米勒所说,“一种公平的程序必须是一种开放的程序”。[3]其二,要实现程序权利优先还需要推进农村集体土地利益分享法律制度构建的民主化,广泛推行征求改革意见和立法意见,为利益诉求顺利表达构建法治化的渠道。在程序构建上,不管是主张契约模式的罗尔斯,还是主张商谈模式的哈贝马斯,都认为“合意被视为关键的真实性和正当性标准”。[4]因此,土地征收的启动必须是可解释性的,而不是强制性的单方启动的。其三,为适应程序公开的需求,应当实现农村集体土地利益分享的制度配套,通过利益相关者的异议或抗辩解决申请机关与审批机关的“逆向选择”问题[5]和程序性失权导致的征地权滥用问题,[6]用阳光下的监督保证利益分享。目前,关于土地征收中的公告程序和听证程序主要规定在《土地管理法实施条例》《征用土地公告办法》《国土资源听证规定》等法规中,但其有效运行却受制于政府内部运行机制,徒增行政成本而实际效果却并不理想,《土地管理法实施条例》规定的公证程序成为纸面规定而在实践中从未得到适用。这些程序的裁决主体、裁决程序、裁决标准、法律效力仍有待进一步研究完善。

四、确定利益协调适当限度的比例原则

18世纪末期发端于德国警察行政法的比例原则,如今正以日益旺盛的生命力,在全球不同的法律体系、不同的法律部门中广泛传播。被视为公法“帝王原则”“皇冠原

---

〔1〕 参见于立深:《契约方法论》,北京大学出版社2007年版,第139页。

〔2〕 参见季卫东:《法治秩序的建构》,中国政法大学出版社1999年版,第12页。

〔3〕 [英]戴维·米勒:《社会正义原则》,应奇译,江苏人民出版社2005年版,第139页。

〔4〕 [德]考夫曼:《后现代法哲学》,米健译,法律出版社2000年版,第36页。

〔5〕 参见刘国乾:《土地征收审批的正当程序改革》,载《法学研究》2012年第4期。

〔6〕 参见程洁:《土地征收征用中的程序失范与重构》,载《法学研究》2006年第1期。

则”的比例原则，是走向法治的一个精神见证和极好注解，作为对公权力约束的形式理性的体现，随着公权力对社会生活的渗透，其价值体现也已经不再仅仅局限于传统公法领域，似乎有发展为现代法治基本原则之趋势。自1999年最高人民法院作出比例原则适用第一案，〔1〕即汇丰实业公司与哈尔滨市规划局行政处罚决定纠纷上诉案之后，我国学界掀起了对比例原则的研究高潮。近16年来，我国学者对比例原则的研究尽管已经涉及多个法学学科领域，发表相关论文百余篇，但在宪法与行政法领域深挖回归本源之外，也需要不同学科间有效的对话以实现其合理扩张。对于农村集体土地利益分享而言，推动比例原则入法需要打破学科的藩篱，促进比例原则在不同学科间的协同、规范适用。

在利益位阶原则和利益衡量原则运用时，在保护某种较优越的法价值的同时，是否可以将其他的法律弃之不顾而任意损害呢？作为公法领域的“帝王条款”的比例原则将最终状态的整体利益最大化原则进一步量化为采取措施所造成的损失必须小于其所带来的利益。也就是说，损害部分利益的出发点只能是追求整体法益的增进。比例原则要求合比例、适度，着眼于相关主体利益的均衡，反对过犹不及的利益平衡措施。比例原则的精髓在于“禁止过度”，旨在构建均衡关系，以达到利益关系的均衡，倡导手段与目的之间的均衡与适度。〔2〕源于公法的比例原则一般包含了妥当性原则、必要性原则和法益相称性原则等三个子原则，在具体运用中，应按照三阶理论〔3〕来审查，三个子原则都是围绕与政府公权力行使相关的利益冲突而构建的。这对于农村集体土地利益分享中面临的利益冲突所需要解决的利益平衡的“度”的问题而言是非常重要的，比例原则提供的就是这样一份地图和指南，要求公权力必须在“跑马圈地”中在目的和手段之间进行衡量，不能为了到达终点而“马失前蹄”。〔4〕比例原则作为公法的帝王原则，目前仅仅在行政强制法中予以确立，作为一项基本原则，其在民法、行政法、经济法相互交织的农村集体土地利益分享中的运用是不充分的，一些环

---

〔1〕 参见湛中乐：《行政法上的比例原则及其司法运用——汇丰实业发展有限公司诉哈尔滨市规划局案的法律分析》，载《行政法学研究》2003年第1期。

〔2〕 参见郑晓剑：《比例原则在民法上的适用及展开》，载《中国法学》2016年第2期。

〔3〕 也有观点认为，为了有利于限制立法者和有利于实现实质正义，充分保障人权，应当将目的正当性原则纳入比例原则之中从而确立“四阶”比例原则。本文认为，从司法裁判的角度来看，将目的正当性原则纳入比例原则之中当然具有合理之处，但是从权利冲突的角度来看比例原则，其协调的是合法权利之间的权利边界，如果行政行为的目的不正当则应属于行政违法行为，在运用权利冲突规则予以考量之前就应该通过与比例原则同一位阶的合法性原则予以确认违法。

〔4〕 张翔：《财产权的社会义务》，载《中国社会科学》2012年第9期。

节仅仅能够达到传统的行政合理原则的程度。[1] 并且比例原则承认公共利益实现方式的多样性,[2]只要合理设计和运用,应该能够与中国农村集体土地的特殊制度顺利衔接。

(一)妥当性原则

妥当性原则要求在农村集体土地利益的分享中,公权力所采取的措施必须有助于土地增值和利益分享目的的达成。

1. 程序权利保障制度

落实妥当性原则的关键是重视程序的作用。以土地征收为例,应当进一步完善征地程序设计,平衡征地过程中的行政力量和社会力量,整合行政组织、自治组织、民间组织等多种力量增强农民的谈判能力,[3]使其拥有充分的表达意愿的话语权与申诉权。完善征地程序的核心就是要保证行政相对人的知情权和异议权。其中,公告和听证程序的完善是可以选择的突破口。目前,根据我国《土地管理法实施条例》第25条的规定,从建设单位提交用地申请到上级国家有关部门批准征收土地方案的整个流程,都是处于行政机关的内部运作之中的。并且农村集体经济组织和农民对征地补偿、安置的争议并不影响征收土地方案的实施,公告在土地征收中作为后置程序已经从实质上剥夺了行政相对人的知情权和异议权。在目前的法律规定下,司法机关也在尽力推动公告程序的法定化,2014年最高人民法院公布的第11起第二批保障民生典型案例中,列举了"郝龙只等十五人诉屯留县人民政府拆迁不履行法定职责案",通过案例指导进一步明确了国家征收土地的法定程序和掌握征收土地的行政机关未公告征地方案的法律后果。在听证程序方面,在许多征地案件中,听证程序走过场、无实效,因此,有必要修改有关的听证规则,避免听证流于形式。从公法基本原理来看,应当保证相对方在行政机关作出一项行政决定时享有得到通知、了解行政依据、自我辩护的三项权利。因此,通过正当程序以直观的公正来间接地支持土地征收行为结果的妥当性应该是农村集体土地利益分享的正确路径。

---

〔1〕 参见郑琦:《比例原则的个案分析》,载《行政法学研究》2004年第4期。但是,在司法机关没有足够公信力的前提下,认为法官对比例原则的适用应遵循一定的制度约束,把司法裁量权限制在适度范围内却又变得合理。参见李静、杨会永:《比例原则与司法裁量》,载《河南科技大学学报》(社会科学版)2005年第2期。

〔2〕 参见杨登峰:《从合理原则走向统一的比例原则》,载《中国法学》2016年第3期。

〔3〕 参见李月英、伊庆山:《政府干预农村发展过程中农民平等话语权的建设——基于福柯话语理论的视角》,载《济宁学院学报》2014年第4期。

2. 社会稳定风险评估制度

基于妥当性原则，还应该特别重视建立与集体土地相关的社会稳定风险评估制度。社会稳定风险评估机制作是农村集体土地纠纷处理中的重要参考。[1] 2011年《国有土地上房屋征收与补偿条例》规定政府在作出征收决定之前应当进行社会风险评估，集体土地之上的征收和其他涉及土地利益分配的重大措施也应该建立同样的机制。2010年《关于进一步严格征地拆迁管理工作切实维护群众合法权益的紧急通知》和2012年《关于建立健全重大决策社会稳定风险评估机制的指导意见（试行）》提出了建立相关社会稳定风险评估制度的要求。目前，各省市就风险评估主体、风险评估事项、风险评估程序、评估结论效力等开展了广泛研究，四川、安徽、贵州等省份对风险评估工作进行了探索。2016年《四川省农村集体土地征收补偿条例实施方案》规定，社会稳定风险评估制度应当包括房屋征收，要就其可行性、合法性、合理性等风险进行评估，并匹配相应的措施和预案。此外，南京市国土资源局于2011年5月18日颁布的《南京市征地房屋拆迁社会稳定风险评估办法》；淮安市政府办公室于2012年8月10日颁布的《淮安市征地项目社会稳定风险评估实施办法（试行）》（淮政办发〔2012〕85号）等都规定了合法性、合理性、可行性和可控性评估的内容。2015年《关于农村土地征收、集体经营性建设用地入市、宅基地制度改革试点工作的意见》明确了建立社会稳定风险评估以解决在征地过程中利益平衡、利益分配等方面不公开、透明造成的纠纷。[2]

（二）必要性原则

必要性也称为最小侵害原则，是预防和控制公权力恣意行使的重要手段。

1. "公共利益"规则

在农村集体土地利益分享中，必要性原则得到落实，最急迫的问题是土地征收中对"公共利益"的法律界定。"公共利益"的模糊性有可能导致政府行政权力的滥用。

我国是遵循制定法传统的，如果没有制定法，那么针对行政行为的司法政策尚没有从"克制主义"转变为实质意义上"能动主义"之前，通过司法审查来界定"公共利益"的路子是不现实的，因此，在物权法的制定过程中，"公共利益"的明确化曾被大量呼吁，可惜没有得到积极回应。尽管要实现必要原则在公共利益界定问题上的完全化

---

〔1〕 参见刘泽世：《农村土地征收社会稳定风险评估机制研究》，载《法制与社会》2014年第4期。

〔2〕 参见贾兴鹏：《农村土地制度改革八大亮点解读》，载《西部大开发》2015年第1期。

不太可能,[1]但不管是对“公共利益”进行概括性规定还是列举式规定,抑或以反向论证规定对违反公共利益用途的行为进行惩罚,[2]都好过避而不谈。

2. 必要性原则的细化

如果担心因为“公共利益”作为土地征收合法性基础进行准确界定可能导致城市化的用地需求无法满足,则可以换个角度,对必要性原则予以细化。也就是对为了实现高位阶的利益而对低位阶利益损害的具体措施进行严格限制。但是,这样的制度构建可能会面临巨大的压力。例如,在2015年的“周口平坟事件”中,地方政府就利用《殡葬管理条例》赋予民政部门有权对拒不改正违法土葬、建造坟墓行为强制执行的权力进行土地集中。最后,不得不通过国务院令的形式对《殡葬管理条例》第2条进行修改,删除了其中的“拒不改正的,可以强制执行”条款。当然,这个事件也说明,在“公共利益”未能得到法律明确之前,在必要性原则的指导下,对相关的法律规则进行进一步清理也是很有必要的。

目前,政府已经注意到了这方面的问题,2011年《国有土地上房屋征收与补偿条例》就要求征收公民的建设用地使用权进行房屋拆迁时应当符合比例原则。2016年11月发布的《中共中央、国务院关于完善产权保护制度依法保护产权的意见》进一步明确,必须“合理界定征收征用适用的公共利益范围,细化规范征收征用法定权限和程序”。

(三)法益相称性原则

法益相称性原则即狭义的比例原则,通俗来讲,相称性就是要避免“杀鸡用牛刀”,法益相称性原则关注目的与手段之间的匹配度,要求用最温和的手段与要实现的目的进行衡量。

1. 强制执行规范制度

法益相称性原则的执行最大的问题在于行政机关采取行政强制和司法机关的司法强制之间存在一定的错位现象。司法机关对于法益相称性原则的理解是比较到位的。比如,针对对于土地征收中存在的强制执行滥用的问题,2011年最高人民法院发

---

〔1〕 有学者提出通过成本收益分析方法,对损害性大小进行公式化的演算比较。为了预防与控制公权力行使的恣意与专横,应当客观化必要性原则,目前政府提出建立“征地目录”的改革措施,应该就是客观化的具体措施。对于利益分析上的科学化努力是值得鼓励的,但是,正如该学者意识到简单的数学计算可能导致必要性原则使用的功利主义,比例原则对利益的考量是包含了大量的价值判断的,科学化可以作为辅助手段,却断然不能成为主导手段。参见刘权:《论必要性原则的客观化》,载《中国法学》2016年第5期。

〔2〕 参见宋志红:《集体建设用地使用权流转法律制度研究》,中国人民大学出版社2009年版,第213~214页。

布了《关于坚决防止土地征收、房屋拆迁强制执行引发恶性事件的紧急通知》,在这一文件中规定,在执行中遇到自杀等恶性事件的,一般应停止执行。但是,司法机关的强制执行强调法益相称性,又不能满足地方政府对于征地效率的要求,因此,2013 年最高人民法院在北京、浙江、湖南等地法院进行了调研,并在向全国人大常委会法工委、国务院法制办发函征询意见的基础上,对北京市高级人民法院的专项请示作出《关于违法的建筑物、构筑物、设施等强制拆除问题的批复》,指出有法律已经授予行政机关强制执行权,人民法院不受理行政机关提出有关限期拆除决定等的非诉行政执行申请。在该批复中,法院不得不承认了司法机关的尴尬。

如何加强司法对征收行政强制措施的有效控制仍然是今后面临的重大课题。至于建立土地法庭作为土地交易纠纷尤其是交易价格纠纷的最后裁决机构的建议,[1]应该是保证强制征收不被滥用的后话。依法与否并不能成为地方政府在强制征收过程中滥用强制措施的正当理由。

2017 年国务院办公厅发布了《关于印发推行行政执法公示制度执法全过程记录制度重大执法决定法制审核制度试点工作方案的通知》,在这一文件中决定由国土资源部进行行政执法公示制度和重大执法决定法制审核制度的试点。今后与农村集体土地征收相关的行政强制措施将进一步加强行政措施实施的事前、事中和事后公开,全过程音像记录将全覆盖直接涉及人身自由、生命健康、重大财产权益的现场执法,探索建立重大执法决定目录清单制度,其实施无疑将有利于对行政强制措施的内部监督和社会监督,促进行政执法的规范性。

2. 传统"软法"引入制度

由于中国农村的传统性保留比较多,应该特别重视运用"软法"在实现比例原则中的作用。"软法"是包含着大量本土性制度资源的法律规范,其法律效力结构未必完整,虽然无须依靠国家强制保障实施,却能够产生社会实效。[2]

对于"软法"的效力问题,应当通过加强行政法的解释方法与制度的民主化、科学化、法治化、规范化和高效化来实现。[3] 对于、农村的习俗问题,既要注意其标准化即"契约的钙化"[4]问题,又要注意与正式法律制度的嵌入性,就是要打破传统的法律思

---

〔1〕 参见李长健、袁蓉婧、王棚宇:《农村土地交易的权利配置及利益分享》,载《吉首大学学报》(社会科学版)2008 年第 6 期。

〔2〕 参见罗豪才:《认真对待软法》,载《中国法学》2006 年第 2 期。

〔3〕 参见莫于川:《大陆行政法的解释方法、解释制度及其局限性——以司法解释制度运行中的突出问题为检讨重点》,载《法学教育研究》2014 年第 1 期。

〔4〕 Jasay A. D. ,*Social Contract*,*Free Ride*,*Social Contract Free Ride*,2012:13.

维定式,充分发挥乡规民约、协商、仲裁等实现权利冲突化解的权利通约[1]方式,由过去单元利益的抉择转向多元利益的协调,通过权利制约和权利配置,实现冲突双方权利的衡平或通约。[2]

---

〔1〕 权利通约是权利冲突的过程中权利主体通过达成权利让步协议化解权利冲突的行为。苏力认为权利通约因为权利冲突而存在,通过制度化的权利配置实现更大的总体社会效益。参见[美]R. 科斯等:《社会成本问题》,胡庄君译,载[美]R. 科斯、A. 阿尔钦、D. 诺斯等:《财产权利与制度变迁——产权学派与新制度学派译文集》,上海人民出版社1994年版,第3页。

〔2〕 参见王蓉:《从杨某噪声案看权利冲突的衡平和通约》,载《法学杂志》2002年第2期。

《经济法论坛》(第22卷)稿约

《经济法论坛》(以下简称《论坛》)系西南政法大学经济法学科点为推动经济法学的理论研究和学科建设,加强经济法学界的学术交流,编辑出版的连续性论文集。《论坛》设置的栏目有基本理论、制度研究、农村法治、国际视窗、人才培养等。自2013年起每年推出2卷,由法律出版社出版。自第1卷于2003年出版以来,至今已出版21卷,引起了经济法学界的广泛关注。《论坛》第22卷的组稿事宜如下,欢迎国内外专家不吝赐稿!

一、向《论坛》所投稿件,应属于经济法领域或与经济法相关的作品,且未曾公开发表或主体部分未曾公开发表。论文体裁不限,论文、译文、调研报告、学术随笔等均可。译文请自行解决版权。稿件篇幅一般不超过1.5万字。

二、稿件电子排版,文档存为Word 1997~2003格式。

三、来稿一经采用,即赠送样书1本。

四、来稿请在文末,另页附上作者的姓名、单位、学位、职称或职务、通信地址、邮编、电话、电子邮件地址。

五、**请勿一稿多投,自该卷截至征稿之日起逾3个月未收到采用通知的,作者可对稿件另行处理**。

六、《论坛》的注释,按以下要求执行:

(一)采用脚注,每页重新编号,注码放在标点之后,注码号为"〔〕"。不在文末列参考文献。

(二)外文注释依各文种注释习惯。外文原注释中的评论性或说明性文字,请译为中文。

(三)非引用原文者,注释前加"参见"。

(四)引用资料非来自原始出处者,请注明"转引自"。

(五)注释体例列举:

1. 著作类

①《马克思恩格斯选集》(第4卷),人民出版社1972年版,第28~29页。

②刘星:《法律的隐喻》,中山大学出版社1999年版,第60页。

2.论文类

王家福、刘海年、李步云:《论法制改革》,载《法学研究》1989年第2期。

3.文集类

岳彩申、李永成:《中国经济法学三十年发展报告》,载李昌麒主编:《经济法论坛》(第7卷),群众出版社2010年版,第13~36页。

4.译著类

[英]梅因:《古代法》,沈景一译,商务印书馆1984年版,第59页。

5.报纸类

①王启东:《法制与法治》,载《法制日报》1989年3月2日,A1版。

②庚向荣:《说理是司法裁判文书的生命》,载《法制日报》2013年2月19日,第7版。

6.古籍类

《宋会要辑·食货》卷三。

7.辞书类

《辞海》,上海辞书出版社1979年版,第239页。

8.有主编的教材和著作类

李昌麒主编:《经济法学》,中国政法大学出版社1999年版,第19页。

9.网络文献类

苏力:《中国现代化进程中的法制问题》,载北大法律信息网文献库:http://chinalawinfo.com/fzdt/xmnr.asp?id=11223,最后访问日期:2009年1月5日。

七、稿件请采用电子邮件发送至投稿信箱。

八、第22卷征稿截止时间:2019年3月30日。

地址:重庆市渝北区宝圣大道301号西南政法大学致雅楼《经济法论坛》编辑部

邮编:401120

收件人:《经济法论坛》编辑部

投稿信箱:jingjifaluntan@163.com

电话:023-67258925

《经济法论坛》编辑部

2018年8月30日

图书在版编目(CIP)数据

经济法论坛. 第21卷 / 岳彩申, 盛学军主编. -- 北京 : 法律出版社, 2018
ISBN 978-7-5197-2914-1

Ⅰ. ①经… Ⅱ. ①岳… ②盛… Ⅲ. ①经济法-中国-文集 Ⅳ. ①D922.290.4-53

中国版本图书馆CIP数据核字(2018)第266751号

经济法论坛(第21卷)
JINGJIFA LUNTAN(DI-21 JUAN)

岳彩申 盛学军 主编

策划编辑 陈 妮
责任编辑 陈 妮
装帧设计 汪奇峰

出版 法律出版社
总发行 中国法律图书有限公司
经销 新华书店
印刷 北京虎彩文化传播有限公司
责任校对 王晓萍
责任印制 吕亚莉

编辑统筹 财经法治出版分社
开本 720毫米×960毫米 1/16
印张 16.75
字数 320千
版本 2018年12月第1版
印次 2018年12月第1次印刷

法律出版社/北京市丰台区莲花池西里7号(100073)
网址/www.lawpress.com.cn
投稿邮箱/info@lawpress.com.cn
举报维权邮箱/jbwq@lawpress.com.cn
销售热线/010-83938336
咨询电话/010-63939796

中国法律图书有限公司/北京市丰台区莲花池西里7号(100073)
全国各地中法图分、子公司销售电话:
统一销售客服/400-660-6393
第一法律书店/010-83938334/8335
西安分公司/029-85330678
重庆分公司/023-67453036
上海分公司/021-62071639/1636
深圳分公司/0755-83072995

书号:ISBN 978-7-5197-2914-1
定价:98.00元